처음으로 배우는
스크래치 3.0

발 행 일	2019년 05월 30일(1판 1쇄)
개 정 일	2025년 03월 14일(1판 9쇄)
I S B N	978-89-8455-964-6(13000)
정 가	12,000원
집 필	KIE기획연구실
진 행	김동주
본문디자인	디자인앨리스
발 행 처	㈜아카데미소프트
발 행 인	유성천
주 소	경기도 파주시 정문로 588번길 24
홈 페 이 지	www.aso.co.kr

※ 이 책은 저작권법에 따라 보호를 받는 저작물이므로 무단 전재와 무단 복제를 금지하며, 이 책 내용의 전부 또는 일부를 이용하려면 반드시 ㈜아카데미소프트의 서면 동의를 받아야 합니다.

구성 | 이런 내용으로 구성되어 있어요!

스크래치 3.0의 다양한 기능들을 학습할 수 있도록 구성하였습니다.

완성작품 미리보기
완성 이미지와 함께 이번 차시에서 학습할 내용을 간략하게 정리하였으며, '**이번 차시의 핵심 코딩**'이라는 별도의 코너를 이용하여 중요한 코딩 내용을 미리 학습할 수 있도록 구성하였습니다.

쉽게 따라하기
본문 내용을 재미있는 예제와 함께 코딩을 할 수 있도록 구성하였습니다.

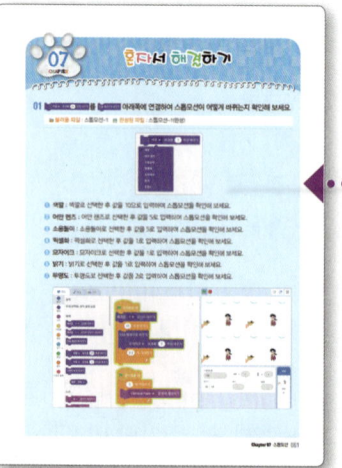

혼자서 해결하기
각 차시가 끝나면 앞에서 배운 내용을 변형 또는 추가하여 다양한 형태의 코딩 문제를 제공합니다.

목차 Contents

01	스크래치 3.0 시작하기	018
02	스프라이트의 모양과 색상 변경하기	024
03	꽃게야 도망쳐!	032
04	키보드 방향키로 X, Y좌표 이동하기	038
05	달려라 고양이!	044
06	걸음을 멈추지 않는 곰!	050
07	스톱모션	056
08	단원종합 평가문제	062
09	영어로 번역하여 잭과 콩나무 동화 읽어주기	064
10	공격수를 막아라!	072
11	미로 찾기	078
12	피아노 연주하기	084
13	드럼 연주하기	090
14	허들 경주!	096
15	배고픈 쥐	102
16	단원종합 평가문제	108
17	양궁-1	110
18	양궁-2	116
19	메리크리스마스-1	124
20	메리크리스마스-2	130
21	구구단-1	138
22	구구단-2	144
23	영어 단어 외우기	152
24	단원종합 평가문제	160

부록 스크래치 3.0 명령 블록 정리

[동작] 팔레트( )

1. `10 만큼 움직이기` : 지정된 방향으로 입력한 값만큼(기본 10 → 좌표상 거리) 움직입니다.
2. `↻ 방향으로 15 도 돌기` : 입력한 값만큼(기본 15) 오른쪽으로 회전하여 방향의 각도를 바꿉니다.
3. `↺ 방향으로 15 도 돌기` : 입력한 값만큼(기본 15) 왼쪽으로 회전하여 방향의 각도를 바꿉니다.
4. `랜덤 위치 ▼ (으)로 이동하기`
   - **랜덤 위치** : 스프라이트의 x-y 좌푯값을 무작위로 바꿔서 위치를 이동시킵니다.
   - **마우스 포인터** : 스프라이트의 위치를 마우스 포인터 위치로 이동시킵니다.
5. `x: 0 y: 0 (으)로 이동하기`
   - 입력한 x-y 좌푯값(기본 x : 0, y : 0)으로 스프라이트가 이동합니다.
   - x좌표 범위(-240~240), y좌표 범위(-180~180)
   - 스프라이트를 특정 위치로 이동시킬 때 주로 사용합니다.
6. `1 초 동안 랜덤 위치 ▼ (으)로 이동하기`
   - **랜덤 위치** : 스프라이트의 x-y 좌푯값을 무작위로 바꿔서 입력한 초(기본 1) 동안 해당 위치로 이동시킵니다.
   - **마우스 포인터** : 스프라이트의 위치를 입력한 초(기본 1) 동안 마우스 포인터 위치로 이동시킵니다.
7. `1 초 동안 x: 0 y: 0 (으)로 이동하기` : 입력한 x-y 좌푯값(기본 x : 0, y : 0)으로 입력한 초(기본 1)동안 스프라이트가 이동합니다.
8. `90 도 방향 보기` : 입력한 값(기본 90)으로 스프라이트의 방향이 변경됩니다.
9. `마우스 포인터 ▼ 쪽 보기`
   - 마우스 포인터 쪽으로 스프라이트의 방향이 변경됩니다.
   - 다른 스프라이트가 추가되었을 경우 해당 스프라이트 쪽을 바라 볼 수 있습니다.
10. `x좌표를 10 만큼 바꾸기`
    - x좌표 범위(왼쪽 최대 : -240, 가운데 : 0, 오른쪽 최대 : 240)
    - 입력한 값(기본 10)만큼 x좌푯값이 바뀌어 해당 좌표 방향(왼쪽 또는 오른쪽)으로 이동합니다.
    - 음수 값(-10)은 왼쪽 방향으로 좌푯값이 바뀌며, 양수 값(10)은 오른쪽 방향으로 좌푯값이 바뀝니다.
    - `10 만큼 움직이기` 와 `x좌표를 10 만큼 바꾸기` 의 차이점을 알아야 합니다.
11. `x좌표를 0 (으)로 정하기`
    - 입력한 값(기본 0)으로 스프라이트의 x좌푯값을 고정합니다. 주로 스프라이트의 특정 기준 위치를 정할 때 사용합니다.
    - 바꾸기는 값을 증가 또는 감소시켜 값이 변하지만, 정하기는 하나의 고정된 값으로 처리됩니다.
12. `y좌표를 10 만큼 바꾸기`
    - y좌표 범위(아래쪽 최대 : -180, 가운데 : 0, 위쪽 최대 : 180)
    - 입력한 값(기본 10)만큼 y좌푯값이 바뀌어 해당 좌표 방향(아래쪽 또는 위쪽)으로 이동합니다.
    - 음수 값(-10)은 아래쪽 방향으로 좌푯값이 바뀌며, 양수 값(10)은 위쪽 방향으로 좌푯값이 바뀝니다.

13. `y좌표를 0 (으)로 정하기`
    - 입력한 값(기본 0)으로 스프라이트의 y좌푯값을 고정합니다. 주로 스프라이트의 특정 기준 위치를 정할 때 사용합니다.
    - 바꾸기는 값을 증가 또는 감소시켜 값이 변하지만, 정하기는 하나의 고정된 값으로 처리됩니다.

14. `벽에 닿으면 튕기기`
    - 무대에서 스프라이트가 이동하는 도중에 벽에 닿으면 회전 방식에 맞추어 반대 방향으로 튕겨집니다.
    - 회전 방식 : 왼쪽-오른쪽, 회전하지 않기, 회전하기

15. `회전 방식을 왼쪽-오른쪽 (으)로 정하기`
    - 왼쪽-오른쪽 : 스프라이트의 회전 방식을 좌-우(좌우 뒤집기)로 지정합니다. `벽에 닿으면 튕기기`와 함께 사용하였을 경우 오른쪽 벽에 닿으면 왼쪽으로 전환되며, 왼쪽 벽에 닿으면 오른쪽으로 전환되어 튕겨집니다.
    - 회전하지 않기 : 스프라이트가 회전을 하지 못하도록 지정합니다. `벽에 닿으면 튕기기`와 함께 사용하였을 경우 오른쪽 또는 왼쪽 벽에 닿더라도 회전 없이 반대 방향으로 튕겨집니다.
    - 회전하기 : 스프라이트가 360도 방향으로 회전을 할 수 있도록 지정합니다. `벽에 닿으면 튕기기`와 함께 사용하였을 경우 오른쪽 또는 왼쪽 벽에 닿으면 해당 방향에 맞추어 회전하여 튕겨집니다.

16. `x 좌표`
    - 명령 블록 앞에 있는 □를 클릭하면 무대에 현재 스프라이트의 x좌푯값이 나타납니다.
    - 혼자서는 사용할 수 없고 다른 명령 블록에 끼워 넣어서 사용합니다.

17. `y 좌표`
    - 명령 블록 앞에 있는 □를 클릭하면 무대에 현재 스프라이트의 y좌푯값이 나타납니다.
    - 혼자서는 사용할 수 없고 다른 명령 블록에 끼워 넣어서 사용합니다.

18. `방향`
    - 명령 블록 앞에 있는 □를 클릭하면 무대에 현재 스프라이트의 방향 값(각도)이 나타납니다.
    - 혼자서는 사용할 수 없고 다른 명령 블록에 끼워 넣어서 사용합니다.

[형태] 팔레트(형태)

1. `안녕! 을(를) 2 초 동안 말하기` : 입력한 내용(기본 안녕!)을 입력한 초(기본 2)동안만 대화 말풍선으로 무대에 표시합니다.
2. `안녕! 말하기` : 입력한 내용(기본 안녕!)을 대화 말풍선으로 계속 무대에 표시합니다. 단, 아래쪽에 연결된 명령 블록에 따라 사라지기도 합니다.
3. `음... 을(를) 2 초 동안 생각하기` : 입력한 내용(기본 음...)을 입력한 초(기본 2)동안만 생각 말풍선으로 무대에 표시합니다.
4. `음... 생각하기` : 입력한 내용(기본 음...)을 계속 생각 말풍선으로 무대에 표시합니다. 단, 아래쪽에 연결된 명령 블록에 따라 사라지기도 합니다.
5. `모양을 모양 1 ▼ (으)로 바꾸기` : 스프라이트의 모양을 선택된 모양(기본 모양1)으로 바꾸어 표시합니다.
6. `다음 모양으로 바꾸기` : 스프라이트의 모양을 모양 순서(예 : 모양 1, 모양 2)에 맞추어 다음 모양으로 바꾸어 표시합니다.

7. `배경을 배경 1 ▼ (으)로 바꾸기`
   - **배경1** : 선택된 배경(기본 배경 1)으로 바꿉니다.
   - **다음 배경** : 여러 개의 배경이 추가되었을 경우 배경 순서(예 : 배경 1, 배경 2)에 맞추어 다음 배경으로 바꿉니다.
   - **이전 배경** : 여러 개의 배경이 추가되었을 경우 배경 순서(예 : 배경 1, 배경 2)에 맞추어 이전 배경으로 바꿉니다.
   - **랜덤 배경** : 여러 개의 배경이 추가되었을 경우 배경 순서에 상관없이 무작위로 배경을 바꿉니다.

8. `배경을 배경 1 ▼ (으)로 바꾸고 기다리기`
   - **배경1** : 선택된 배경(기본 배경 1)으로 바꾼 후 아래쪽에 연결된 명령 블록을 실행합니다. 해당 명령 블록은 배경을 선택하였을 경우 나타납니다.
   - **다음 배경** : 여러 개의 배경이 추가되었을 경우 배경 순서(예 : 배경 1, 배경 2)에 맞추어 다음 배경으로 바꾼 후 아래쪽에 연결된 명령 블록을 실행합니다.
   - **이전 배경** : 여러 개의 배경이 추가되었을 경우 배경 순서(예 : 배경 1, 배경 2)에 맞추어 이전 배경으로 바꾼 후 아래쪽에 연결된 명령 블록을 실행합니다.
   - **랜덤 배경** : 여러 개의 배경이 추가되었을 경우 배경 순서에 상관없이 무작위로 배경을 바꾼 후 아래쪽에 연결된 명령 블록을 실행합니다.
   - `배경을 배경 1 ▼ (으)로 바꾸기` 는 배경이 바뀜과 동시에 아래쪽에 연결된 명령 블록들을 실행하지만, `배경을 배경 1 ▼ (으)로 바꾸고 기다리기` 는 배경이 바뀐 후 `배경이 배경 1 ▼ (으)로 바뀌었을 때` 에 연결된 명령 블록들의 실행이 끝나야만 `배경을 배경 1 ▼ (으)로 바꾸고 기다리기` 아래쪽에 연결된 명령 블록들을 실행합니다.

9. `다음 배경으로 바꾸기` : 여러 개의 배경이 추가되었을 경우 순서(예 : 배경 1, 배경 2)에 맞추어 다음 배경으로 바꿉니다.

10. `크기를 10 만큼 바꾸기`
    - 스프라이트의 크기를 입력한 값만큼(기본 10) 증가시켜 바꿉니다.
    - 기본 크기(100)보다 크게 바꾸려면 양수(10)를 입력하고, 작게 바꾸려면 음수(-10)를 입력합니다.
    - 스프라이트의 크기 변경은 최소값이 5이며, 최대값은 535입니다.

11. `크기를 100 %로 정하기`
    - 스프라이트의 크기를 입력한 값의 %로(기본 100) 정합니다.
    - 기준 크기는 100%이며, 100% 이하를 입력하면 작게 축소되고 100% 이상을 입력하면 크게 확대됩니다.

12. `색깔 ▼ 효과를 25 만큼 바꾸기`
    - 색깔, 어안 렌즈, 소용돌이, 픽셀화, 모자이크, 밝기, 투명도 등의 효과를 입력한 값(기본 25)만큼 바꾸어 스프라이트에 적용시켜 이미지에 변화를 줍니다.
    - **색깔** : 1~200까지 다양한 색상으로 스프라이트의 색을 변경할 수 있습니다.
    - **어안** : 광각 렌즈를 통해 보이는 것처럼 스프라이트의 모양을 변경합니다.
    - **소용돌이** : 중심점을 기준으로 비틀어서 스프라이트의 모양을 변경합니다.

- **픽셀화** : 픽셀로 스프라이트의 모양을 변경합니다.
- **모자이크** : 한 개의 스프라이트 모양을 여러 개가 나오도록 분할시켜 변경합니다.
- **밝기(명도)** : 스프라이트의 밝기(음수 어둡게, 양수 밝게)를 변경합니다.
- **투명도** : 스프라이트의 투명도를 변경합니다.

13. `색깔▼ 효과를 0 (으)로 정하기`
    - 색깔, 어안 렌즈, 소용돌이, 픽셀화, 모자이크, 밝기, 투명도 등의 효과를 입력한 값(기본 0)으로 정하여 스프라이트 이미지에 변화를 줍니다.
    - 바꾸기는 계속 값을 증가 또는 감소시켜 변경할 수 있지만, 정하기는 하나의 고정된 값으로 처리됩니다.

14. `그래픽 효과 지우기` : 스프라이트에 지정된 모든 그래픽 효과를 지우고 원래 상태로 되돌립니다.

15. `보이기` : 숨겨진 스프라이트가 무대에 보이도록 합니다.

16. `숨기기` : 스프라이트를 무대에서 보이지 않도록 숨깁니다.

17. `맨 앞쪽▼ 으로 순서 바꾸기`
    - **앞쪽** : 스프라이트가 겹쳐져 있을 경우 맨 앞쪽으로 순서를 바꿉니다.
    - **뒤쪽** : 스프라이트가 겹쳐져 있을 경우 맨 뒤쪽으로 순서를 바꿉니다.

18. `앞으로▼ 1 단계 보내기`
    - **앞으로** : 스프라이트가 겹쳐져 있을 경우 입력한 숫자(기본 1)에 맞추어 앞으로 보내어 겹쳐진 순서를 바꿉니다.
    - **뒤로** : 스프라이트가 겹쳐져 있을 경우 입력한 숫자(기본 1)에 맞추어 뒤로 보내어 겹쳐진 순서를 바꿉니다.

19. `모양 번호▼`
    - 명령 블록 앞에 있는 ☐를 클릭하면 무대에 현재 스프라이트의 모양 번호(기본) 또는 모양 이름이 나타납니다.
    - 혼자서는 사용할 수 없고 다른 명령 블록에 끼워 넣어서 사용합니다.

20. `배경 번호▼`
    - 명령 블록 앞에 있는 ☐를 클릭하면 무대에 현재 배경 번호(기본) 또는 배경 이름이 나타납니다.
    - 혼자서는 사용할 수 없고 다른 명령 블록에 끼워 넣어서 사용합니다.

21. `크기`
    - 명령 블록 앞에 있는 ☐를 클릭하면 무대에 스프라이트의 크기가 나타납니다.
    - 혼자서는 사용할 수 없고 다른 명령 블록에 끼워 넣어서 사용합니다.

[소리] 팔레트(소리)

1. `야옹▼ 끝까지 재생하기`
    - **야옹** : 지정된 소리를 끝까지 재생한 후 아래쪽에 연결된 명령 블록을 실행합니다.
    - **녹음하기** : 마이크를 이용하여 필요한 소리를 녹음하여 사용할 수 있습니다.
    - [소리] 탭에서 소리 고르기(🔊) 버튼을 눌러 원하는 소리를 추가할 수 있습니다.

2. `야옹 ▼ 재생하기`
   - **야옹** : 지정된 소리를 재생하면서 아래쪽에 연결된 명령 블록을 실행합니다.
   - **녹음하기** : 마이크를 이용하여 필요한 소리를 녹음하여 사용할 수 있습니다.
   - `야옹 ▼ 재생하기`는 소리가 재생됨과 동시에 아래쪽에 연결된 명령 블록들을 실행하지만, `야옹 ▼ 끝까지 재생하기`는 소리가 끝까지 재생된 후 아래쪽에 연결된 명령 블록들을 실행합니다.

3. `모든 소리 끄기` : 현재 재생중인 모든 소리를 끕니다.

4. `음 높이 ▼ 효과를 10 만큼 바꾸기`
   - **음 높이** : 재생되는 소리의 음 높이를 입력한 값(기본 10)만큼 조절할 수 있습니다.
   - 양수 값(10)은 음의 높이를 높고 빠르게 변경할 수 있으며, 음수 값(-10)은 음의 높이를 낮게 느리게 변경할 수 있습니다.
   - **음향 위치 왼쪽/오른쪽** : 재생되는 소리를 왼쪽 스피커 또는 오른쪽 스피커에만 나오게 변경할 수 있습니다. 양수(100)는 오른쪽 스피커, 음수(-100)는 왼쪽 스피커, 0은 양쪽 모두 소리가 나옵니다.

5. `음 높이 ▼ 효과를 100 로 정하기`
   - **음 높이** : 재생되는 소리의 음 높이를 입력한 값(기본 100)으로 정할 수 있습니다.
   - 양수 값(10)과 음수 값(-10)으로 음의 높이를 정할 수 있습니다.

6. `소리 효과 지우기` : 모든 소리 효과를 없애고 기본 소리 값으로 변경합니다.

7. `음량을 -10 만큼 바꾸기`
   - 입력한 값(기본 -10)만큼 음량의 크기를 바꿀 수 있습니다.
   - 양수 값(10)은 음량을 크게 조절하며, 음수 값(-10)은 음량을 작게 조절합니다.

8. `음량을 100 % 로 정하기`
   - 음량의 크기를 입력한 값의 %로(기본 100) 정합니다.
   - 기준 음량은 100%이며, 100% 이하를 입력하면 작게, 100% 이상을 입력하면 크게 변경됩니다.

9. `음량`
   - 명령 블록 앞에 있는 □를 클릭하면 무대에 음량의 값이 나타납니다.
   - 혼자서는 사용할 수 없고 다른 명령 블록에 끼워 넣어서 사용합니다.

[이벤트] 팔레트(이벤트)

1. `클릭했을 때` : 시작하기(🏁)를 클릭했을 때 아래쪽에 연결된 명령 블록들을 실행합니다.
2. `스페이스 ▼ 키를 눌렀을 때`
   - 키보드의 특정키를 눌렀을 때 아래쪽에 연결된 명령 블록들을 실행합니다.
   - **키보드 키** : 스페이스, 위쪽/아래쪽/오른쪽/왼쪽 화살표, a~z, 0~9
3. `이 스프라이트를 클릭했을 때` : 무대에서 스프라이트를 클릭했을 때 아래쪽에 연결된 명령 블록들을 실행합니다.
4. `배경이 배경 1 ▼ (으)로 바뀌었을 때` : 지정된 배경으로 바뀌었을 경우 아래쪽에 연결된 명령 블록들을 실행합니다.

5. [음량▼ > 10 일 때] : 음량 및 타이머가 입력한 값(기본 10)보다 클 때 아래쪽에 연결된 명령 블록들을 실행합니다.
6. [메시지1▼ 을(를) 받았을 때] : [메시지1▼ 방송하기] 또는 [메시지1▼ 방송하고 기다리기] 가 보낸 신호를 받아서 아래쪽에 연결된 명령 블록들을 실행합니다.
7. [메시지1▼ 방송하기] : 특정 스프라이트에 지정된 작업을 할 수 있도록 방송 신호를 보냅니다.
8. [메시지1▼ 방송하고 기다리기]
   - 특정 스프라이트에 지정된 작업을 할 수 있도록 방송 신호를 보낸 후 해당 작업이 모두 끝나면 아래쪽에 연결된 명령 블록들을 실행합니다.
   - [메시지1▼ 방송하기] 는 방송 신호를 보냄과 동시에 아래쪽에 연결된 명령 블록들을 실행하지만, [메시지1▼ 방송하고 기다리기] 는 방송 신호를 받는 곳에서 모든 작업이 끝나야만 [메시지1▼ 방송하고 기다리기] 아래쪽에 연결된 명령 블록들을 실행합니다.
9. [무대를 클릭했을 때] : 무대를 클릭했을 때 아래쪽에 연결된 명령 블록들을 실행합니다. 해당 명령 블록은 무대를 클릭했을 때 활성화됩니다.

[제어] 팔레트(제어)

1. [1 초 기다리기] : 입력한 값(기본 1)만큼 기다렸다가 다음 명령 블록을 실행합니다.
2. [10 번 반복하기] : 입력한 값(기본 10)만큼 안쪽의 명령 블록들을 반복하여 실행합니다.
3. [무한 반복하기]
   - 안쪽의 명령 블록들을 무한 반복하여 실행합니다.
   - 아래쪽에 다른 명령 블록을 연결하여 사용할 수 없습니다.
4. [만약 ~(이)라면]
   - '만약 ~(이)라면'이라는 조건에 만족하면 안쪽의 명령 블록들을 실행합니다.
   - 조건은 [감지] 팔레트(색에 닿았는가?)와 [연산] 팔레트(◯ < 50)의 명령 블록들을 주로 사용합니다.
5. [만약 ~(이)라면 아니면] : '만약 ~(이)라면'이라는 조건에 만족하면 안쪽의 명령 블록들을 실행하고, 만약, 조건에 만족하지 않으면 '아니면' 안쪽의 명령 블록들을 실행합니다.
6. [~까지 기다리기] : 조건에 만족할 때까지 기다렸다가 해당 조건에 만족하면 아래쪽에 연결된 명령 블록들을 실행합니다.
7. [~까지 반복하기] : 조건에 만족할 때까지 계속 반복하여 안쪽에 연결된 명령 블록들을 실행합니다.
8. [멈추기 모두▼]
   - 모든 스프라이트의 실행을 멈춥니다.
   - 아래쪽에 다른 명령 블록을 연결하여 사용할 수 없습니다.

9. ![복제되었을 때] : ![나 자신 복제하기] 로 특정 스프라이트를 복제할 때 복제와 동시에 아래쪽에 연결된 명령 블록들을 실행합니다.

10. ![나 자신 복제하기]
    - 현재 선택되어 있는 스프라이트 자신을 복제합니다.
    - 여러 개의 스프라이트가 있을 경우 '나 자신'이 아닌 특정 스프라이트를 선택하여 복제할 수도 있습니다.

11. ![이 복제본 삭제하기] : 현재 선택된 복제 스프라이트를 삭제합니다.

[감지] 팔레트(![감지])

1. ![마우스 포인터 에 닿았는가?]
   - 마우스 포인터, 벽, 특정 스프라이트 등에 닿았는지 확인합니다.
   - 주로 [제어] 팔레트(예: ![만약 (이)라면]) 명령 블록과 함께 사용하여 스프라이트가 '마우스 포인터', '벽', '스프라이트' 등에 닿았는지를 체크한 후 특정 작업을 실행합니다.

2. ![색에 닿았는가?] : [제어] 팔레트 명령 블록과 함께 사용하여 스프라이트가 지정된 색상에 닿았는지 확인합니다.

3. ![색이 색에 닿았는가?] : [제어] 팔레트 명령 블록과 함께 사용하여 첫 번째 색이 두 번째 색에 닿았는지 확인합니다.

4. ![마우스 포인터 까지의 거리]
   - 마우스 포인터 또는 특정 스프라이트까지의 거리 값을 이용하여 코딩할 수 있습니다.
   - ![Bear 까지의 거리 만큼 움직이기] : 고양이 스프라이트를 특정(곰) 스프라이트의 거리 값만큼 움직이도록 코딩

5. ![What's your name? 라고 묻고 기다리기] : 무대 화면에 입력한 내용으로 질문을 한 후 키보드로 입력할 답변을 기다립니다.

6. ![대답]
   - 명령 블록 앞에 있는 ☐를 클릭하면 무대에 대답 내용이 나타납니다.
   - 가장 마지막 ![What's your name? 라고 묻고 기다리기] 질문에 대한 답변 내용이 저장됩니다.

7. ![스페이스 키를 눌렀는가?]
   - [제어] 팔레트 명령 블록과 함께 사용하여 키보드의 특정키를 눌렀는지 확인합니다.
   - **키보드 키** : 스페이스, 위쪽/아래쪽/오른쪽/왼쪽 화살표, a~z, 0~9

8. ![마우스를 클릭했는가?] : [제어] 팔레트 명령 블록과 함께 사용하여 마우스를 클릭했는지 확인합니다.

9. ![마우스의 x좌표]
   - 마우스의 x좌푯값을 이용하여 코딩할 수 있습니다.
   - ![x 좌표를 마우스의 x좌표 (으)로 정하기] : 스프라이트의 x좌표 위치를 마우스 x좌푯값으로 정해지도록 코딩

10. ![마우스의 y좌표] : 마우스의 y좌푯값을 이용하여 코딩할 수 있습니다.

11. ![드래그 모드를 드래그할 수 있는 상태로 정하기]
    - **있는** : 전체화면 상태에서 스프라이트를 드래그하여 위치를 변경할 수 있도록 정합니다.
    - **없는** : 전체화면 상태에서 스프라이트를 드래그하지 못하도록 정합니다.

- `스페이스 키를 눌렀을 때 드래그 모드를 드래그할 수 있는 상태로 정하기` : 전체화면 상태에서 Space Bar 키를 누르면 해당 스프라이트를 드래그하여 이동시킬 수 있도록 코딩

12. `음량`
    - 명령 블록 앞에 있는 ☐를 클릭하면 컴퓨터에 연결된 마이크 음량을 감지하여 무대에 나타납니다.
    - 혼자서는 사용할 수 없고 다른 명령 블록에 끼워 넣어서 사용합니다.

13. `타이머`
    - 명령 블록 앞에 있는 ☐를 클릭하면 무대에 타이머가 나타납니다.
    - 혼자서는 사용할 수 없고 다른 명령 블록에 끼워 넣어서 사용합니다.

14. `타이머 초기화` : 타이머 값을 초기화(0.0)합니다.

15. `무대 ▼ 의 배경 번호 ▼`
    - **배경 번호** : 무대의 배경 번호를 이용하여 코딩할 수 있습니다.
    - **배경 이름** : 무대의 배경 이름을 이용하여 코딩할 수 있습니다.
    - **음량** : 무대의 음량을 이용하여 코딩할 수 있습니다.
    - **나의 변수** : 무대에 나의 변수(또는 사용자가 만든 변수명)를 이용하여 코딩할 수 있습니다.

16. `스프라이트1 ▼ 의 x좌표 ▼`
    - 해당 명령 블록은 `무대 ▼ 의 배경 번호 ▼` 에서 '무대'를 '다른 스프라이트'로 선택하였을 때 메뉴가 활성화됩니다.
    - **x좌표** : 선택된 스프라이트의 x좌푯값을 이용하여 코딩할 수 있습니다.
    - **y좌표** : 선택된 스프라이트의 y좌푯값을 이용하여 코딩할 수 있습니다.
    - **방향** : 선택된 스프라이트의 방향을 이용하여 코딩할 수 있습니다.
    - **모양 번호** : 선택된 스프라이트의 모양 번호를 이용하여 코딩할 수 있습니다.
    - **모양 이름** : 선택된 스프라이트의 모양 이름을 이용하여 코딩할 수 있습니다.
    - **크기** : 선택된 스프라이트의 크기를 이용하여 코딩할 수 있습니다.
    - **음량** : 선택된 스프라이트의 음량을 이용하여 코딩할 수 있습니다.

17. `현재 년 ▼`
    - 명령 블록 앞에 있는 ☐를 클릭하면 무대에 날짜(년, 월, 일, 요일)또는 시간(시, 분, 초 등)이 나타납니다.
    - 혼자서는 사용할 수 없고 다른 명령 블록에 끼워 넣어서 사용합니다.

18. `2000년 이후 현재까지 날짜 수`
    - 2000년 이후부터 현재까지의 날짜 수를 이용하여 코딩할 수 있습니다.
    - 혼자서는 사용할 수 없고 다른 명령 블록에 끼워 넣어서 사용합니다.

19. `사용자 이름`
    - 온라인 버전에서 사용하는 명령 블록으로 사용자 이름(ID)이 나타납니다.
    - 혼자서는 사용할 수 없고 다른 명령 블록에 끼워 넣어서 사용합니다.

[연산] 팔레트( )

1. ◯ + ◯
   - 첫 번째 값과 두 번째 값을 더한 값입니다.
   - 혼자서는 사용할 수 없고 다른 명령 블록에 끼워 넣어서 사용합니다.

2. ◯ - ◯
   - 첫 번째 값에서 두 번째 값을 뺀 값입니다.
   - 혼자서는 사용할 수 없고 다른 명령 블록에 끼워 넣어서 사용합니다.

3. ◯ × ◯
   - 첫 번째 값과 두 번째 값을 곱한 값입니다.
   - 혼자서는 사용할 수 없고 다른 명령 블록에 끼워 넣어서 사용합니다.

4. ◯ ÷ ◯
   - 첫 번째 값을 두 번째 값으로 나눈 값입니다.
   - 혼자서는 사용할 수 없고 다른 명령 블록에 끼워 넣어서 사용합니다.

5. 1 부터 10 사이의 난수
   - 첫 번째 값과 두 번째 값 사이에서 무작위 값(난수)을 추출합니다.
   - 혼자서는 사용할 수 없고 다른 명령 블록에 끼워 넣어서 사용합니다.

6. ◯ > 50
   - 첫 번째 값이 두 번째 값보다 크면 '참'이 되고, 그렇지 않으면 '거짓'이 됩니다.
   - 혼자서는 사용할 수 없고 다른 명령 블록에 끼워 넣어서 사용합니다.

7. ◯ < 50
   - 첫 번째 값이 두 번째 값보다 작으면 '참'이 되고, 그렇지 않으면 '거짓'이 됩니다.
   - 혼자서는 사용할 수 없고 다른 명령 블록에 끼워 넣어서 사용합니다.

8. ◯ = 50
   - 첫 번째 값과 두 번째 값이 같으면 '참'이 되고, 그렇지 않으면 '거짓'이 됩니다.
   - 혼자서는 사용할 수 없고 다른 명령 블록에 끼워 넣어서 사용합니다.

9. ◇ 그리고 ◇
   - 첫 번째 값과 두 번째 값이 모두 '참'이면 '참'이 되고, 하나라도 거짓이면 '거짓'이 됩니다.
   - 혼자서는 사용할 수 없고 다른 명령 블록에 끼워 넣어서 사용합니다.

10. ◇ 또는 ◇
    - 첫 번째 값이나 두 번째 값 중 하나라도 '참'이면 '참'이 되고, 둘 다 거짓이면 '거짓'이 됩니다.
    - 혼자서는 사용할 수 없고 다른 명령 블록에 끼워 넣어서 사용합니다.

11. `이(가) 아니다`
    - 입력된 값이 '참'이면 '거짓'으로, '거짓'이면 '참'이 됩니다.
    - 혼자서는 사용할 수 없고 다른 명령 블록에 끼워 넣어서 사용합니다.

12. `apple 와(과) banana 결합하기`
    - 첫 번째 값(문자, 특정 값 등)과 두 번째 값(문자, 특정 값 등)을 결합합니다.
    - 혼자서는 사용할 수 없고 다른 명령 블록에 끼워 넣어서 사용합니다.

13. `apple 의 1 번째 글자`
    - 입력한 글자(apple)를 기준으로 입력한 숫자(1) 번째의 글자(a)를 추출합니다.
    - 혼자서는 사용할 수 없고 다른 명령 블록에 끼워 넣어서 사용합니다.

14. `apple 의 길이`
    - 입력한 글자(apple)의 길이(글자 수 : 5)를 추출합니다.
    - 혼자서는 사용할 수 없고 다른 명령 블록에 끼워 넣어서 사용합니다.

15. `apple 이(가) a 을(를) 포함하는가?`
    - 첫 번째 입력한 글자(apple)에 두 번째 입력한 글자가 포함되어 있으면 '참'이 되고, 그렇지 않으면 '거짓'이 됩니다.
    - 혼자서는 사용할 수 없고 다른 명령 블록에 끼워 넣어서 사용합니다.

16. `나누기 의 나머지`
    - 첫 번째 값(5)과 두 번째 값(2)을 나눈 나머지 값(1)입니다.
    - 혼자서는 사용할 수 없고 다른 명령 블록에 끼워 넣어서 사용합니다.

17. `의 반올림`
    - 입력한 값(17.5)을 반올림(18)합니다.
    - 혼자서는 사용할 수 없고 다른 명령 블록에 끼워 넣어서 사용합니다.

18. `절댓값 ▼ ( )`
    - 입력한 값을 여러 가지 수학 함수(절대값, 버림, 올림, 제곱근, sin, cos, tan 등)로 계산할 수 있습니다.
    - 혼자서는 사용할 수 없고 다른 명령 블록에 끼워 넣어서 사용합니다.

[변수] 팔레트(변수)

1. `변수 만들기` : 새로운 변수를 만들어 스프라이트에서 사용할 수 있습니다.

2. `나의 변수`
    - 명령 블록 앞에 있는 ☐를 클릭하면 무대에 변수 값이 나타납니다.
    - 혼자서는 사용할 수 없고 다른 명령 블록에 끼워 넣어서 사용합니다.

3. ![블록]
   - 나의 변수 값을 입력한 값으로 정합니다.
   - **변수 이름 바꾸기** : 나의 변수 이름을 변경합니다.
   - **"나의 변수" 변수 삭제하기** : '나의 변수'를 삭제합니다.

4. ![블록] : 나의 변수 값을 현재 입력한 값(증가 양수, 감소 음수)만큼 바꿉니다.

5. ![블록] : 나의 변수 값이 무대에 보이도록 설정합니다.

6. ![블록] : 나의 변수 값이 무대에서 보이지 않도록 설정합니다.

7. ![블록] : 새로운 리스트를 만들어 스프라이트에서 사용할 수 있습니다.

8. ![블록]
   - 명령 블록 앞에 있는 ☐ 를 클릭하면 무대에 리스트가 나타납니다.
   - 혼자서는 사용할 수 없고 다른 명령 블록에 끼워 넣어서 사용합니다.

9. ![블록]
   - 입력한 내용(기본 항목)을 리스트의 맨 마지막에 추가합니다.
   - **리스트 이름 바꾸기** : 리스트 이름을 변경합니다.
   - **"나의 리스트" 리스트 삭제하기** : '나의 리스트'를 삭제합니다.

10. ![블록]
    - 입력한 숫자 번째(기본 1)의 항목을 리스트에서 삭제합니다.
    - 리스트 항목(길이)의 개수가 총 3개(감, 배, 귤)일 경우 2를 입력하면 2번째 리스트 항목(배)이 삭제되어 리스트는 총 2개(감, 귤)가 됩니다.

11. ![블록] : 리스트의 모든 항목을 삭제합니다.

12. ![블록]
    - 입력한 내용(기본 1)을 리스트에서 입력한 숫자 번째(기본 1)에 항목으로 추가합니다.
    - 리스트 항목(길이)의 개수가 총 3개(감, 배, 귤)일 경우 '사과'와 '2'를 입력하면 2번째 항목에 사과가 추가되어 리스트는 총 4개(감, 사과, 배, 귤)가 됩니다.
    - 새로운 항목이 추가되면 기존의 항목이 뒤로 하나씩 밀려서 재배치 됩니다.

13. ![블록]
    - 리스트에서 입력한 숫자 번째(기본 1)의 항목을 입력한 값(기본 1)으로 바꿉니다.
    - 리스트 항목(길이)의 개수가 총 3개(감, 배, 귤)일 경우 '2'와 '사과'를 입력하면 2번째 항목의 '배'가 '사과'로 바뀌어 리스트 항목은 감, 사과, 귤이 됩니다.

14. ![블록]
    - 리스트에서 입력한 숫자 번째(기본 1)의 항목을 찾을 수 있습니다.
    - 리스트 항목(길이)의 개수가 총 3개(감, 배, 귤)일 경우 2를 입력하면 2번째 항목인 '배'를 찾아냅니다.

15. `나의 리스트 ▼ 리스트에서 항목 항목의 위치`
    - 리스트에서 입력한 내용(기본 항목)의 위치를 찾을 수 있습니다.
    - 리스트에 '감, 배, 귤'이라는 항목이 순서대로 있을 경우 '배'라고 입력하면 '배'가 위치한 정보인 '2'를 알려줍니다. 리스트에서 찾고자 하는 항목이 없을 경우 '0'을 표시합니다.

16. `나의 리스트 ▼ 의 길이`
    - 리스트에서 항목의 개수(길이)가 몇 개인지 알 수 있습니다.
    - 리스트에 '감, 배, 귤'이라는 항목이 있을 경우 '3'으로 표시합니다.

17. `나의 리스트 ▼ 이(가) 항목 을(를) 포함하는가?`
    - 리스트에서 입력한 항목(기본 항목)이 포함되었는지 확인할 수 있습니다.
    - 리스트에 '감, 배, 귤'이라는 항목이 있을 경우 '감'을 입력하면 '참'으로 인식합니다. 만약 '사과'를 입력하면 리스트에 해당 항목이 없기 때문에 '거짓'으로 인식합니다.

18. `나의 리스트 ▼ 리스트 보이기` : 선택한 리스트를 무대에서 보여줍니다.

19. `나의 리스트 ▼ 리스트 숨기기` : 선택한 리스트를 무대에서 숨겨 볼 수 없게 합니다.

[나만의 블록] 팔레트(나만의 블록)

1. `블록 만들기` : 스크래치에서 제공하지 않는 나만의 블록을 만들어서 사용할 수 있습니다.

2. 점프
    - 스프라이트가 점프를 할 수 있도록 여러 개의 명령 블록들을 연결하여 나만의 블록을 만들 수 있습니다.

    - '점프' 명령 블록을 필요한 곳에 연결하면 언제든지 사용할 수 있습니다.

3. `입력값 추가하기 숫자 또는 문자열` : 내가 만든 블록에 숫자 또는 문자값을 입력 받을 수 있도록 추가합니다.

4. `입력값 추가하기 논리값` : 내가 만든 블록에 조건값을 입력 받을 수 있도록 추가합니다.

5. `라벨 넣기` : 내가 만든 블록에 라벨을 추가합니다.

[확장 기능( )] - 음악( )

1. `(1) 스네어 드럼 번 타악기를 0.25 박자로 연주하기`
   - 선택한 타악기(기본 스네어 드럼)를 입력한 박자(기본 0.25)에 맞추어 연주를 합니다.
   - **악기** : (1) 스네어 드럼, (2) 베이스 드럼, (3) 사이드 스틱, (4) 크래시 심벌, (5) 열린 하이햇 등
2. `0.25 박자 쉬기` : 입력한 값(기본 0.25)의 박자만큼 소리를 내지 않습니다.
3. `60 번 음을 0.25 박자로 연주하기`
   - 입력한 음(기본 60)을 입력한 박자(기본 0.25)에 맞추어 피아노 연주를 합니다.
   - 음 입력 칸(기본 60)을 클릭하면 피아노 건반이 나와 음을 확인하거나 변경할 수 있습니다.
4. `악기를 (1) 피아노 (으)로 정하기`
   - 악기의 종류를 정할 수 있습니다.
   - **악기** : (1) 피아노, (2) 전자 피아노, (3) 오르간, (4) 기타, (5) 전자 기타, (6) 베이스 등
5. `빠르기를 60 (으)로 정하기`
   - 연주의 빠르기를 입력한 값(기본 60)으로 정합니다.
   - 최저 20~최고 500
6. `빠르기를 20 만큼 바꾸기` : 연주의 빠르기를 입력한 값(기본 20)만큼 바꿉니다.
7. `빠르기`
   - 명령 블록 앞에 있는 ☐를 클릭하면 무대에 음악 빠르기 값이 나타납니다.
   - 혼자서는 사용할 수 없고 다른 명령 블록에 끼워 넣어서 사용합니다.

[확장 기능( )] - 펜( )

1. `모두 지우기` : 무대에 그려진 모든 펜과 도장을 지웁니다.
2. `도장찍기` : 스프라이트의 이미지를 도장처럼 찍어서 무대에 여러 개를 만들 수 있습니다.
3. `펜 내리기` : 스프라이트가 움직이는 경로에 맞추어 선을 그리기 위해 펜을 내립니다.
4. `펜 올리기` : 스프라이트가 움직이더라도 선이 그려지지 않도록 펜을 올립니다.
5. `펜 색깔을 ● (으)로 정하기` : 펜의 색깔을 '색상, 채도, 명도'로 설정하여 정할 수 있습니다.
6. `펜 색깔 ▼ 을(를) 10 만큼 바꾸기` : 펜의 색깔, 채도, 명도, 투명도를 입력한 값(기본 10)만큼 바꿀 수 있습니다.
   (변경 값 범위 : 0~100)
7. `펜 색깔 ▼ 을(를) 50 (으)로 정하기` : 펜의 색깔, 채도, 명도, 투명도를 입력한 값(기본 10)으로 정합니다.(변경 값 범위 : 0~100)
8. `펜 굵기를 1 만큼 바꾸기` : 펜의 굵기를 입력한 값(기본 1)만큼 바꿉니다.
9. `펜 굵기를 1 (으)로 정하기`

– 펜의 굵기를 입력한 값(기본 1)으로 정합니다.
– 바꾸기는 값을 증가 또는 감소시켜 값이 변하지만, 정하기는 하나의 고정된 값으로 처리됩니다.

[확장 기능( )] – 비디오 감지( )

1. : 컴퓨터에 연결된 카메라(웹캠)에 감지되는 움직임이 입력한 값(기본 10) 이상일 때 아래쪽에 연결된 명령 블록들을 실행합니다.
2.
   – **동작** : 스프라이트 또는 무대를 기준으로 카메라(웹캠)에 감지된 움직임(동작) 대한 관찰값을 이용하여 코딩할 수 있습니다.
   – : 무대에서 카메라(웹캠)에 감지된 관찰값이 50 이상인 경우 어떤 작업을 할 수 있도록 코딩할 수 있습니다.
   – **방향** : 스프라이트 또는 무대를 기준으로 카메라(웹캠)에 감지된 방향에 대한 관찰값을 이용하여 코딩할 수 있습니다.
3. : 카메라(웹캠)를 켜거나 끌 수 있으며, 상황에 따라서 좌우가 뒤집힌 상태로 비디오를 켤 수도 있습니다.
4. : 비디오 화면의 투명도를 입력한 값(기본 50)으로 정합니다.

[확장 기능( )] – Text to Speech( )

1. : 입력된 텍스트 내용을 소리 내어 말합니다.
2. : 소리 내어 말을 할 때 음성(중고음, 중저음, 고음, 저음, 고양이)을 정할 수 있습니다.
3. : 소리 내어 말을 할 때 선택한 언어(French, Japanese 등)로 말을 합니다.

[확장 기능( )] – 번역( )

1.
   – 입력된 텍스트 내용(기본 안녕)을 선택한 언어로 번역해 줍니다.
   – 혼자서는 사용할 수 없고 다른 명령 블록에 끼워 넣어서 사용합니다.
2.
   – 명령 블록 앞에 있는 ☐를 클릭하면 무대에 스크래치 프로그램에서 설정( )한 언어(예 : 한국어)가 나타납니다.
   – 혼자서는 사용할 수 없고 다른 명령 블록에 끼워 넣어서 사용합니다.

스크래치 3.0 시작하기

◆ 학습목표 ◆
▶ 스크래치의 전체 화면 구성 요소를 확인해 보세요.
▶ 스크래치의 세부 구성 요소를 확인해 보세요.

📁 불러올 파일 : 없음   💾 완성된 파일 : 없음

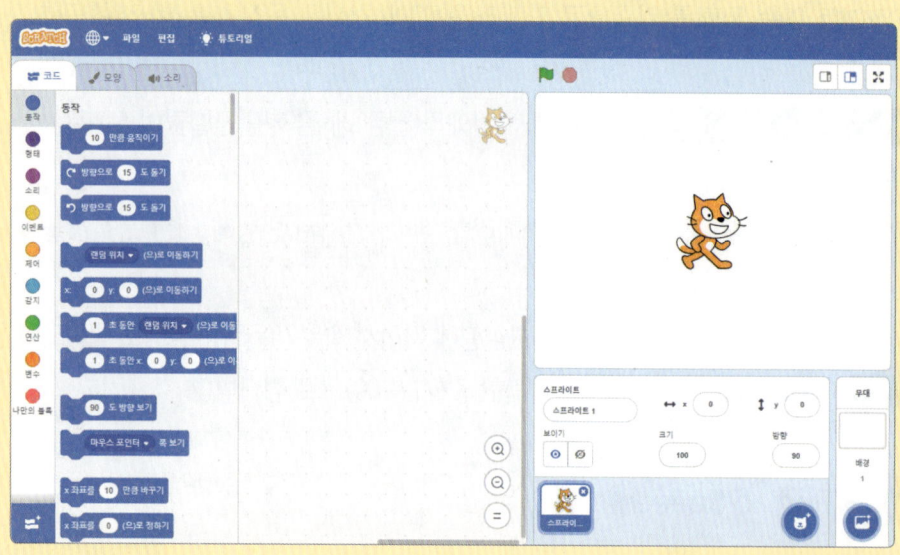

● 스크래치 **블록 팔레트** 및 **확장 기능**

| 9개의 블록 팔레트 |

동작　　형태　　소리　　이벤트　　제어　　감지　　연산　　변수　　나만의 블록

| 9개의 확장 추가 기능 |

음악　　　펜　　　비디오 감지　　텍스트 음성 변환(TTS)　　번역

Makey Makey　　micro:bit　　LEGO MIND STORMS EV3　　LEGO WeDo 2.0

01 스크래치 전체 화면 구성

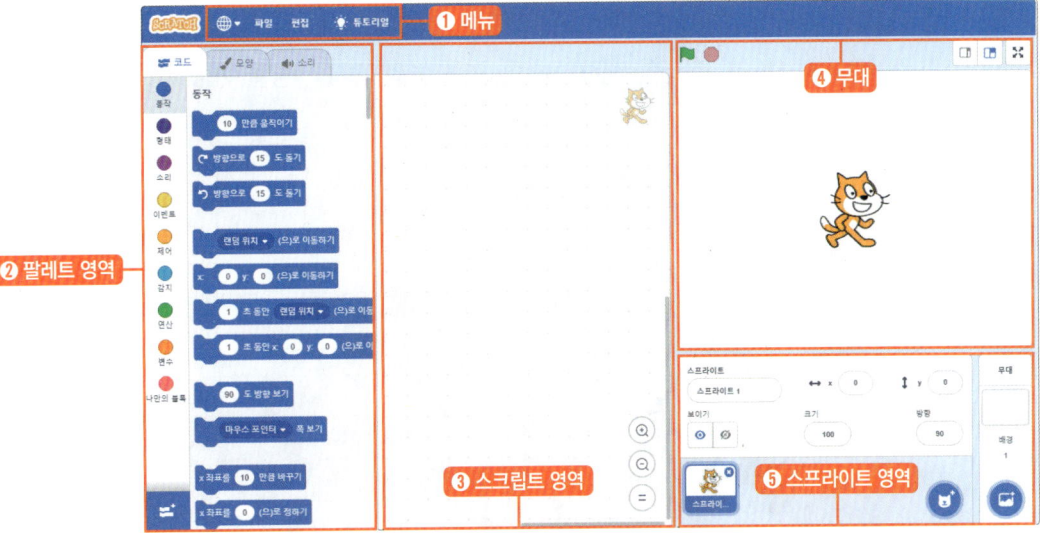

02 메뉴, 팔레트, 무대 구성 요소

❶ **메뉴** : 스크래치 작업에 필요한 여러 가지 메뉴가 포함되어 있습니다.

① : 스크래치 프로그램에서 사용할 언어(예 : 한국어)를 선택할 수 있습니다.

②
- 새로 만들기 : 새로운 프로젝트를 만들어 작업할 수 있습니다.
- 컴퓨터에서 가져오기 : 내 컴퓨터에 저장된 스크래치 파일을 불러올 수 있습니다.
- 컴퓨터에 저장하기 : 작업된 파일을 내 컴퓨터에 저장할 수 있습니다.

③
- 되돌리기 : 작업을 이전 단계로 되돌립니다.
- 터보 모드 켜기 : 실행 결과를 빠르게 확인할 수 있습니다. 터보 모드 끄기를 클릭하면 터보 모드가 해제됩니다.

④ : 애니메이션, 예술, 음악, 게임, 이야기로 구분된 다양한 튜토리얼을 동영상으로 제공합니다.

❷ **팔레트 영역** : [코드], [모양], [소리] 탭을 이용하여 코딩에 필요한 여러 가지 작업을 할 수 있습니다.

①
- 코드 탭을 클릭하면 코딩 작업에 필요한 9개의 팔레트가 나옵니다.
- 맨 아래쪽의 **확장 기능 추가하기**( ) 버튼을 누르면 9개의 확장 기능이 제공됩니다.

※ 명령 블록 및 확장 기능은 교재 앞 부분에 정리된 부록 내용을 참고하시기 바랍니다.

② [모양] : 스프라이트에서 사용할 모양을 추가할 수 있으며, 모양 및 색상 등을 수정하거나 새롭게 만들 수 있습니다.

※ [X] 버튼을 클릭하면 원하는 모양을 삭제할 수 있습니다.

③ [소리] : 스프라이트에서 사용할 소리를 추가할 수 있으며, 여러 가지 기능을 이용하여 편집할 수 있습니다.

▲모양

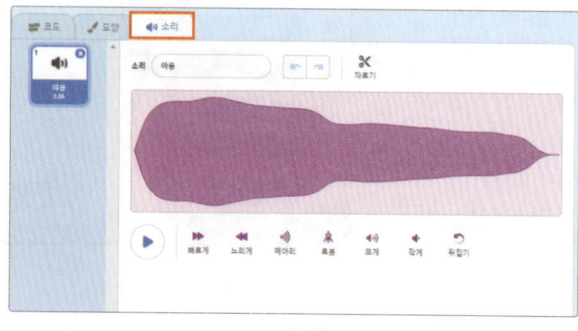
▲소리

❸ **스크립트 영역** : 명령 블록을 드래그하여 프로그래밍(코딩) 작업을 할 수 있는 영역입니다.

① [🔍] : 스크립트 영역의 명령 블록을 크게 확대시킵니다.

② [🔍] : 스크립트 영역의 명령 블록을 작게 축소시킵니다.

③ [=] : 스크립트 영역의 명령 블록을 기본 크기로 변경합니다.

❹ **무대** : 완성된 프로그램의 결과를 확인할 수 있는 공간입니다.

① 시작하기([🏁]) : [클릭했을 때] 명령 블록에 연결된 스크립트를 실행합니다.

② 멈추기([⏹]) : 실행 중인 프로그램을 정지시킵니다.

③ 무대 크기 변경

- [□] : 무대를 가장 작은 화면으로 표시합니다.
- [□] : 무대를 중간 화면으로 표시합니다.
- [✕] : 무대를 전체 화면으로 표시합니다. 전체 화면 상태에서 [✕] 버튼을 누르면 이전 화면 크기로 변경됩니다.

03 스프라이트 영역의 구성 요소

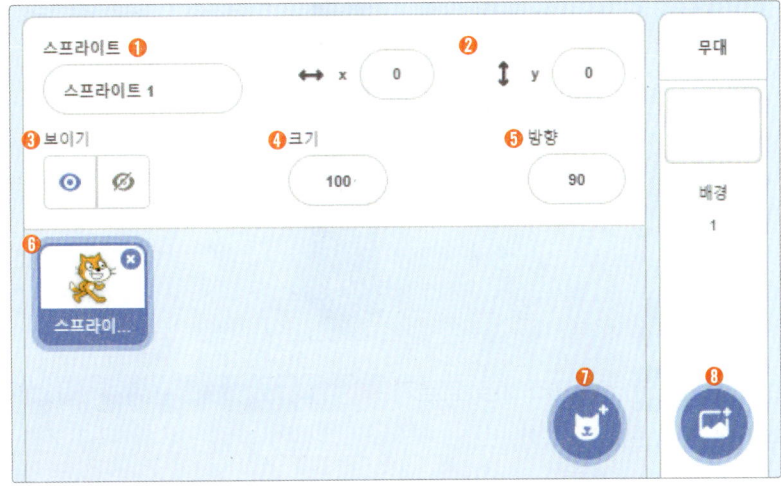

※ 무대에 삽입된 스프라이트 및 배경을 관리할 수 있습니다.

❶ : 스프라이트의 이름을 확인하거나 변경할 수 있습니다.

❷ : 스프라이트의 x-y 좌푯값을 확인하거나 변경할 수 있습니다.

❸ : 스프라이트를 무대에 보이게 하거나 숨길 수 있습니다.

❹ : 스프라이트의 크기를 변경할 수 있습니다. 기본 크기인 100을 기준으로 최소 5, 최대 535까지 크기를 변경할 수 있습니다.

❺ : 스프라이트의 방향을 변경(기본 90)할 수 있습니다.

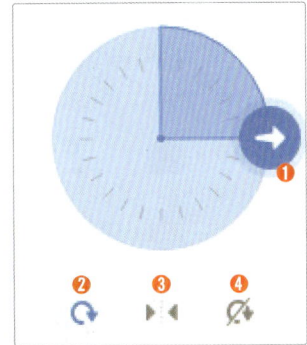

① 방향을 드래그하여 원하는 방향의 각도(0~180, -179~-1)를 설정할 수 있습니다.

② 회전하기( ) : 스프라이트를 360도로 회전시킬 수 있습니다.

③ 왼쪽/오른쪽( ) : 스프라이트를 좌(-1~-179)/우(0~180) 방향으로만 뒤집을 수 있습니다.

④ 회전하지 않기( ) : 스프라이트가 회전하지 않도록 한쪽 방향으로 고정시킵니다.

❻ : 코딩 작업을 할 스프라이트를 선택하거나 삭제할 수 있습니다.

❼ : 스프라이트를 추가하거나 새롭게 그려서 업로드 할 수 있습니다.

① 스프라이트 고르기(🔍) : 스프라이트 고르기( ) 목록에서 원하는 스프라이트를 추가할 수 있습니다.

② 그리기(🖌) : 스크래치 그림판을 이용하여 원하는 스프라이트를 직접 그려서 추가할 수 있습니다.

③ 서프라이즈(✨) : 스프라이트를 내가 직접 선택하는 것이 아니라 무작위로 선택하여 자동으로 추가됩니다.

④ 스프라이트 업로드하기(⬆) : 내 컴퓨터에 저장된 외부 이미지를 업로드하여 스프라이트로 사용할 수 있습니다.

❽ : 무대를 추가하거나 새롭게 그려서 업로드 할 수 있습니다.

① 무대 사용 방법(배경 고르기, 그리기, 서프라이즈, 배경 업로드하기)은 스프라이트와 동일합니다.

② 배경을 삭제하기 위해서는 무대를 선택한 후 🖌배경 을 클릭합니다. 배경 목록이 나오면 원하는 배경을 삭제합니다.

※ ❌ 버튼을 클릭하면 원하는 배경을 삭제할 수 있습니다.

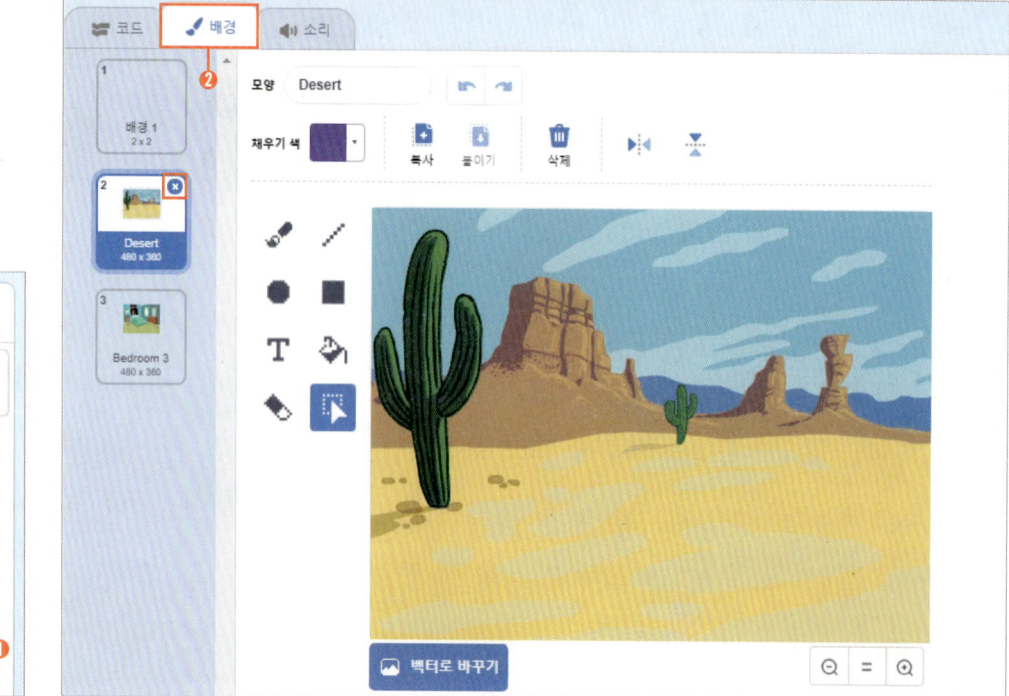

혼자서 해결하기

01 다음 빈 칸에 들어갈 스크래치의 화면 구성 요소를 적어보세요.

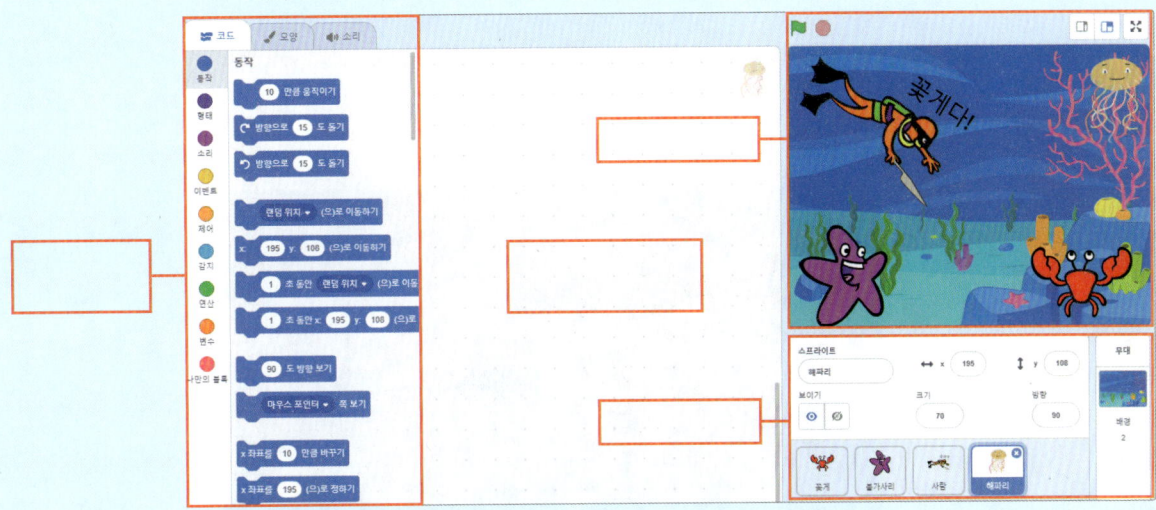

02 스크래치 기능과 관련된 내용을 선으로 연결해 보세요.

① ↔ x 0 ↕ y 0 •   • 코딩 작업에 필요한 9개의 팔레트가 나옵니다.

② 모양 •   • 스프라이트의 x-y 좌푯값을 확인할 수 있습니다.

③ 🚩 •   • 스프라이트의 크기를 변경할 수 있습니다. 기본 크기인 100을 기준으로 최소 5, 최대 535까지 크기를 변경할 수 있습니다.

④ 코드 •   • 스프라이트의 방향을 변경(기본 90)할 수 있습니다.

⑤ 보이기 👁 ⊘ •   • 스프라이트를 무대에 보이게 하거나 숨길 수 있습니다.

⑥ 크기 100 •   • 스프라이트를 추가하거나 새롭게 그려서 업로드 할 수 있습니다.

⑦ 방향 90 •   • 무대를 추가하거나 새롭게 그려서 업로드 할 수 있습니다.

⑧ 🐻 •   • 🚩 명령 블록에 연결된 스크립트를 실행합니다.

⑨ 🖼 •   • 스프라이트의 모양 및 색상 등을 수정하거나 새롭게 만들 수 있습니다.

CHAPTER 02 스프라이트의 모양과 색상 변경하기

◆학습목표◆
▶ 배경 및 스프라이트를 추가해 보세요.
▶ 스프라이트의 모양 및 색상 등을 변경해 보세요.

📂 불러올 파일 : 없음   💾 완성된 파일 : 꽃게야 도망쳐!(완성)

● 스크래치 **그림판 기능**

| 스크래치 그림판 메뉴 |

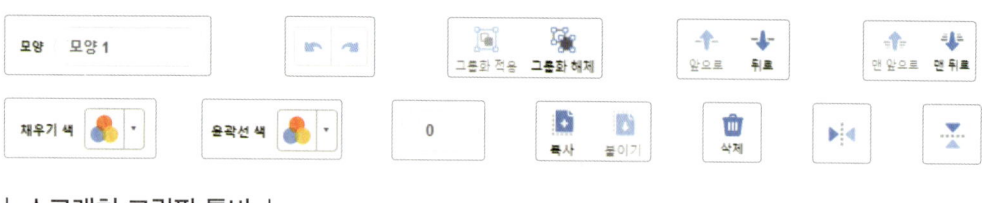

| 스크래치 그림판 툴바 |

선택   형태 고치기   브러시   지우개   채우기 색
텍스트   선   원   직사각형

01 바닷속 배경 및 스프라이트 삽입하기

❶ 스크래치를 실행한 후 **배경 고르기**( ) 버튼을 클릭합니다. [배경 고르기] 창이 나오면 [바닷속] 탭을 클릭한 후 'Underwater 1'을 선택하여 추가합니다.

※ 배경 고르기( )를 클릭해도 결과는 동일합니다. 배경은 검색 칸(Underwater 1)을 이용하여 찾을 수도 있습니다.

❷ 무대에 배경이 추가되면 **스프라이트 고르기**( )를 클릭합니다. [스프라이트 고르기] 창이 나오면 [동물] 탭을 클릭한 후 'Crab'을 선택하여 추가합니다.

※ 스프라이트 고르기( )를 클릭해도 결과는 동일합니다. 스프라이트는 검색 칸(Crab)을 이용하여 찾을 수도 있습니다.

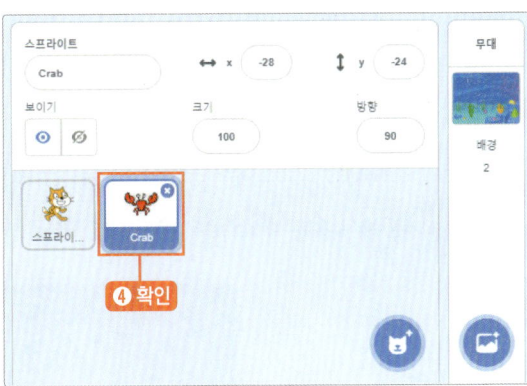

❸ 똑같은 방법으로 [동물] 탭에서 'Starfish( )'와 [사람들] 탭에서 'Diver2( )'를 각각 추가합니다.

Chapter 02 스프라이트의 모양과 색상 변경하기 **025**

❹ 스프라이트 영역에서 [고양이] 스프라이트를 선택한 후 ⊗를 눌러 스프라이트를 삭제합니다.
   ※ 이번 차시에서는 [고양이] 스프라이트가 필요 없기 때문에 삭제합니다.
   ※ 스프라이트 영역에 있는 스프라이트 순서는 교재와 다를 수 있습니다. 하지만 마우스로 드래그하여 위치를 바꿀 수 있으니 교재와 똑같이 순서를 맞추고 싶다면 드래그하여 순서를 변경합니다.

❺ 스프라이트 영역에서 [Crab] 스프라이트를 선택한 후 이름을 '꽃게'로 변경(Crab → 꽃게)합니다. 이어서, 무대의 꽃게를 마우스로 드래그하여 아래 그림처럼 위치를 변경합니다.

❻ 똑같은 방법으로 [Starfish] 스프라이트와 [Diver2] 스프라이트의 이름을 변경한 후 아래 그림처럼 위치를 변경합니다.
   - [Starfish] 스프라이트 → 이름 변경 : **불가사리**
   - [Diver2] 스프라이트 → 이름 변경 : **사람**, 크기 : 150, 방향 : 123

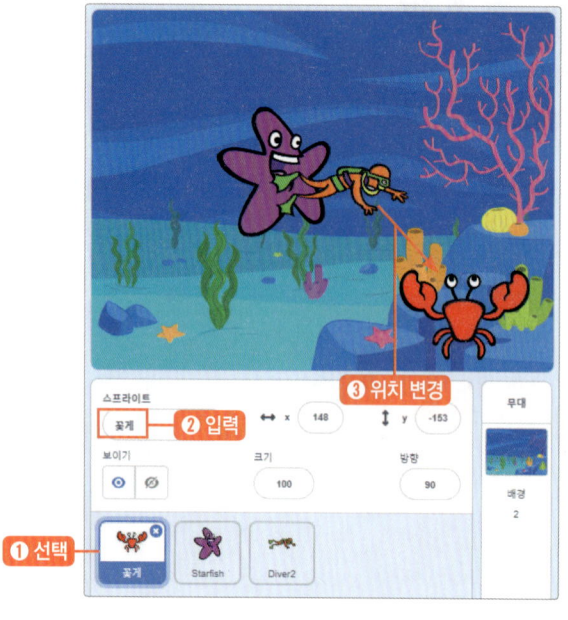 

💡TIP

● 스크래치 그림판 사용 방법 ●

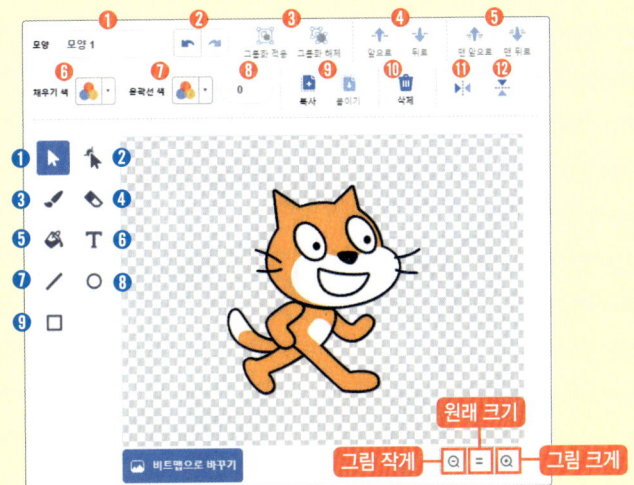

1. 메뉴 기능 방법

① [모양 모양1] : 모양 이름을 변경할 수 있습니다.

② : 작업 실행을 취소하거나 재실행할 수 있습니다.

③ : 개체를 그룹화하거나 해제할 수 있습니다.

④ : 선택된 개체를 앞으로 가져오거나 뒤로 보낼 수 있습니다.(레이어 기능)

⑤ : 선택된 개체를 맨 앞으로 가져오거나 맨 뒤로 보낼 수 있습니다.(레이어 기능)

▲ 그룹화 및 해제

▲ 맨 뒤로

▲ 맨 뒤로 결과

⑥ : 채우기 색을 변경하거나, 선택된 개체에 색을 채울 수 있습니다.(색상, 채도, 명도로 색을 선택)

⑦ : 선택된 개체의 윤곽선 색을 변경할 수 있습니다.(색상, 채도, 명도로 색을 선택)

⑧ [0] : 윤곽선의 굵기를 변경할 수 있습니다.

⑨ : 선택된 개체를 복사하여 붙여넣을 수 있습니다.

▲ 채우기 색 변경

▲ 윤곽선 색과 굵기 변경

▲ 복사 및 붙여넣기

⑩ 🗑 : 선택된 개체를 삭제할 수 있습니다.

⑪ ▶◀ : 선택된 개체를 좌우로 뒤집을 수 있습니다.

⑫ ⧗ : 선택된 개체를 위아래로 뒤집을 수 있습니다.

▲ 삭제　　　　　　▲ 좌우 뒤집기　　　　　　▲ 위아래 뒤집기

2. 툴바 기능 방법

❶ 선택(▶) : 특정 개체를 선택하여 이동 또는 크기를 조절할 수 있습니다.

❷ 형태 고치기(▶) : 특정 개체를 선택하여 모양을 변경할 수 있습니다.

❸ 브러시(✏) : 브러시로 색을 칠할 수 있습니다. 브러시의 크기도 변경할 수 있습니다.

▲ 선택　　　　　　▲ 형태 고치기　　　　　　▲ 브러시

❹ 지우개(⬧) : 지우개로 그림의 일부분을 지울 수 있으며, 지우개의 크기도 변경할 수 있습니다.

❺ 채우기 색(🎨) : 특정 영역에 색을 채울 수 있습니다.

❻ 텍스트(T) : 특정 글자(한글 지원)를 입력할 수 있습니다.

▲ 지우개　　　　　　▲ 채우기 색　　　　　　▲ 텍스트

❼ 선(╱) : 선을 그릴 수 있습니다.

❽ 원(○) : 원을 그릴 수 있습니다.

❾ 직사각형(□) : 직사각형을 그릴 수 있습니다.

▲ 선　　　　　　▲ 원　　　　　　▲ 직사각형

02 사람 모양과 색상 변경하기

① 스프라이트 영역에서 **[사람]** 스프라이트를 선택한 후 [모양] 탭을 클릭합니다. [모양] 탭으로 화면이 전환되면 **확대**( ) 버튼을 눌러 화면을 확대시킵니다.

② 툴바에서 **선택**( )을 클릭한 후 잠수부 얼굴에서 **초록색 물안경**을 오른손 쪽으로 드래그하여 위치를 이동시킵니다.

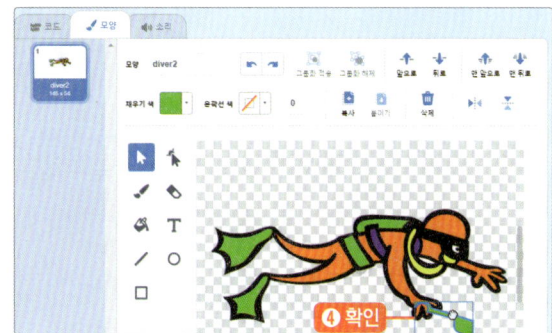

③ 물안경을 칼로 바꾸기 위해 툴바에서 **형태 고치기**( )를 클릭합니다. 수경에 모양 변경 조절점이 나오면 **물안경 끝부분의 조절점**( )을 앞으로 드래그하여 칼 모양으로 바꿉니다.

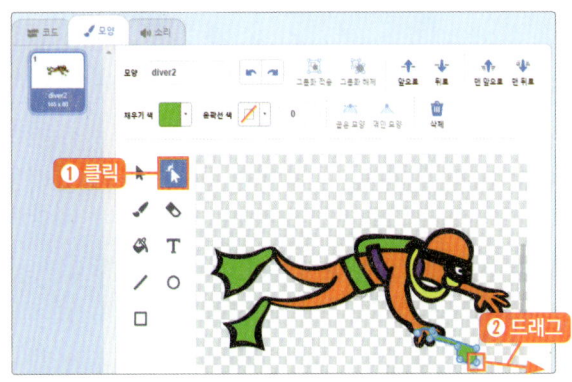
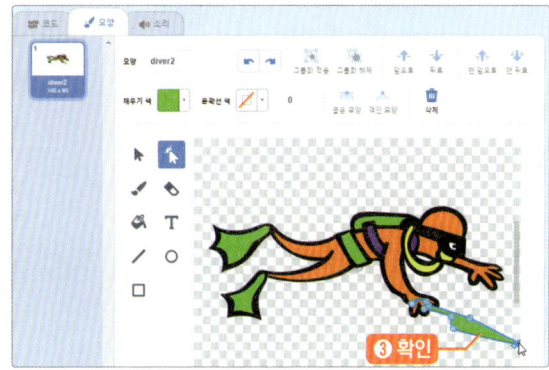

④ 모양이 바뀌면 **채우기 색**( )을 클릭한 후 아래 그림을 참고하여 **색상, 채도, 명도**를 변경 합니다. 이어서, 윤곽선 굵기( )를 '1'로 ( ) 변경하고, 맨 뒤로( )를 클릭한 후 **Esc** 키를 눌러 선택을 해제합니다.

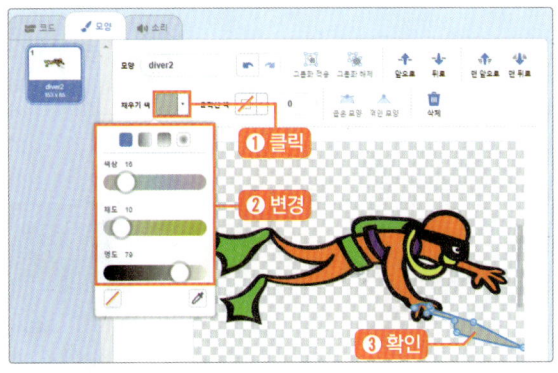
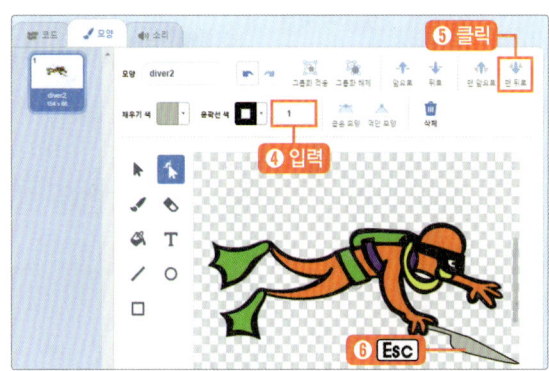

Chapter 02 스프라이트의 모양과 색상 변경하기 **029**

❺ 툴바에서 **선택**( )을 클릭한 후 **채우기 색**( )을 클릭합니다. 아래 그림을 참고하여 **색상, 채도, 명도**를 변경합니다.

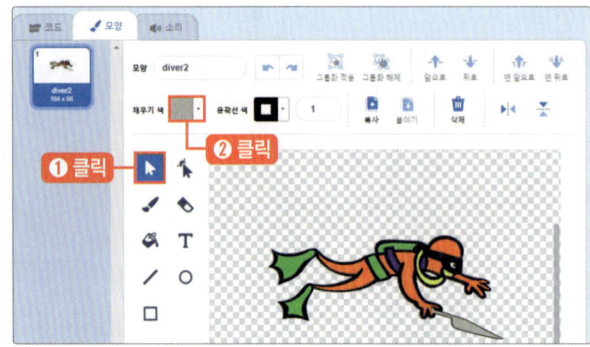
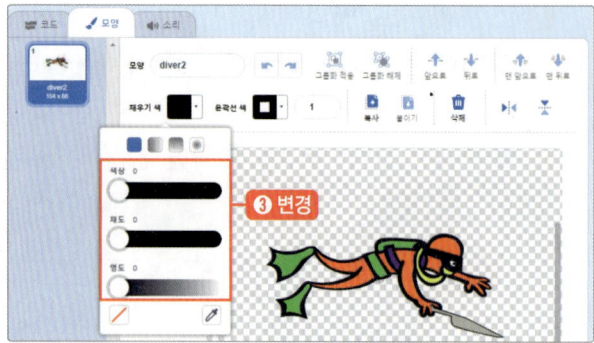

❻ 툴바에서 **채우기 색**( )을 클릭한 후 **왼쪽 오리발**을 클릭합니다. 색상이 검정색으로 변경되면 **오른쪽 오리발**을 클릭합니다.

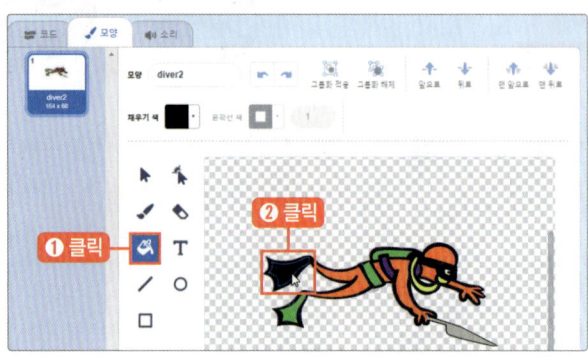
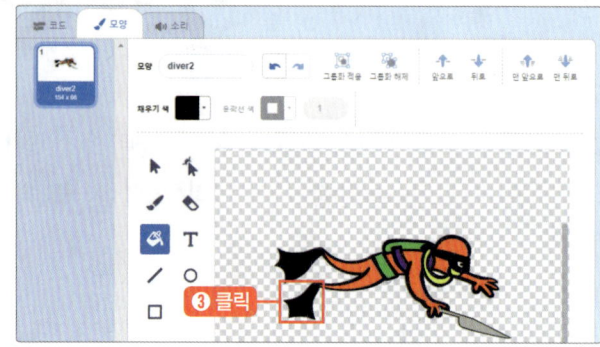

❼ 툴바에서 **텍스트**( )를 클릭합니다. 잠수부 머리 위쪽을 클릭하여 '꽃게다!'를 입력합니다.

❽ 툴바에서 **선택**( )을 클릭한 후 텍스트의 위치를 변경합니다.

※ 선택( )을 이용하여 조절점을 드래그하면 텍스트의 크기를 조절할 수 있습니다.

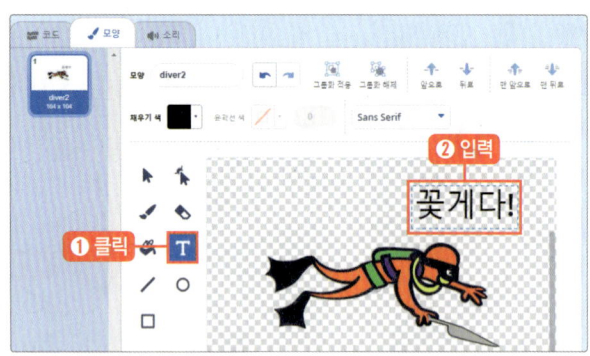

❾ 모든 작업이 끝나면 [코드] 탭을 클릭하여 무대의 '잠수부'를 확인합니다.

혼자서 해결하기

01 [꽃게] 스프라이트의 [Crab-b] 모양을 바위와 똑같은 색으로 칠해보세요.

① 스프라이트 영역에서 [배경2]를 클릭한 후 [배경] 탭을 선택합니다.

② 채우기 색을 클릭한 후 스포이트를 선택합니다.

③ 커서가 색 고르기로 바뀌면 불가사리 옆의 바위를 클릭하여 색(파란색)을 추출합니다.

④ 스프라이트 영역에서 [꽃게] 스프라이트를 클릭한 후 [Crab-b] 모양을 선택합니다. 툴바에서 채우기 색( )을 이용하여 아래 그림처럼 윤곽선까지 추출한 바위색으로 색을 채웁니다.

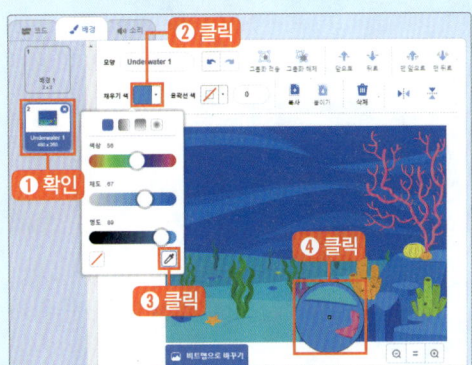
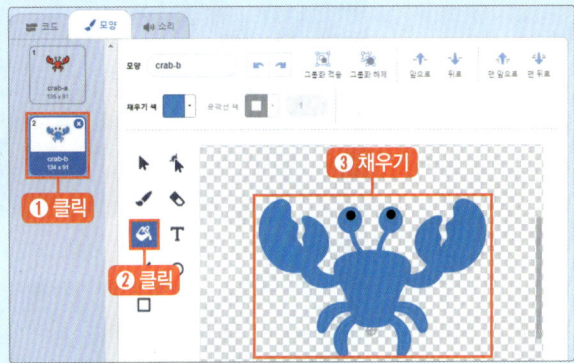

02 스크래치 파일을 저장해 보세요.

① [파일]-[컴퓨터에 저장하기]를 클릭합니다.

② [다른 이름으로 저장] 대화상자가 나오면 파일 이름 입력 칸에 '꽃게야 도망쳐'를 입력한 후 <저장> 버튼을 클릭합니다.

③ 바탕화면에 저장된 파일을 확인합니다.

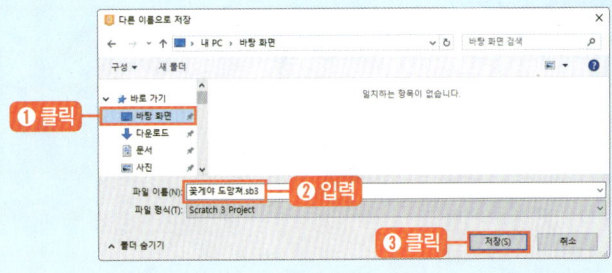

꽃게야 도망쳐!

◆ 학습목표 ◆
▶ [불가사리]와 [꽃게] 스프라이트가 대화를 하도록 코딩해 보세요.
▶ 스프라이트를 무대에 숨기고 모양을 변경해 보세요.

📁 불러올 파일 : 꽃게야 도망쳐!-1   📁 완성된 파일 : 꽃게야 도망쳐!-1(완성)

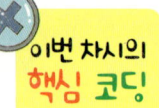

① 스크립트를 참고하여 🚩를 클릭했을 때 결과를 이미지 위에 그려보세요.
② 🚩를 클릭했을 때와 Space Bar 키를 눌렀을 때의 결과가 어떻게 다른지 확인해 보세요.
※ '말하기'와 '2초 동안 말하기'의 차이점을 구분할 수 있어야 합니다.

📁 불러올 파일 : 3차시 핵심 코딩

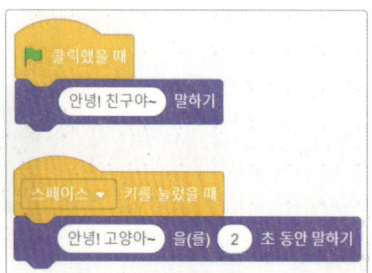
▲ 스크립트

▲ 스크립트 실행 확인

저장된 파일을 불러와 [불가사리] 스프라이트 코딩하기

❶ 스크래치를 실행한 후 [파일]-[컴퓨터에서 가져오기]를 클릭합니다. [열기] 대화상자가 나오면 [3차시] 폴더에서 '꽃게야 도망쳐!-1' 파일을 불러옵니다.

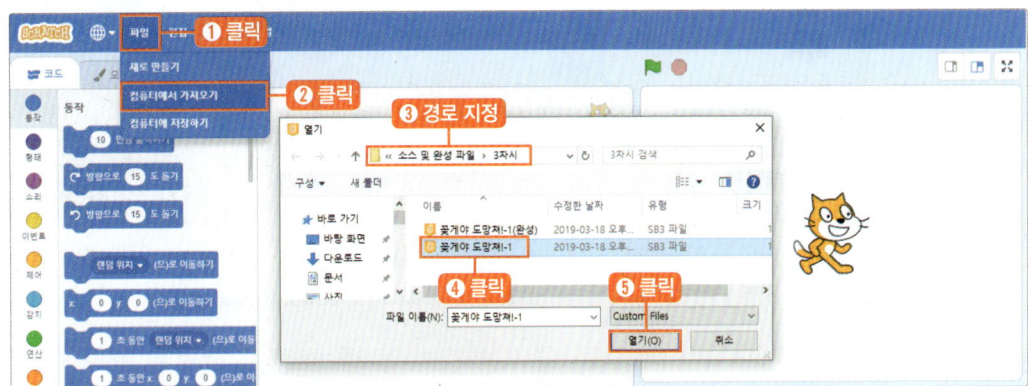

❷ 파일이 열리면 [불가사리] 스프라이트를 클릭합니다. 이어서, [이벤트] 팔레트에서 깃발클릭했을 때 를 스크립트 영역으로 드래그합니다.

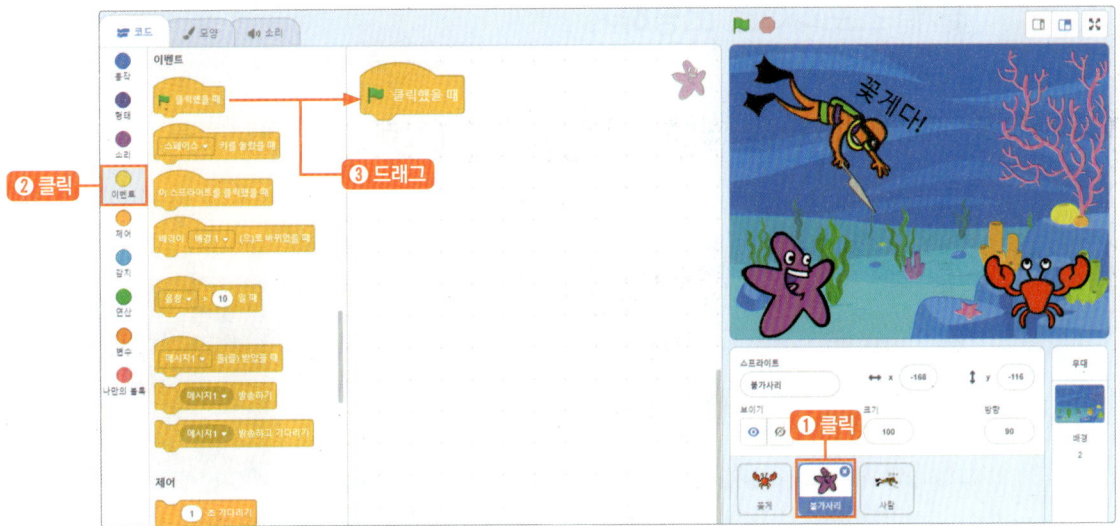

❸ [형태] 팔레트를 클릭한 후 보이기 를 아래쪽에 연결합니다. 이어서, 안녕! 을(를) 2 초 동안 말하기 를 아래쪽에 연결한 후 '안녕!'을 클릭하여 '사람이다! 꽃게야 도망쳐!'를 입력합니다.

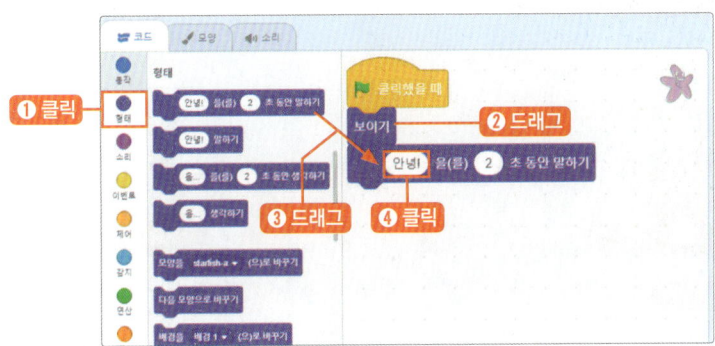 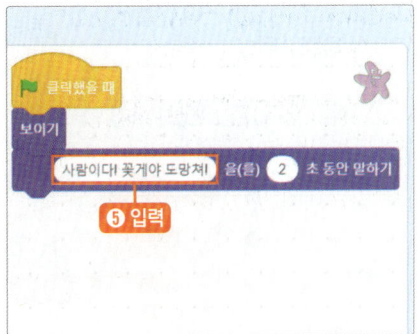

Chapter 03 꽃게야 도망쳐! **033**

❹ 내용 입력이 끝나면 숨기기를 아래쪽에 연결합니다.

코딩풀이

🚩를 클릭하면 무대에 나타나 '사람이다! 꽃게야 도망쳐!'를 2초 동안 말을 한 후 무대에서 사라집니다. 숨겨진 [불가사리] 스프라이트는 🚩를 클릭했을 때 다시 무대에 보입니다.

02 [꽃게] 스프라이트 코딩하기

❶ [꽃게] 스프라이트를 클릭합니다. 이어서, [이벤트] 팔레트에서 클릭했을때 를 스크립트 영역으로 드래그 합니다.

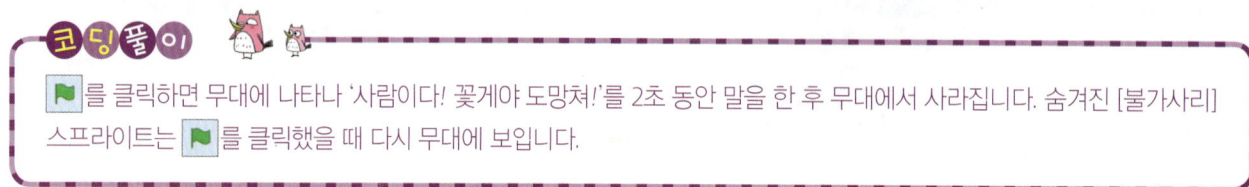

❷ [제어] 팔레트를 클릭한 후 1초기다리기 를 아래쪽에 연결합니다. 이어서, '1'을 클릭한 후 '2'를 입력 합니다.

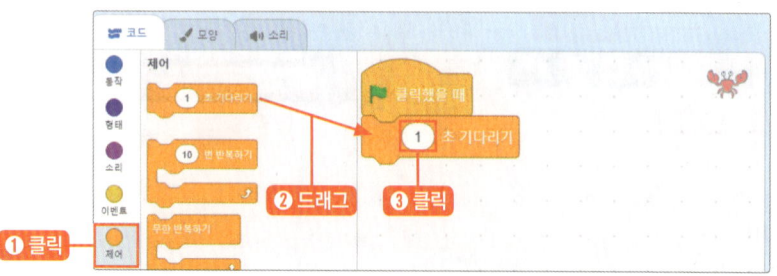
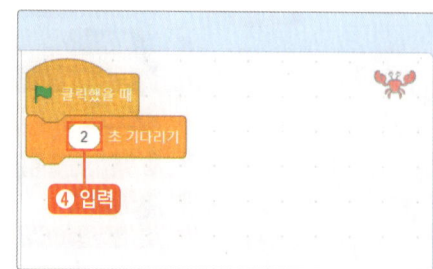

❸ [형태] 팔레트를 클릭한 후 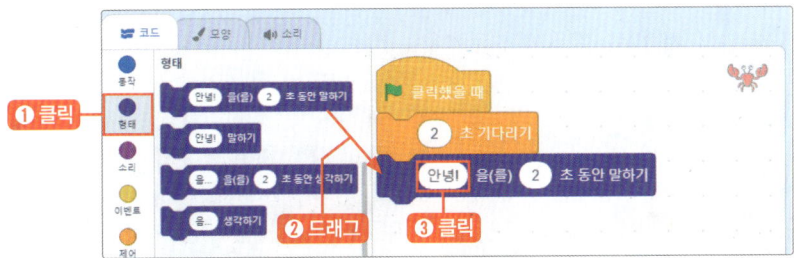를 아래쪽에 연결합니다. 이어서, '안녕!'을 클릭하여 '도망칠 시간이 없어!'로 입력한 후 '2'를 '1'로 수정합니다.

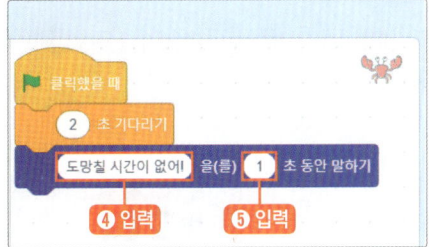

❹ 를 아래쪽에 연결한 후 '음...'을 클릭하여 '바위색으로 보호해야지!'로 입력하고 '2'를 '1'로 수정합니다. 이어서, 다음 모양으로 바꾸기 를 아래쪽에 연결합니다.

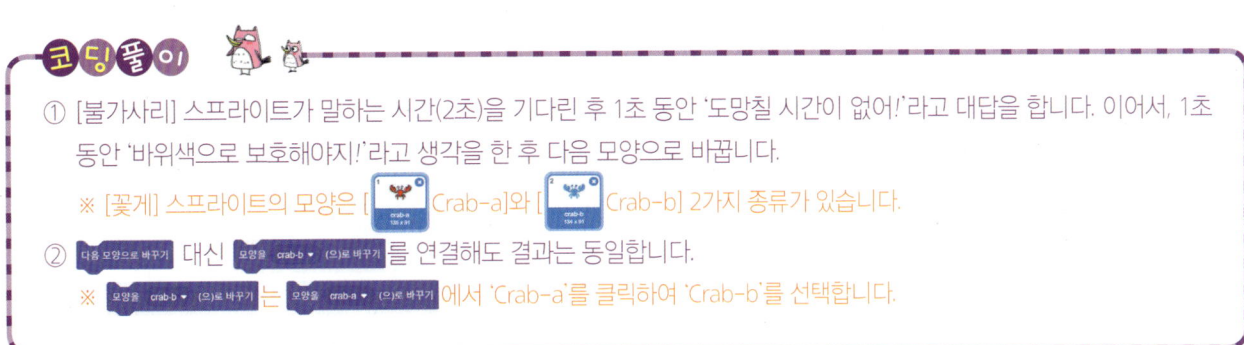

코딩풀이

① [불가사리] 스프라이트가 말하는 시간(2초)을 기다린 후 1초 동안 '도망칠 시간이 없어!'라고 대답을 합니다. 이어서, 1초 동안 '바위색으로 보호해야지!'라고 생각을 한 후 다음 모양으로 바꿉니다.

※ [꽃게] 스프라이트의 모양은 [Crab-a]와 [Crab-b] 2가지 종류가 있습니다.

② 다음 모양으로 바꾸기 대신 모양을 crab-b ▼ (으)로 바꾸기 를 연결해도 결과는 동일합니다.

※ 모양을 crab-b ▼ (으)로 바꾸기 는 모양을 crab-a ▼ (으)로 바꾸기 에서 'Crab-a'를 클릭하여 'Crab-b'를 선택합니다.

❺ [이벤트] 팔레트에서 `클릭했을 때`를 스크립트 영역으로 드래그합니다. 이어서, [형태] 팔레트를 클릭한 후 `모양을 crab-a ▼ (으)로 바꾸기`를 아래쪽에 연결합니다.

❻ 모든 코딩 작업이 끝나면 클릭하여 결과를 확인합니다.

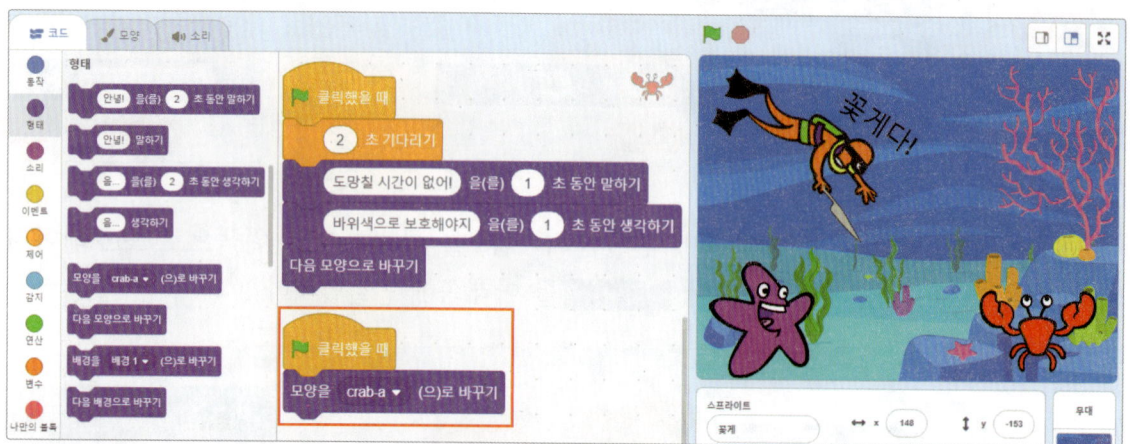

코딩풀이

🏴 를 클릭하면 꽃게 모양을 'Crab-a'로 바꾼 후 2초 후에 말을 합니다. [꽃게] 스프라이트에는 🏴 를 클릭하면 동시에 2개의 스크립트가 실행되도록 작성되어 있는데 이것은 병렬 구조 방식으로 코딩한 것입니다.

TIP

● [사람] 스프라이트 스크립트 ●

[사람] 스프라이트를 클릭하면 아래와 같은 내용으로 미리 코딩되어 있습니다. 코딩에 대한 자세한 내용은 주석을 참고하시기 바랍니다. 반복문은 6차시와 7차시에서 학습합니다.

```
🏴 클릭했을 때
30 번 반복하기
    5 만큼 움직이기
    0.15 초 기다리기
어디갔지? 을(를) 2 초 동안 생각하기
```

1. 사람이 꽃게쪽으로 5만큼 30번 반복하여 총 150만큼 이동합니다.
2. 30번 반복과 0.15초를 기다리는 이유는 꽃게 위치까지 천천히 이동하기 위해서 입니다.
3. 꽃게 근처까지 이동하면 '어디갔지?'를 2초 동안 생각합니다.

```
🏴 클릭했을 때
x: -124 y: 85 (으)로 이동하기
```

시작하기를 클릭하면 어떤 위치에 있더라도 지정된 x-y 좌표(x : -124, y : 85)로 이동합니다.

혼자서 해결하기

01 [Jellyfish] 스프라이트의 '이름, 크기, 위치'를 변경해 보세요.

📁 **불러올 파일** : 꽃게야 도망쳐!-2   📗 **완성된 파일** : 꽃게야 도망쳐!-2(완성)

① 이름 : 해파리, 크기 : 70, x-y 위치 : 아래 그림을 참고하여 마우스로 드래그

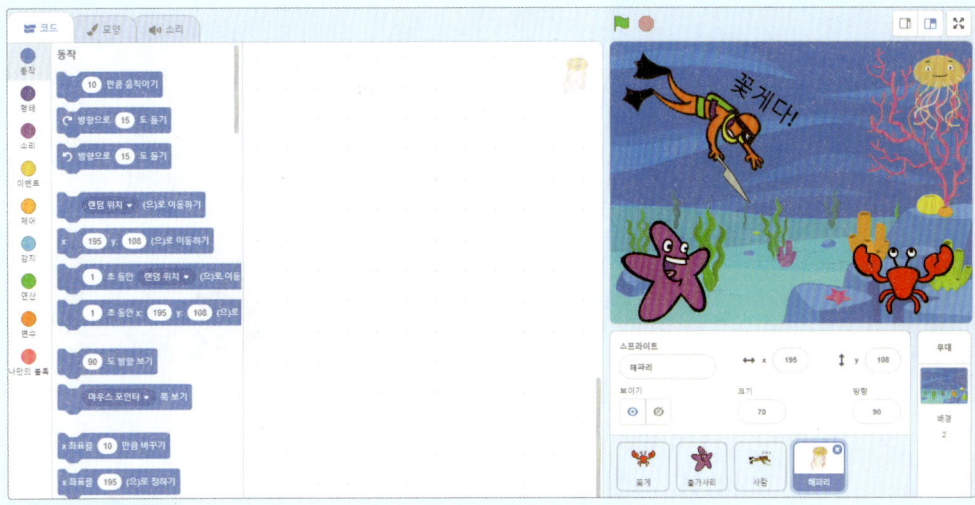

02 명령 블록들을 조립하여 [해파리] 스프라이트에 2개의 스크립트를 코딩하세요.

① 스크립트 1 : 🏁 를 클릭하면 기본 모양인 [Jellyfish-a]로 모양을 바꿉니다.

② 스크립트 2 : 🏁 를 클릭하면 모든 스프라이트들의 대화가 끝난 7초 후에 [Jellyfish-d]로 모양을 바꾼 후 2초 동안 말을 합니다.

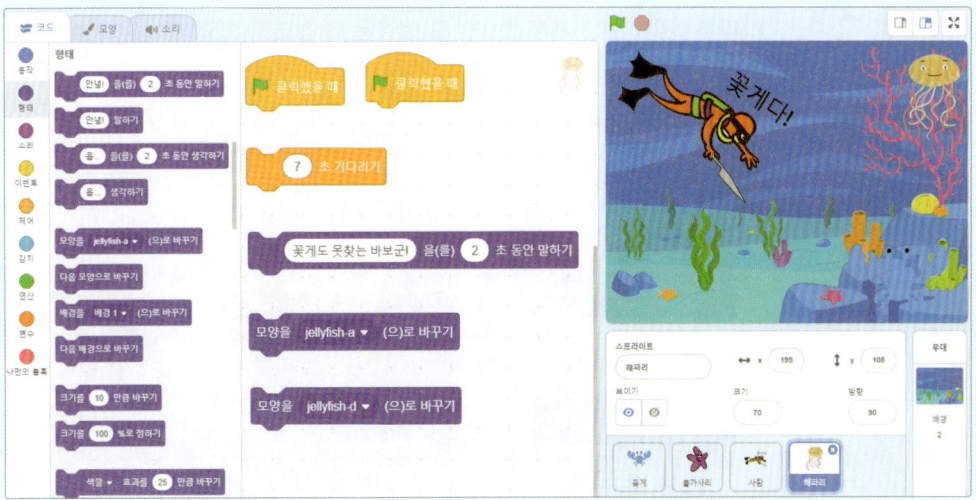

CHAPTER 04 키보드 방향키로 X, Y좌표 이동하기

◆학습목표◆
▶ xy-grid 배경을 이용하여 x-y 좌푯값을 확인해 보세요.
▶ 키보드 방향키를 눌러 x-y 좌푯값에 맞추어 이동해 보세요.

📂 불러올 파일 : 없음   💾 완성된 파일 : x-y 좌표로 움직이기(완성)

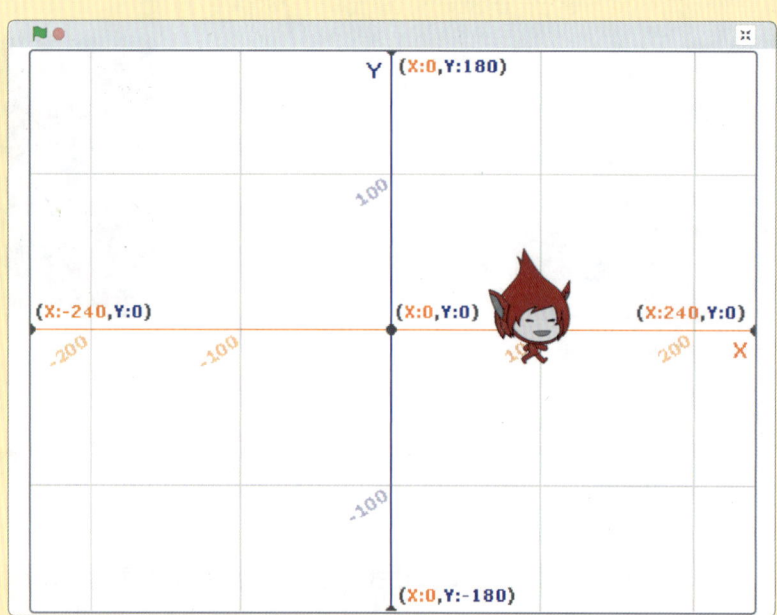

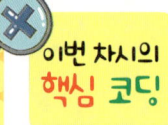

① 스크립트를 참고하여 🏁를 클릭한 후 아래쪽 방향키(⬇)를 눌렀을 때 결과를 이미지 위에 그려보세요.
② 위쪽 방향키와 아래쪽 방향키를 눌렀을 때 결과가 어떻게 다른지 확인해 보세요.
※ `100 만큼 움직이기`는 스프라이트의 방향에 따라 위치가 달라집니다.

📂 불러올 파일 : 4차시 핵심 코딩

▲ 스크립트

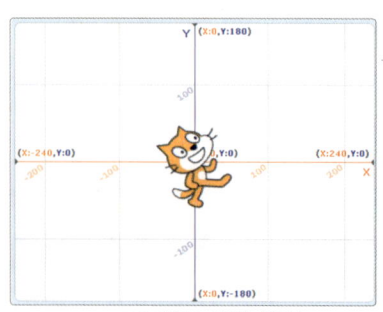
▲ 스크립트 실행 확인

01 배경 및 오브젝트 삽입하기

❶ 스크래치를 실행한 후 **배경 고르기**( ) 버튼을 클릭합니다. [배경 고르기] 창이 나오면 [모두] 탭에서 스크롤바를 아래쪽으로 내린 후 'Xy-grid'를 클릭합니다.

❷ 무대에 선택한 배경이 추가되면 **스프라이트 고르기**( )를 클릭합니다. [스프라이트 고르기] 창이 나오면 [판타지] 탭을 클릭한 후 'Giga Walking'을 선택하여 추가합니다. [Giga Walking] 스프라이트가 추가되면 이름은 '**기가**', 크기는 '**50**'으로 각각 변경합니다.

❸ 스프라이트 영역에서 [고양이] 스프라이트를 선택한 후 마우스 오른쪽 버튼을 눌러 [**삭제**]를 클릭합니다.

※ [고양이] 스프라이트 위쪽의 ❌를 클릭하여 스프라이트를 삭제할 수도 있습니다.

 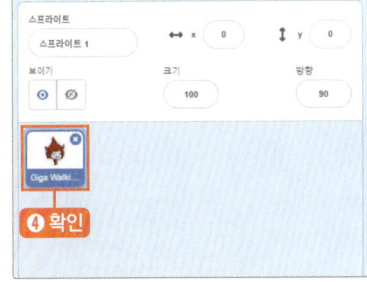

Chapter 04 키보드 방향키로 X, Y좌표 이동하기 **039**

02 키보드 방향키로 스프라이트 움직이기

❶ [이벤트] 팔레트에서 클릭했을때 를 스크립트 영역으로 드래그합니다.

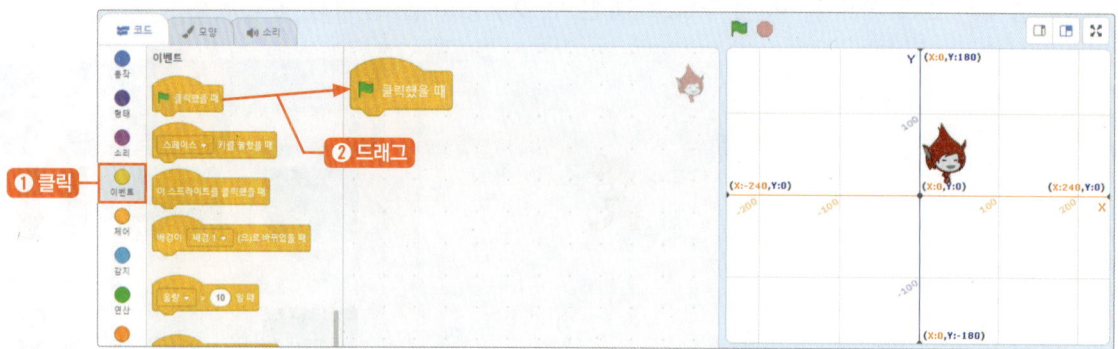

❷ [동작] 팔레트를 클릭한 후 x: 39 y: 37 (으)로 이동하기 를 아래쪽에 연결합니다. 이어서, x-y 값을 모두 '0'으로 입력합니다.

※ 기본으로 입력된 x-y 좌푯값은 컴퓨터마다 다르게 나올 수 있으니 참고하시기 바랍니다.

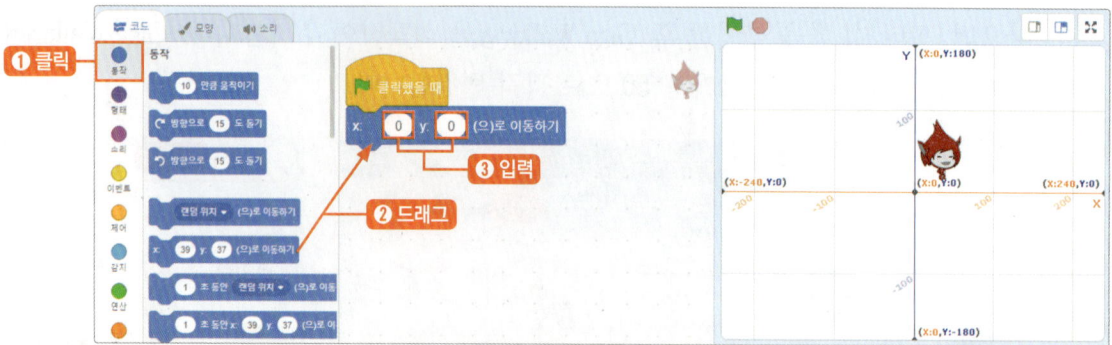

TIP

● x-y 좌푯값 ●

① 스크래치에서 사용되는 스프라이트는 좌푯값을 이용해 위치를 표시합니다. 스크래치에서 사용하는 x-y 좌푯값은 매우 중요하기 때문에 반드시 알고 있어야 합니다.

② x좌표는 '가로축'을 뜻하는 용어로 스프라이트가 '오른쪽' 또는 '왼쪽'으로 이동할 수 있는 간격입니다. x좌표의 범위는 무대를 기준으로 -240(왼쪽 끝) ~ 0(가운데) ~ 240(오른쪽 끝)을 범위로 사용합니다.

③ y좌표는 '세로축'을 뜻하는 용어로 스프라이트가 '위쪽' 또는 '아래쪽'으로 이동할 수 있는 간격입니다. y좌표의 범위는 무대를 기준으로 -180(아래쪽 끝) ~ 0(가운데) ~ 180(위쪽 끝)을 범위로 사용합니다.

❸ [이벤트] 팔레트에서 ![block]를 스크립트 영역으로 드래그합니다. 이어서, '스페이스▼' 부분을 클릭하여 '**오른쪽 화살표**'를 선택합니다.

❹ [동작] 팔레트를 클릭한 후 ![block]를 아래쪽에 연결합니다.

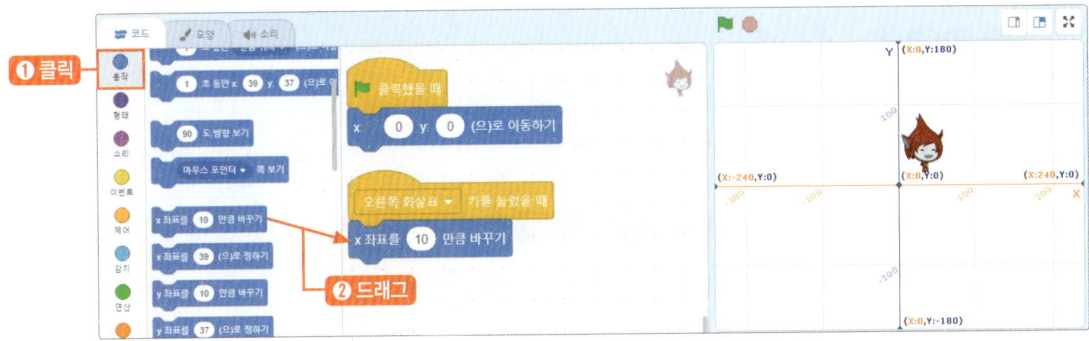

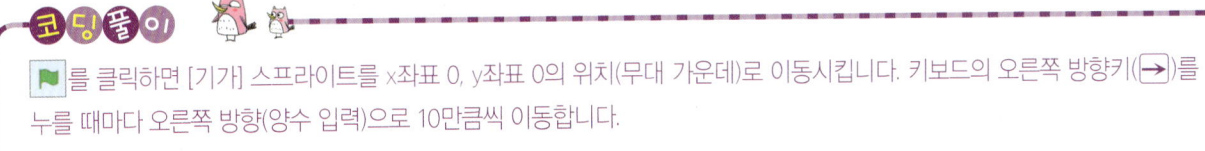

🏁 를 클릭하면 [기가] 스프라이트를 x좌표 0, y좌표 0의 위치(무대 가운데)로 이동시킵니다. 키보드의 오른쪽 방향키(→)를 누를 때마다 오른쪽 방향(양수 입력)으로 10만큼씩 이동합니다.

❺ ![block] 위에서 마우스 오른쪽 버튼을 눌러 [**복사하기**]를 클릭합니다. 해당 스크립트가 복사되면 아래쪽 또는 오른쪽을 클릭합니다.

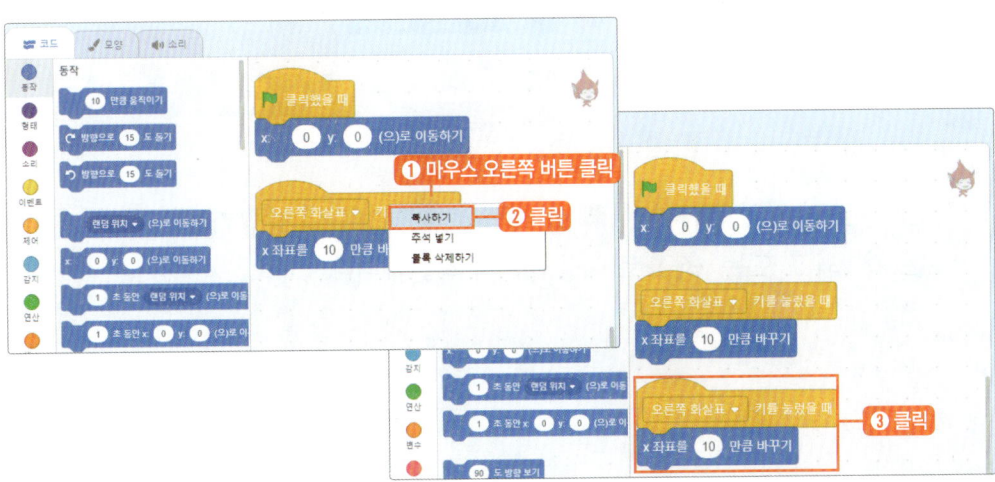

Chapter 04 키보드 방향키로 X, Y좌표 이동하기 **041**

❻ 복사된 의 '오른쪽 화살표▼' 부분을 클릭하여 '**왼쪽 화살표**'를 선택합니다. 이어서, x좌표를 10 만큼 바꾸기 의 값을 '-10'으로 수정합니다.

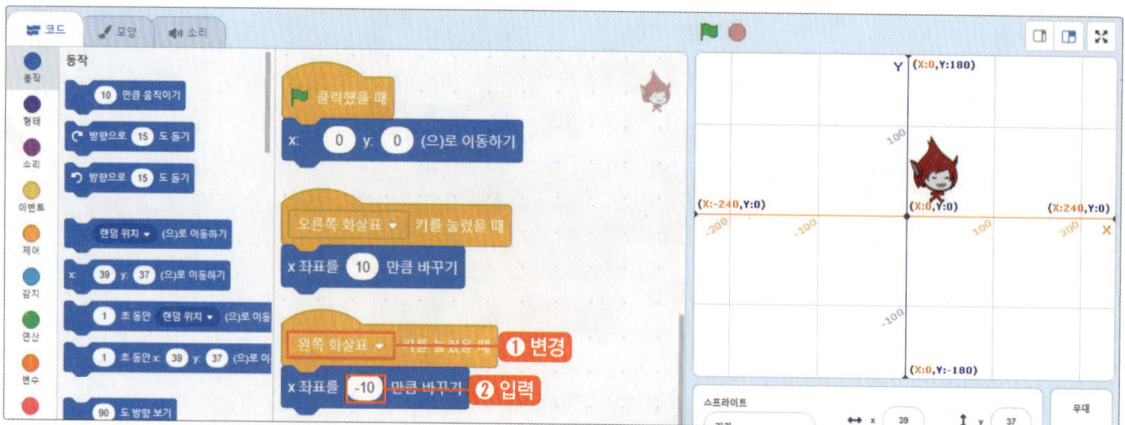

코딩풀이
키보드의 왼쪽 방향키(←)를 누를 때마다 왼쪽 방향(음수 입력)으로 10만큼씩 이동합니다.

❼ 똑같은 방법으로 스페이스 키를 눌렀을 때 , y좌표를 10 만큼 바꾸기 를 이용하여 아래 그림처럼 코딩합니다.
  ① 위쪽 방향키(↑)를 눌렀을 때 **위쪽으로** 10만큼 이동합니다.
  ② 아래쪽 방향키(↓)를 눌렀을 때 **아래쪽으로** 10만큼 이동합니다.

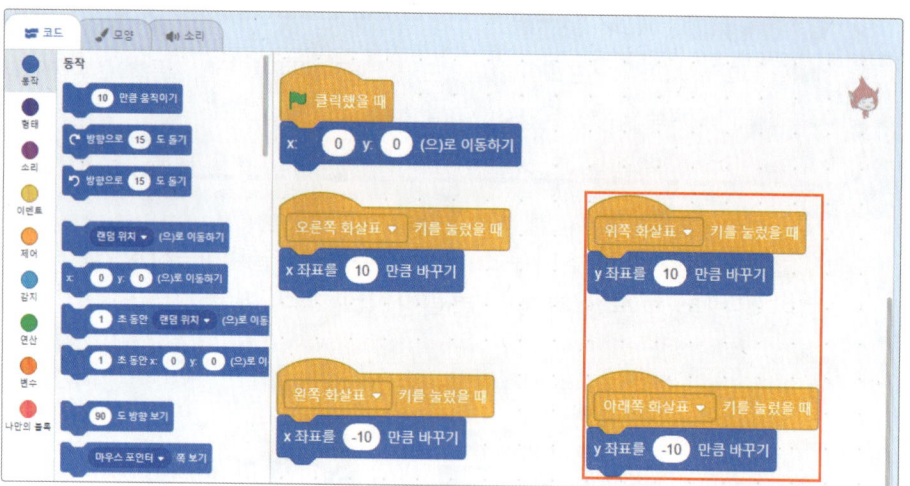

❽ 모든 코딩 작업이 끝나면 🏁를 클릭한 후 키보드의 방향키(←,→,↑,↓)를 눌러 [기가] 스프라이트가 x좌표 또는 y좌표로 이동하는지 확인합니다.

혼자서 해결하기

01 키보드 방향키(←,→,↑,↓)를 눌러 [기가] 스프라이트가 x좌표 또는 y좌표로 이동할 때 모양(총 3개)을 바꾸며 이동하도록 코딩해 보세요.

📁 **불러올 파일** : x-y 좌표로 움직이기-1   💾 **완성된 파일** : x-y 좌표로 움직이기-1(완성)

❶ [형태] 팔레트의 `다음 모양으로 바꾸기`를 이용하여 코딩합니다.

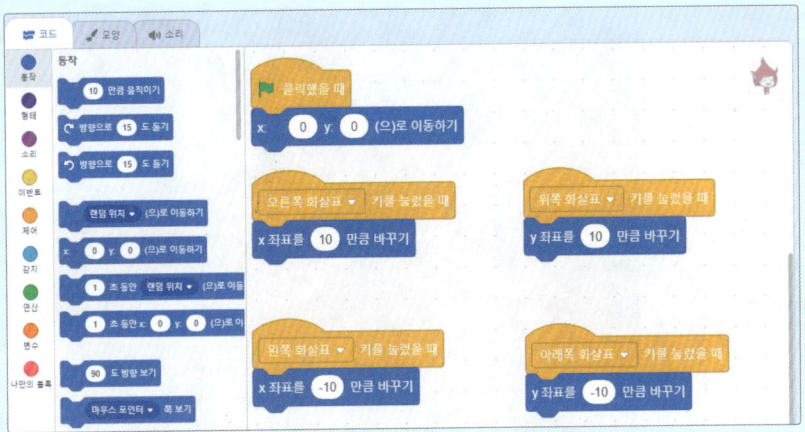

02 키보드 A, S, D, W 키를 눌렀을 때 20만큼 움직이도록 코딩해 보세요.

📁 **불러올 파일** : x-y 좌표로 움직이기-2   💾 **완성된 파일** : x-y 좌표로 움직이기-2(완성)

❶ A : 왼쪽으로 20만큼 이동 / D : 오른쪽으로 20만큼 이동
❷ S : 아래쪽으로 20만큼 이동 / W : 위쪽으로 20만큼 이동
❸ 이동할 때 모양이 바뀌도록 `다음 모양으로 바꾸기`를 추가합니다.

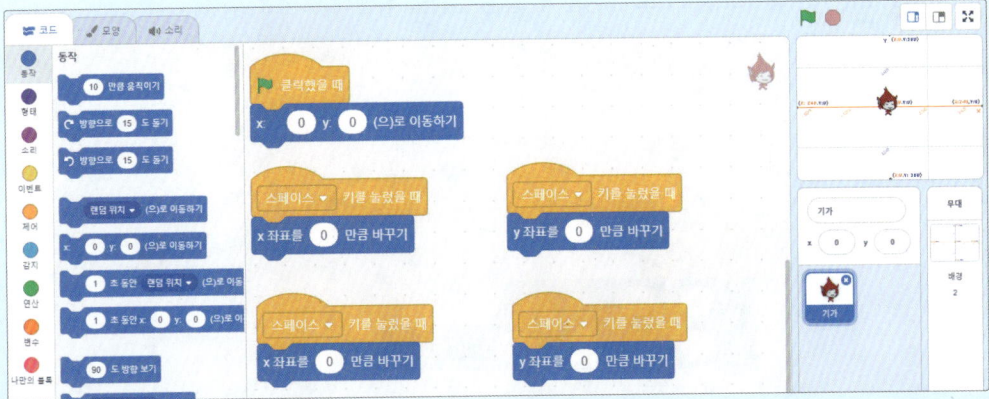

CHAPTER 05

달려라 고양이!

◆학습목표◆
▶ 야구장 배경을 넣은 후 고양이 스프라이트의 위치와 크기를 바꿔보세요.
▶ 홈 베이스에서 1루 베이스로 모양을 바꿔가며 달리도록 코딩해 보세요.

📁 불러올 파일 : 없음   💾 완성된 파일 : 달려라 고양이(완성)

① 스크립트를 참고하여 🚩를 클릭했을 때 결과를 이미지 위에 그려보세요.
② 1초를 5초로 변경한 후 실행 결과를 확인해 보세요.

📁 불러올 파일 : 5차시 핵심 코딩

▲ 스크립트

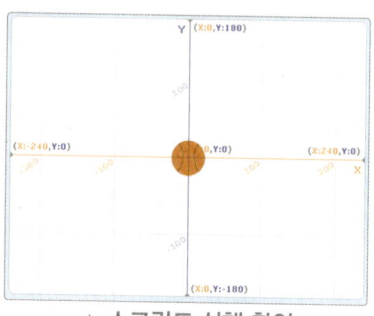

▲ 스크립트 실행 확인

01 야구장 배경을 무대에 삽입한 후 스프라이트 위치 변경하기

❶ 스크래치를 실행한 후 **배경 고르기**( ) 버튼을 클릭합니다. [배경 고르기] 창이 나오면 [모두] 탭에서 'Baseball 2'를 클릭합니다.

※ 배경 고르기( )를 클릭해도 결과는 동일합니다. 'Baseball 2' 배경은 [스포츠] 탭을 클릭하거나 검색 칸(Baseball 2)을 이용하여 찾을 수도 있습니다.

❷ 무대에 배경이 추가되면 스프라이트 영역에서 [고양이] 스프라이트를 클릭합니다. 이어서, 크기를 70, 방향을 -90으로 설정한 후 **왼쪽/오른쪽**( )을 클릭합니다. 설정이 완료되면 [고양이] 스프라이트를 **홈 베이스** 쪽으로 드래그합니다.

TIP

● 스프라이트 좌푯값 자동 입력 ●

[고양이] 스프라이트를 마우스로 드래그하여 위치를 바꾸면 팔레트의 명령 블록에 해당 스프라이트의 x-y 좌푯값이 자동으로 입력( )되어 나타납니다. 단, x-y 좌푯값은 스프라이트가 이동한 위치에 따라서 교재와 약간씩 다를 수 있습니다.

Chapter 05 달려라 고양이! **045**

1루 베이스로 달려가기

❶ [이벤트] 팔레트에서 ![깃발 클릭했을 때]를 스크립트 영역으로 드래그합니다.

❷ [동작] 팔레트를 클릭한 후 ![x: 176 y: 6 (으)로 이동하기]를 아래쪽에 연결합니다.

❸ [고양이] 스프라이트를 1루 베이스 쪽으로 드래그합니다. 이어서, 스프라이트 영역에서 **x-y 좌푯값**을 확인합니다.

※ [고양이] 스프라이트를 마우스로 드래그하여 위치를 바꾸면 [동작] 팔레트에서 좌푯값이 입력되는 모든 명령 블록들의 x-y 좌푯값들이 바뀌어 나타납니다.

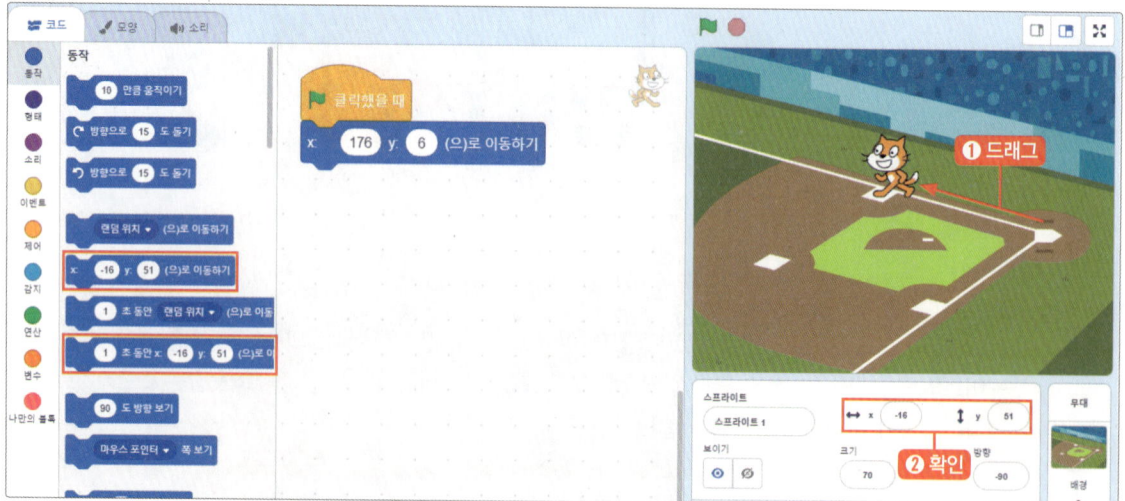

❹ [동작] 팔레트에서 ￼ 를 아래쪽에 연결합니다.

※ x-y 좌푯값은 [고양이] 스프라이트를 1루 베이스로 드래그 한 위치에 따라서 교재와 약간씩 다를 수 있습니다.

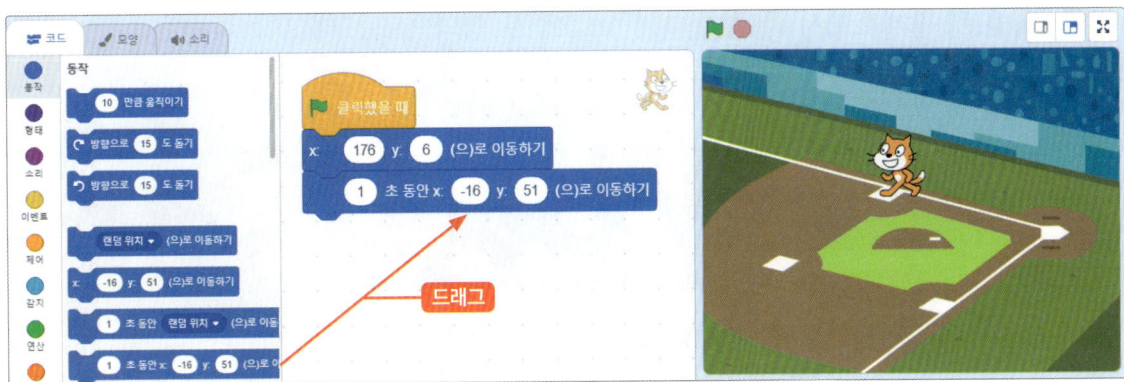

❺ 무대 위에 있는 🚩를 클릭하여 1루 베이스로 이동하는 코딩 결과를 확인합니다. [고양이] 스프라이트가 1루 베이스로 이동하면 다시 한 번 🚩를 클릭하여 결과를 확인합니다.

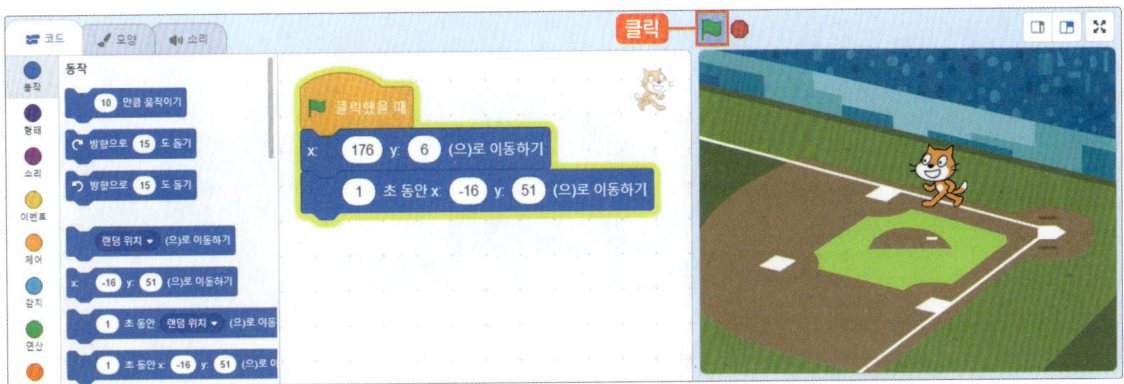

TIP

● 명령 블록 삭제 및 중간 사이에 끼워 넣기 ●

① ￼ 블록 위에서 마우스 오른쪽 버튼을 눌러 [블록 삭제하기]를 클릭합니다.

② 해당 명령 블록만 삭제되면 [고양이] 스프라이트를 마우스로 드래그하여 홈 베이스로 이동시킵니다.

③ 무대 위에 있는 🚩를 클릭하여 코딩 결과를 확인합니다. [고양이] 스프라이트가 1루 베이스로 이동하면 다시 🚩를 클릭하여 명령 블록을 삭제하기 이전과 어떻게 다른지 확인합니다.

④ [동작] 팔레트에서 ￼ 를 ￼와 ￼ 중간 사이에 끼워 넣은 후 'x(176)와 y(6)' 좌푯값을 입력합니다. 좌푯값이 수정되면 🚩를 클릭하여 결과를 확인합니다.

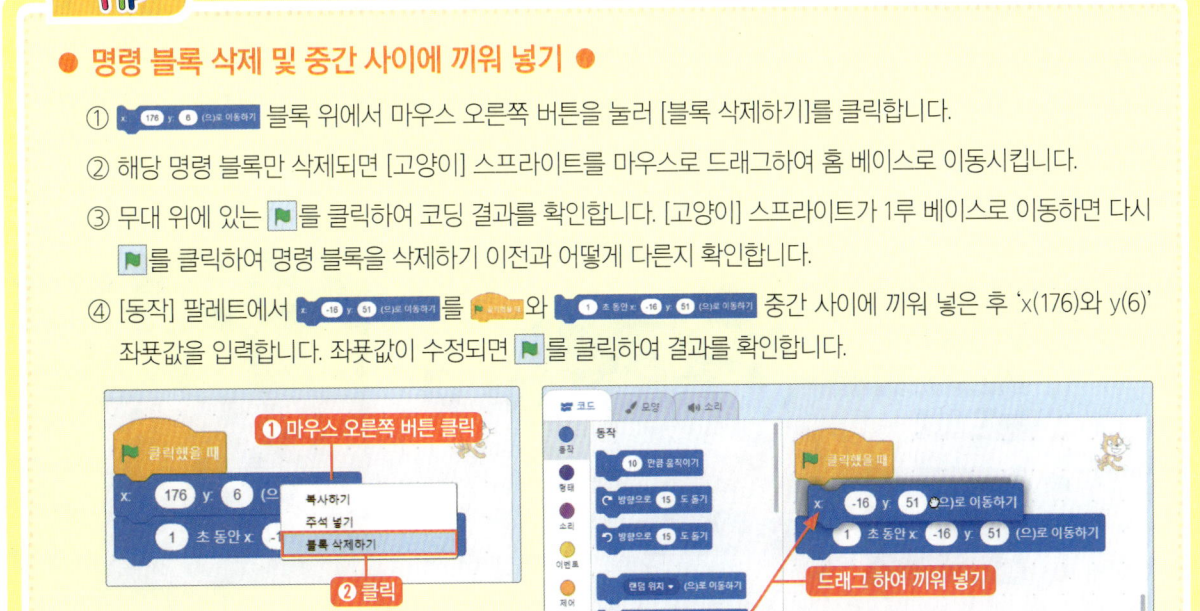

Chapter 05 달려라 고양이! **047**

03 모양을 바꿔가며 달려가기

❶ [이벤트] 팔레트에서 [스페이스 키를 눌렀을 때]를 스크립트 영역으로 드래그합니다.

❷ [형태] 팔레트를 클릭한 후 [다음 모양으로 바꾸기]를 아래쪽에 연결합니다. 이어서, [1 초 동안 x: -16 y: 51 (으)로 이동하기]의 '1'초 동안 값을 '2'로 수정합니다.

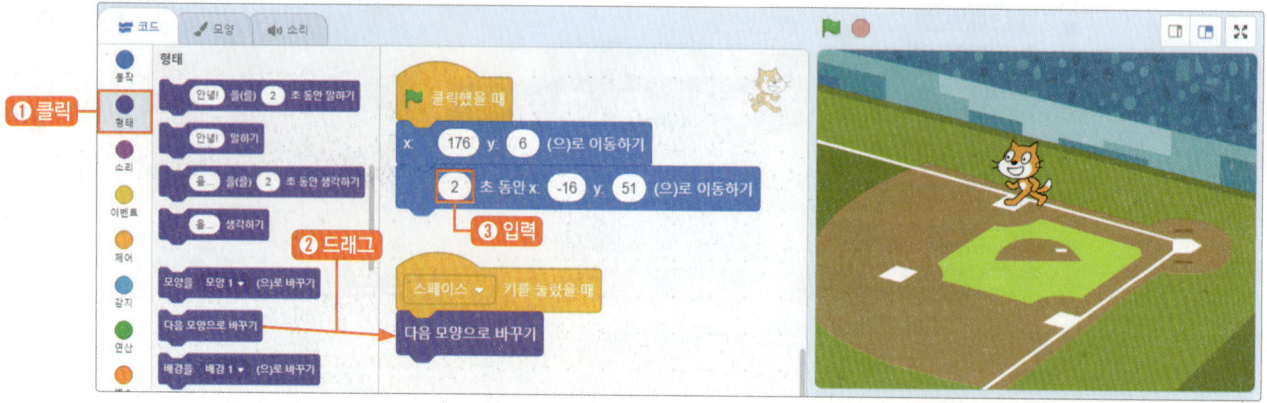

❸ ▶를 클릭한 후 Space Bar 키를 빠르게 누릅니다. [고양이] 스프라이트가 모양을 바꿔가며 1루 베이스로 달려가는지 확인합니다.

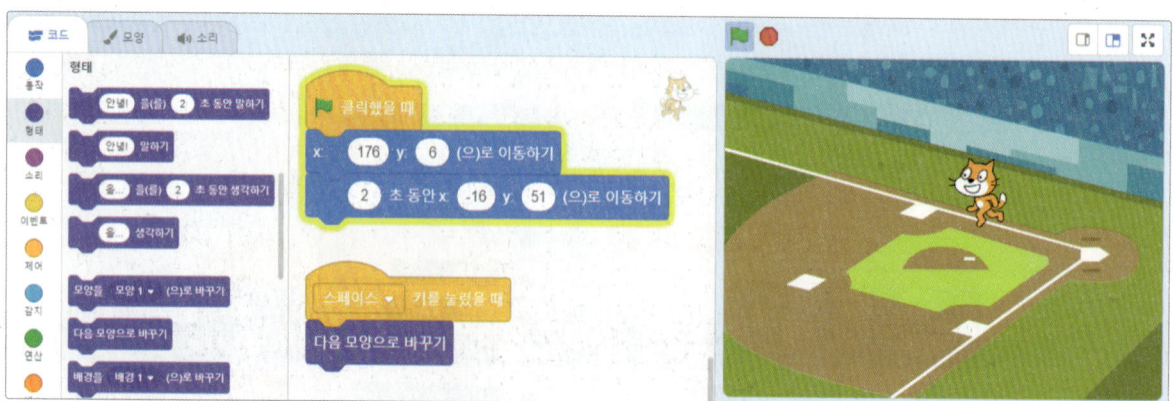

혼자서 해결하기

01 스프라이트의 회전 방식을 변경한 후 🏳 를 클릭하여 결과를 확인해 보세요.

📁 불러올 파일 : 없음　💾 완성된 파일 : 없음

① '회전하지 않기( )'를 선택한 후 결과를 확인합니다.
② '회전하기( )'를 선택한 후 결과를 확인합니다.

02 [고양이] 스프라이트가 1루 베이스를 밟고 2초 동안 2루 베이스까지 달릴 수 있도록 코딩해 보세요.

📁 불러올 파일 : 달려라 고양이-1　💾 완성된 파일 : 달려라 고양이-1(완성)

① [고양이] 스프라이트를 드래그 하여 2루 베이스의 x-y 좌푯값을 확인
② 1루 베이스 x-y 좌표로 이동한 후 2루 베이스 x-y 좌표로 이동하도록 코딩
　(명령 블록 연결 순서 확인 : 1루 → 2루)
③ `1 초 동안 x: 0 y: 0 (으)로 이동하기` 명령 블록을 추가 연결

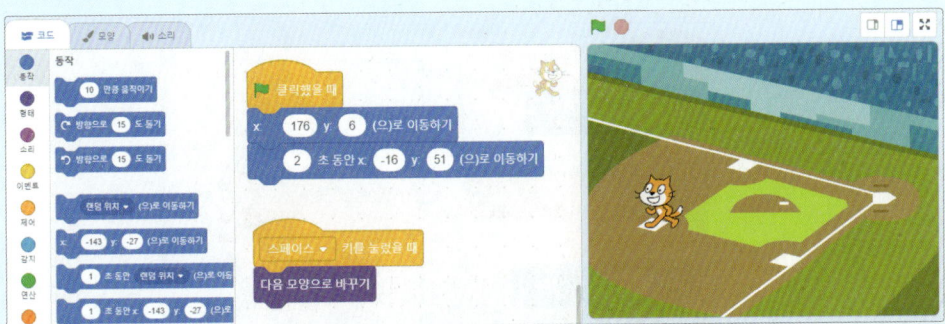

CHAPTER 06

걸음을 멈추지 않는 곰!

◆학습목표◆

▶ 무한 반복을 이용하여 곰이 네 발로 계속 걸어 다니도록 코딩해 보세요.
▶ 스페이스바를 누르면 동물 울음소리를 내도록 코딩해 보세요.

📁 **불러올 파일** : 곰 걸어가기   💾 **완성된 파일** : 곰 걸어가기(완성)

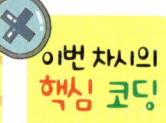

① 스크립트를 참고하여 ▶를 클릭한 후 아래쪽 방향키(↓)를 눌렀을 때 결과를 이미지 위에 그려보세요.

② 위쪽 방향키와 아래쪽 방향키를 눌렀을 때 결과가 어떻게 다른지 확인해 보세요.
※ 무한 반복하기는 특정 작업을 계속 반복하여 실행합니다.

📁 **불러올 파일** : 6차시 핵심 코딩

▲ 스크립트

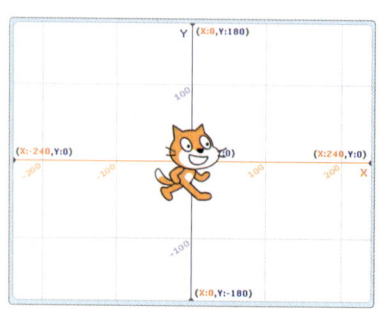

▲ 스크립트 실행 확인

01 저장된 파일을 불러와 [곰] 스프라이트가 지정된 위치로 이동하도록 코딩하기

① 스크래치를 실행한 후 [파일]-[컴퓨터에서 가져오기]를 클릭합니다. [열기] 대화상자가 나오면 [6차시] 폴더에서 '곰 걸어가기'를 불러옵니다.

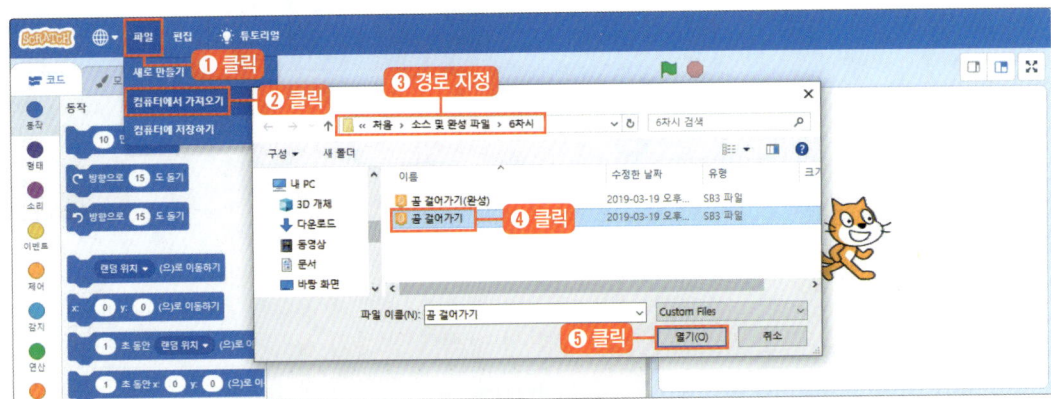

② 파일이 열리면 [이벤트] 팔레트에서 클릭했을 때 를 스크립트 영역으로 드래그합니다.

③ [동작] 팔레트를 클릭한 후 x: -150 y: -120 (으)로 이동하기 를 아래쪽에 연결합니다.

※ x-y 좌푯값(x : -150, y : -120)이 교재와 다를 경우 직접 값을 입력합니다.

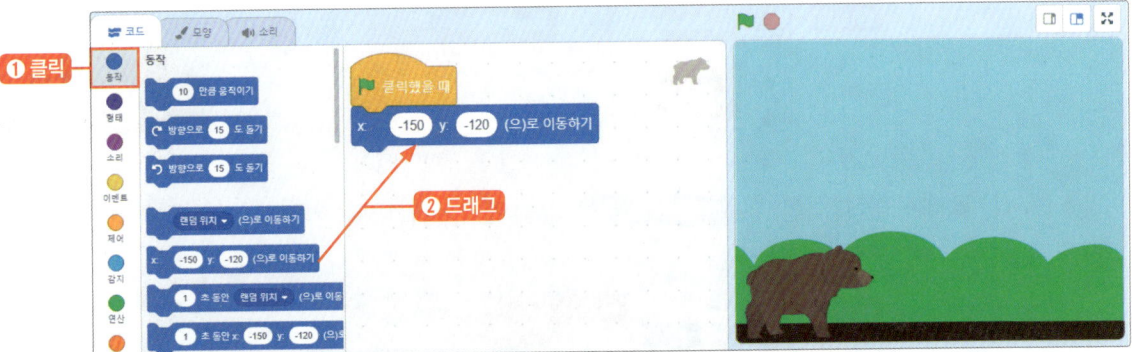

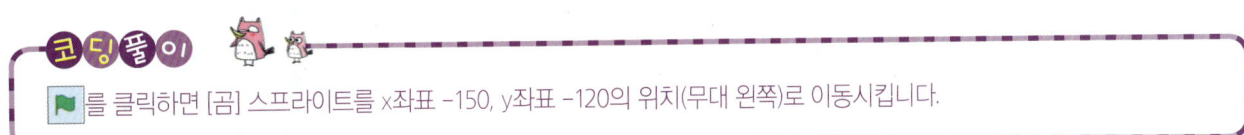

를 클릭하면 [곰] 스프라이트를 x좌표 -150, y좌표 -120의 위치(무대 왼쪽)로 이동시킵니다.

❹ [동작] 팔레트에서 를 아래쪽에 연결합니다.

※ 스프라이트의 회전 방식을 왼쪽-오른쪽으로 지정합니다.

> **TIP**
>
> ● 스프라이트 영역의 방향에서 회전 방식 지정하기 ●
>
> ① 스프라이트 영역에서 을 클릭합니다.
> ② 방향 변경 아래쪽에 있는 '왼쪽/오른쪽 ◄►'을 클릭합니다.
> ③ '왼쪽/오른쪽 ◄►'은 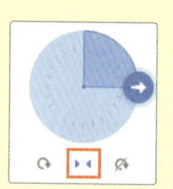와 동일합니다.

02 [곰] 스프라이트가 왕복으로 계속 걸어가도록 코딩하기

❶ [제어] 팔레트를 클릭한 후 [무한 반복하기]를 아래쪽에 연결합니다.

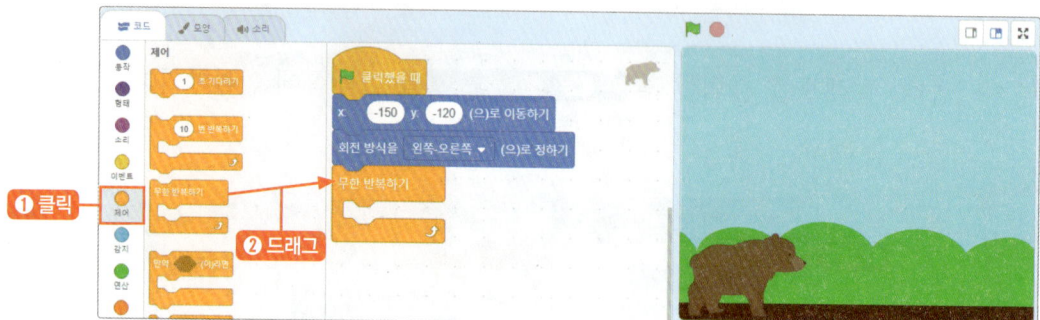

❷ [동작] 팔레트를 클릭한 후 [10 만큼 움직이기]를 안쪽에 연결합니다. 이어서, '10'을 클릭하여 '3'을 입력합니다.

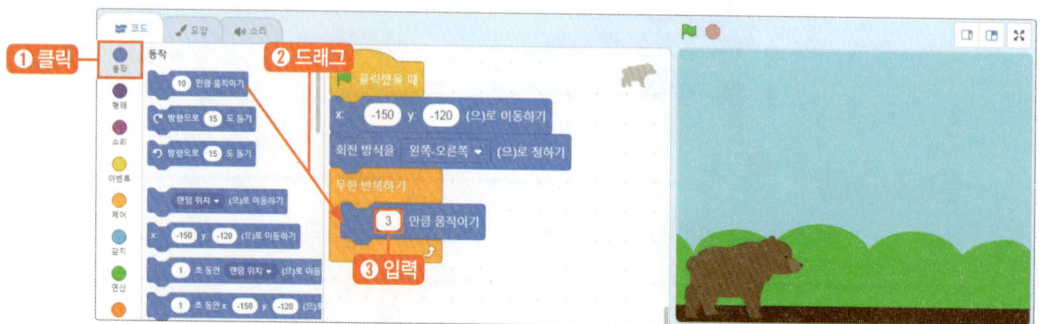

③ [제어] 팔레트를 클릭한 후 `1 초 기다리기`를 안쪽에 연결합니다. 이어서, '1'을 클릭하여 '0.1'을 입력합니다.

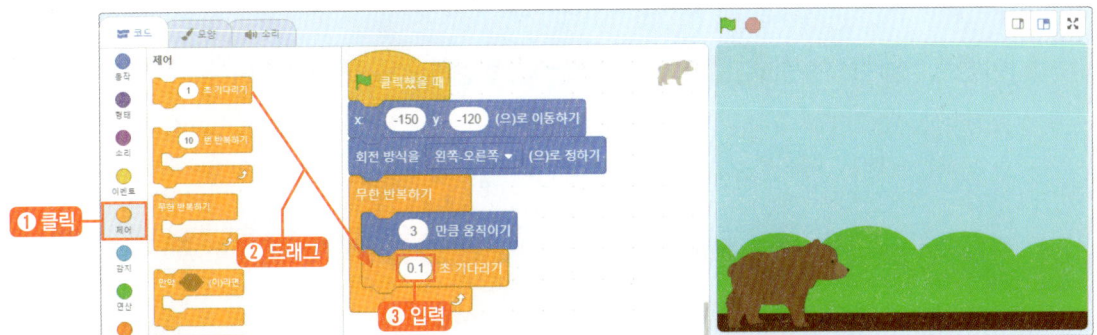

🏴를 클릭하면 [곰] 스프라이트가 이동 방향(90도)으로 3만큼 0.1초 간격으로 계속 움직입니다.

④ [형태] 팔레트를 클릭한 후 `다음 모양으로 바꾸기`를 안쪽에 연결합니다.

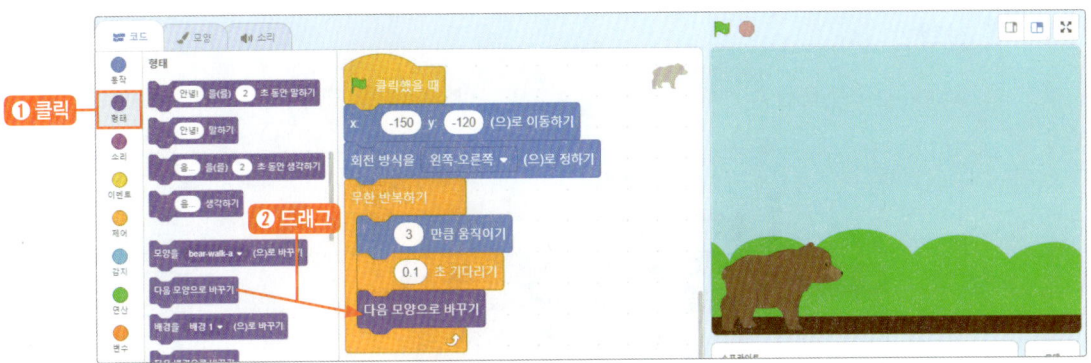

⑤ [동작] 팔레트를 클릭한 후 `벽에 닿으면 튕기기`를 안쪽에 연결합니다.

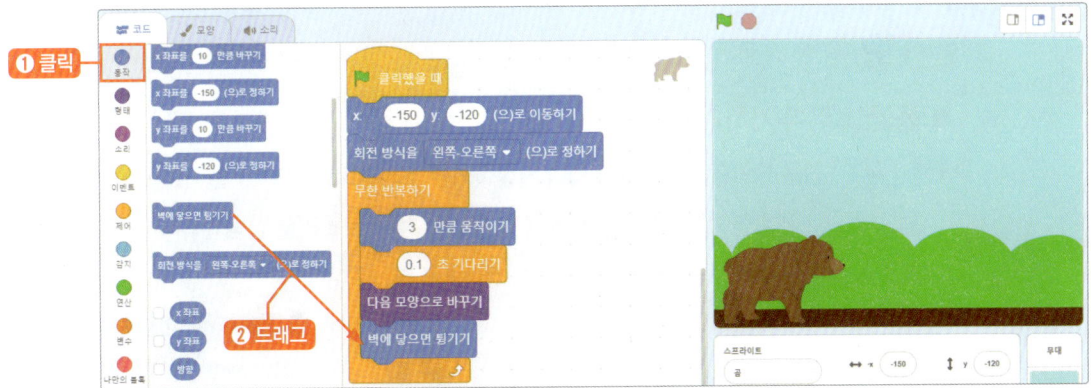

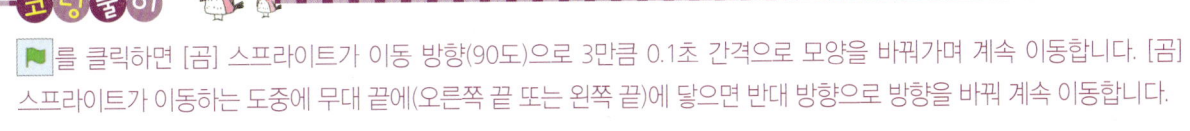

🏴를 클릭하면 [곰] 스프라이트가 이동 방향(90도)으로 3만큼 0.1초 간격으로 모양을 바꿔가며 계속 이동합니다. [곰] 스프라이트가 이동하는 도중에 무대 끝에(오른쪽 끝 또는 왼쪽 끝)에 닿으면 반대 방향으로 방향을 바꿔 계속 이동합니다.

03 스페이스바를 누르면 소리를 내도록 코딩하기

❶ [이벤트] 팔레트에서 스페이스 키를 눌렀을 때 를 스크립트 영역으로 드래그합니다.

※ [곰] 스프라이트에 작성된 스크립트(곰이 계속 움직이는 코드)는 스크립트 영역 아래쪽으로 드래그하여 아래 이미지에서만 보이지 않을 뿐 실제로는 코드가 있습니다.

❷ [소리] 팔레트를 클릭한 후 pop 재생하기 를 아래쪽에 연결합니다. 이어서, 'pop ▼'을 클릭하여 'Grunt'를 선택합니다.

※ 'Grunt' 소리는 미리 추가시켜 놓은 상태로 필요에 따라서 사용자가 직접 소리를 추가할 수도 있습니다.

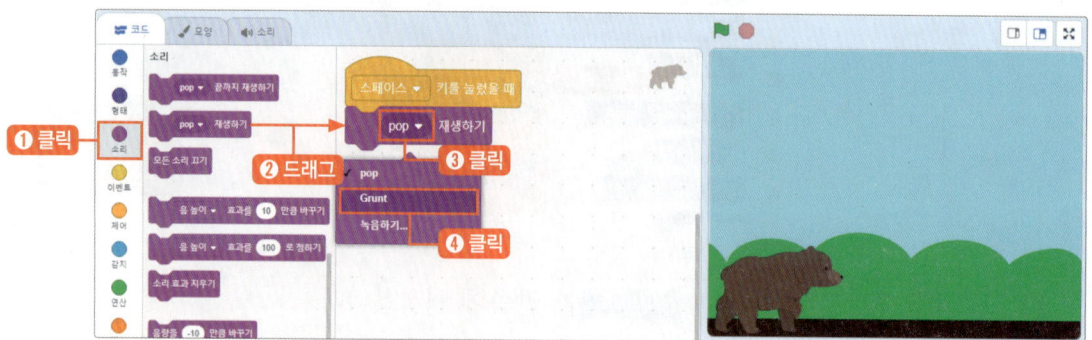

TIP

● 동물 소리 추가하기 ●

① 소리 탭을 클릭합니다. [소리] 탭이 활성화되면 소리 고르기(🔊)를 클릭합니다.
② 소리 고르기 화면이 나오면 [동물] 탭을 클릭한 후 원하는 소리를 선택합니다.
③ 소리가 추가되면 해당 소리를 이용하여 코딩합니다.

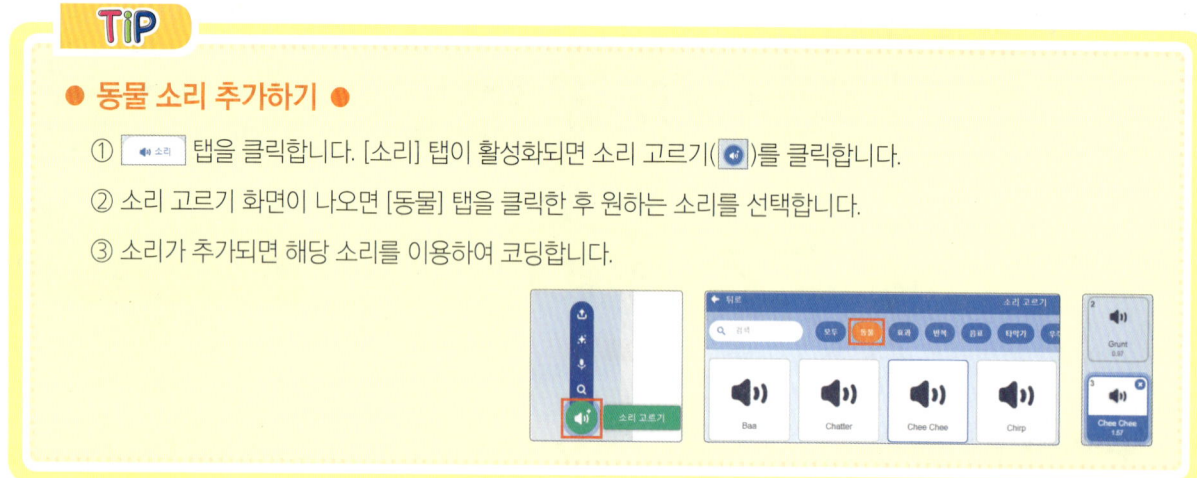

❸ 🚩를 클릭하여 곰이 무대를 계속 왕복으로 움직이는지 확인합니다. 움직이는 도중에 Space Bar 키를 눌러 동물의 울음소리가 나는지도 확인합니다.

혼자서 해결하기

01 Space Bar 키를 눌렀을 때 'Grunt' 소리를 내면서 '크르르르'를 1초 동안 말을 할 수 있도록 코딩해 보세요.

> 📂 **불러올 파일** : 곰 걸어가기-1   💾 **완성된 파일** : 곰 걸어가기-1(완성)

❶ [스페이스 키를 눌렀을 때 / Grunt 재생하기] 아래쪽에 필요한 명령 블록을 연결

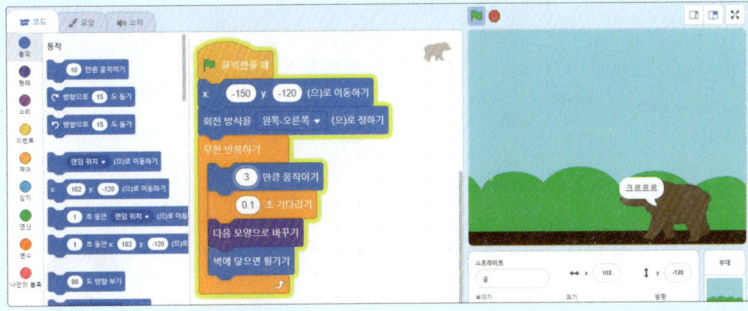

02 [토끼] 스프라이트를 추가한 후 [곰] 스프라이트에서 이동에 관련된 스크립트만 복사한 후 코드를 수정해 보세요.

> 📂 **불러올 파일** : 곰과 토끼   💾 **완성된 파일** : 곰과 토끼(완성)

❶ 🐻 를 클릭한 후 [동물] 탭에서 [Hare] 스프라이트를 추가합니다.

❷ [곰] 스프라이트에서 [클릭했을 때] 부분(이동에 관련된 스크립트)을 스프라이트 영역의 [Hare] 스프라이트 쪽으로 드래그하여 복사합니다.

❸ 스크립트가 복사되면 움직이기 블록의 값을 '3'에서 '10'으로 수정합니다.

❹ 🚩 를 클릭하여 곰과 토끼의 움직임을 확인합니다.

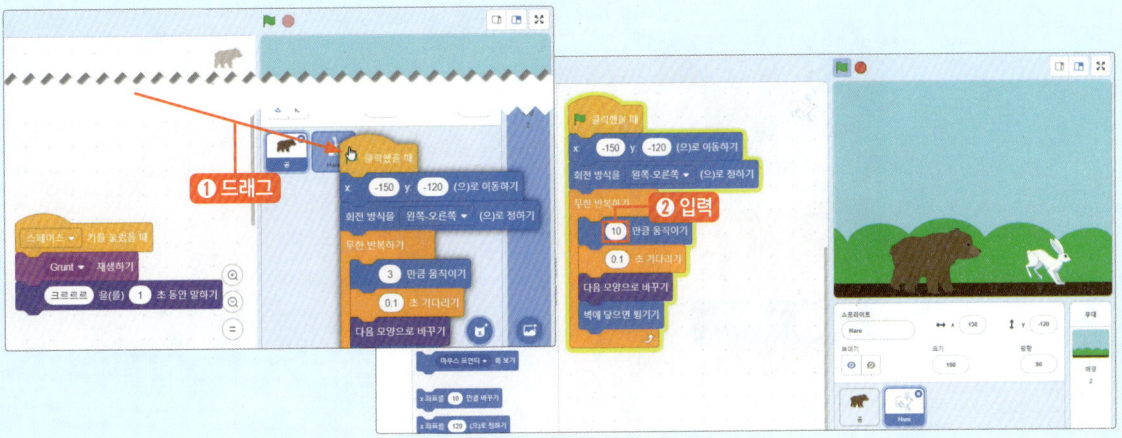

Chapter 06 걸음을 멈추지 않는 곰! **055**

CHAPTER 07 스톱모션

◆학습목표◆
▶ 컴퓨터에 저장된 이미지를 배경으로 사용해 보세요.
▶ 횟수가 제한된 반복을 이용하여 스톱모션을 만들어 보세요.

📂 불러올 파일 : 스톱모션   💾 완성된 파일 : 스톱모션(완성)

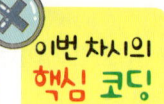 이번 차시의 핵심 코딩

① 스크립트를 참고하여 🏁를 클릭한 후 아래쪽 방향키(↓)를 눌렀을 때 결과를 이미지 위에 그려보세요.
② 위쪽 방향키와 아래쪽 방향키를 눌렀을 때 결과가 동일한지 확인해 보세요.
※ 무한 반복하기는 실행을 멈추기 전까지 계속 반복하여 실행하지만, 횟수 제한 반복하기는 지정된 횟수만큼만 반복합니다.

📂 불러올 파일 : 7차시 핵심 코딩

▲ 스크립트

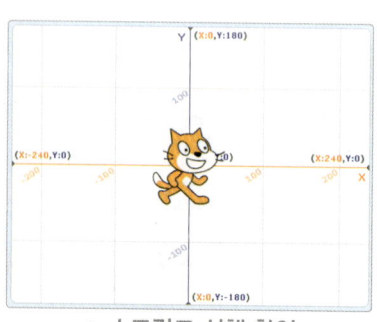

▲ 스크립트 실행 확인

056 처음으로 배우는 스크래치 3.0

01 저장된 파일을 불러와 배경 이미지를 추가하기

① 스크래치를 실행한 후 [파일]-[컴퓨터에서 가져오기]를 클릭합니다. [열기] 대화상자가 나오면 [7차시] 폴더에서 '스톱모션'을 불러옵니다.

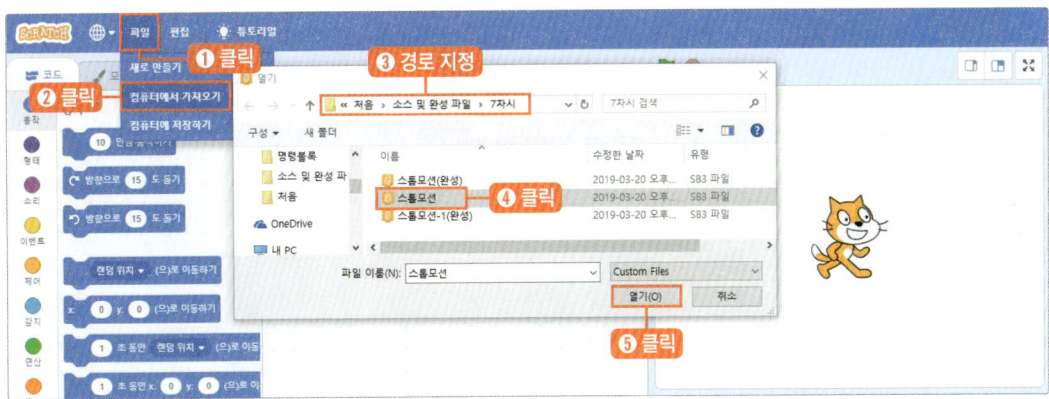

② 파일이 열리면 [배경] 탭을 선택합니다. [배경] 탭이 활성화되면 **배경 고르기**( )-**배경 업로드하기**( )를 선택한 후 [열기] 대화상자가 나오면 '**39**' 이미지를 추가합니다.

   ※ 배경에는 스톱 모션에 필요한 배경 이미지 38개가 미리 등록되어 있으며, 3개의 배경 이미지만 추가하면 됩니다.

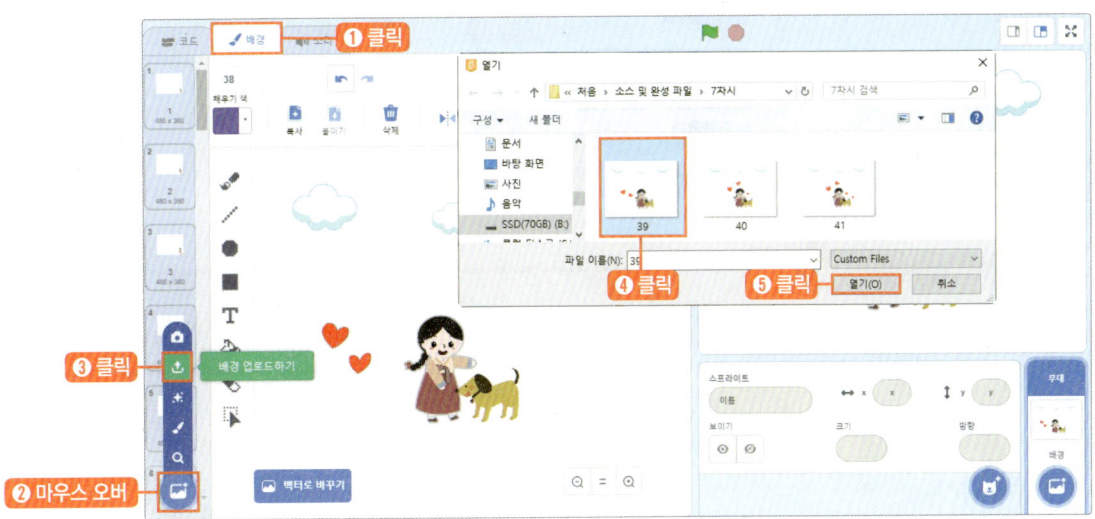

③ 스크롤바를 아래쪽으로 내려서 추가된 배경 이미지(39)를 확인합니다. 똑같은 방법으로 나머지 2개의 **배경 이미지(40, 41)**도 추가합니다.

   ※ 스톱 모션에 필요한 배경 이미지는 총 41개 입니다.

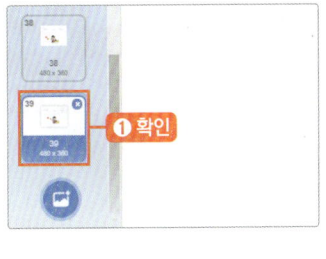
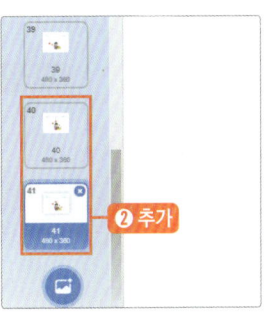

02 횟수 제한 반복 블록을 이용하여 스톱모션 만들기

❶ [코드] 탭을 클릭한 후 [이벤트] 팔레트에서 클릭했을때 를 스크립트 영역으로 드래그합니다.

※ 이번 차시는 별도의 스프라이트 없이 배경에 코딩 작업을 합니다.

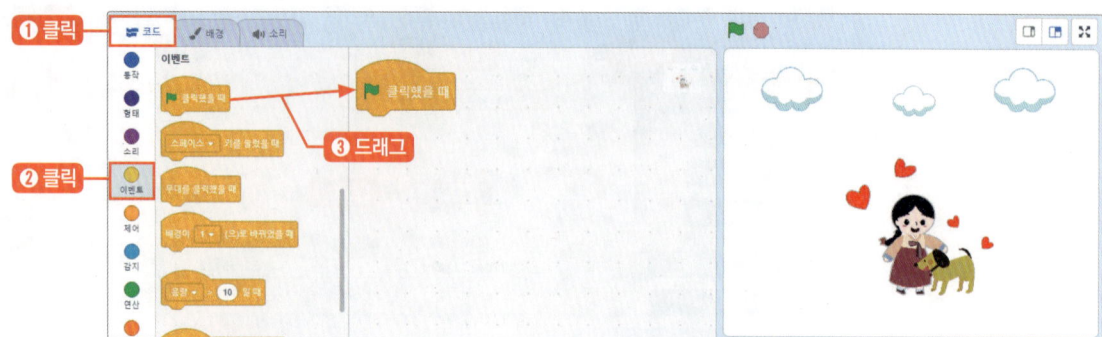

❷ [형태] 팔레트를 클릭한 후 배경을 1 (으)로 바꾸기 를 아래쪽에 연결합니다.

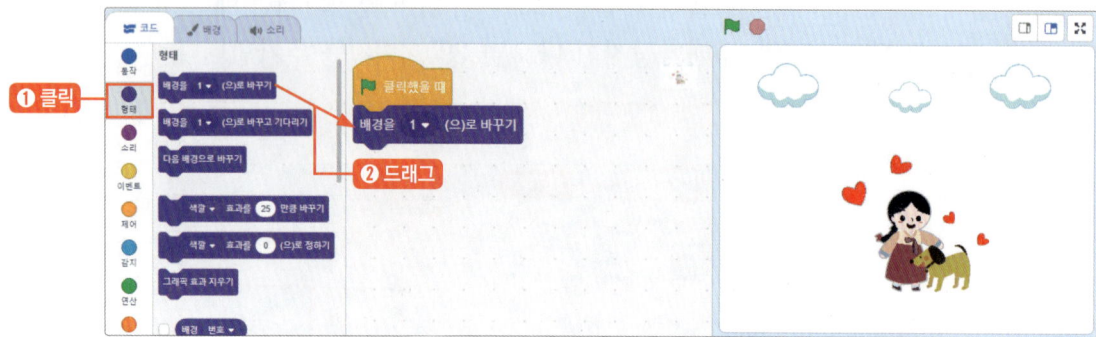

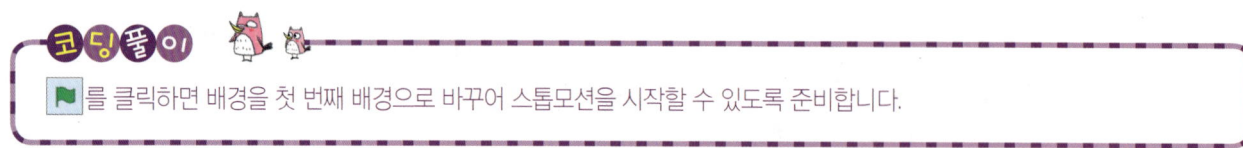

🚩를 클릭하면 배경을 첫 번째 배경으로 바꾸어 스톱모션을 시작할 수 있도록 준비합니다.

❸ [제어] 팔레트를 클릭한 후 10번 반복하기 를 아래쪽에 연결합니다. 이어서, '10'을 클릭하여 '41'을 입력합니다.

※ 스톱모션에 사용될 배경 이미지가 총 41개이기 때문에 반복 횟수를 41로 입력합니다.

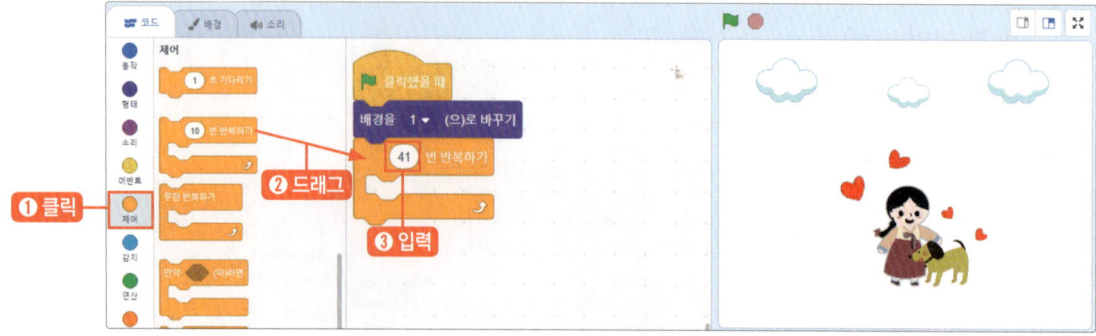

❹ [형태] 팔레트를 클릭한 후 `다음 배경으로 바꾸기`를 안쪽에 연결합니다.

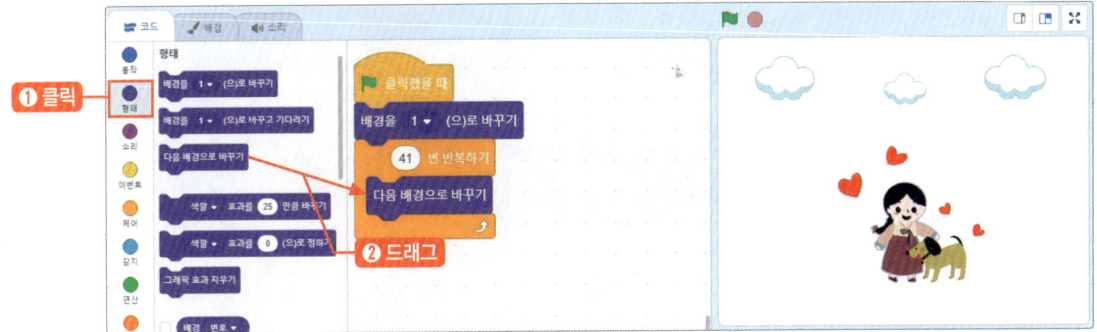

❺ [제어] 팔레트를 클릭한 후 `1 초 기다리기`를 안쪽에 연결합니다. 이어서, '1'을 클릭한 후 '0.3'을 입력합니다.

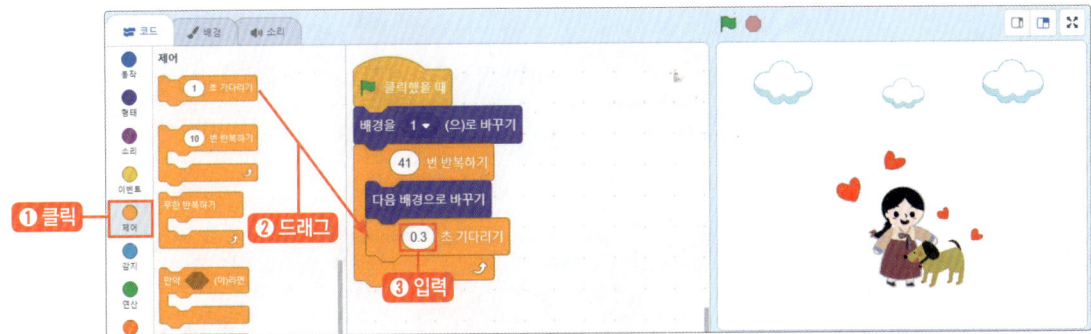

🚩를 클릭하면 배경을 첫 번째 배경으로 바꾼 후 0.3초 간격으로 41번을 다음 배경으로 바꿉니다. 만약 배경이 바뀌는 속도를 느리게 하고 싶다면 0.3초를 0.5초 정도로 변경하고, 빠르게 하고 싶다면 0.3초를 0.2초로 변경하면 됩니다.

03 배경에 음악 넣기

❶ [소리] 탭을 선택한 후 소리 고르기()를 클릭합니다. 소리 고르기 화면이 나오면 [반복] 탭을 클릭한 후 'Classical pi...'를 선택합니다.

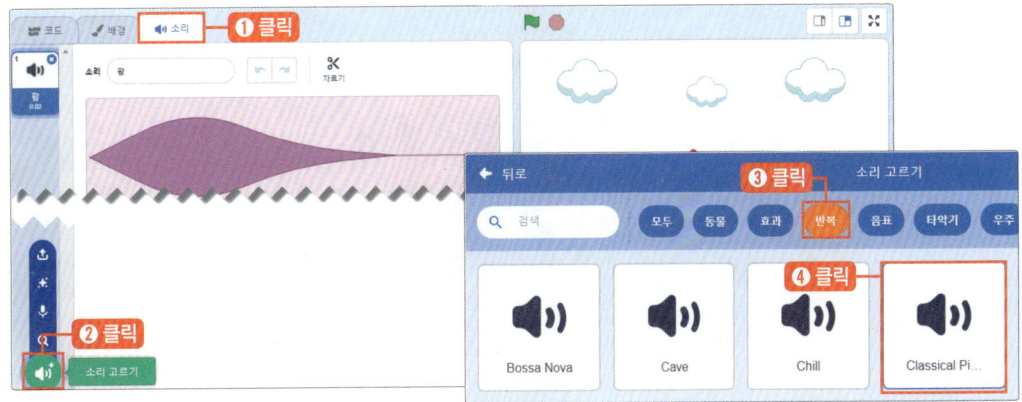

Chapter 07 스톱모션 **059**

❷ 선택된 소리가 추가되면 [코드] 탭을 클릭합니다.

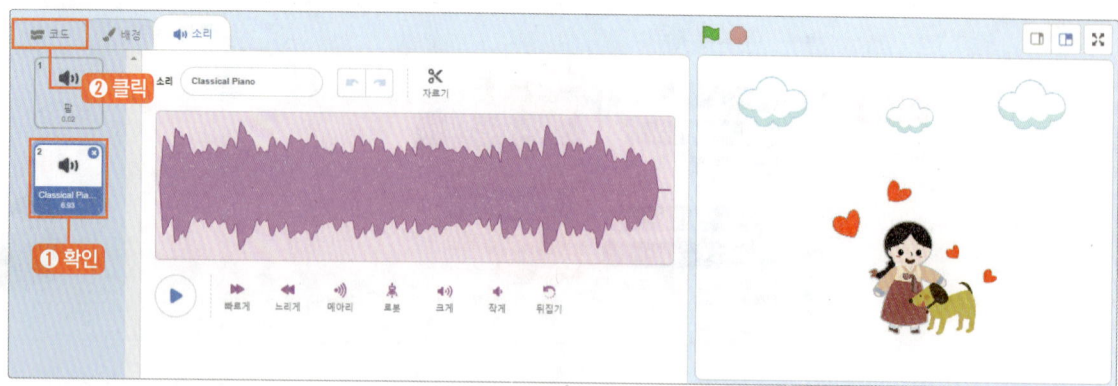

❸ [이벤트] 팔레트에서 를 스크립트 영역으로 드래그합니다.

❹ [제어] 팔레트를 클릭한 후 를 아래쪽에 연결합니다. 이어서, '10'을 클릭하여 '2'를 입력합니다.

  ※ 배경에 작성된 스크립트(배경이 41번 바뀌는 코드)는 스크립트 영역 아래쪽으로 드래그하여 아래 이미지에서만 보이지 않을 뿐 실제로는 코드가 있습니다.

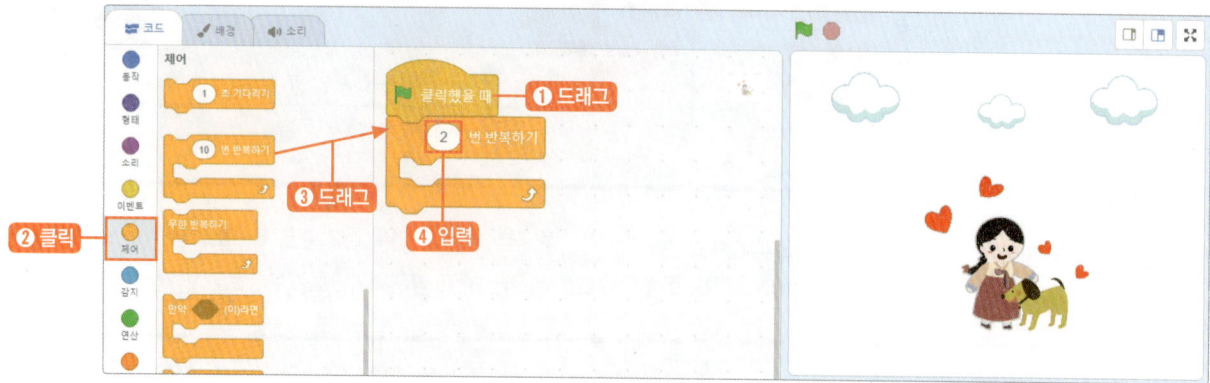

❺ [소리] 팔레트를 클릭한 후 를 안쪽에 연결합니다. 이어서, '팝 ▼'을 클릭하여 'Classical piano'를 선택합니다.

❻ ![깃발]를 클릭하여 배경음악과 함께 스톱모션을 확인합니다.

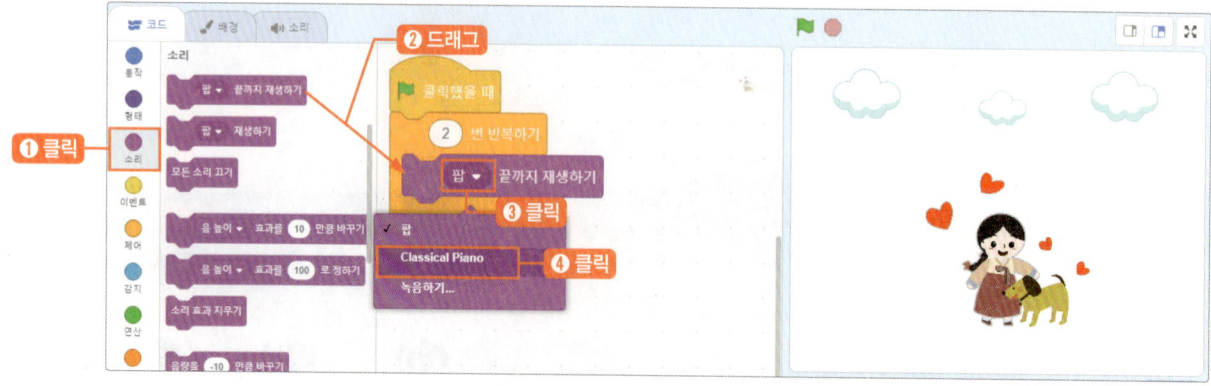

혼자서 해결하기

01 [색깔▼ 효과를 25 만큼 바꾸기] 를 [다음 배경으로 바꾸기] 아래쪽에 연결하여 스톱모션이 어떻게 바뀌는지 확인해 보세요.

📁 **불러올 파일** : 스톱모션-1　　📄 **완성된 파일** : 스톱모션-1(완성)

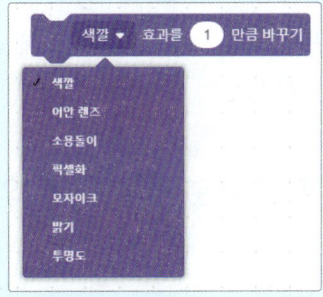

❶ **색깔** : 색깔로 선택한 후 값을 10으로 입력하여 스톱모션을 확인해 보세요.

❷ **어안 렌즈** : 어안 렌즈로 선택한 후 값을 5로 입력하여 스톱모션을 확인해 보세요.

❸ **소용돌이** : 소용돌이로 선택한 후 값을 5로 입력하여 스톱모션을 확인해 보세요.

❹ **픽셀화** : 픽셀화로 선택한 후 값을 1로 입력하여 스톱모션을 확인해 보세요.

❺ **모자이크** : 모자이크로 선택한 후 값을 1로 입력하여 스톱모션을 확인해 보세요.

❻ **밝기** : 밝기로 선택한 후 값을 1로 입력하여 스톱모션을 확인해 보세요.

❼ **투명도** : 투명도로 선택한 후 값을 2로 입력하여 스톱모션을 확인해 보세요.

Chapter 07 스톱모션　**061**

CHAPTER 08 단원종합 평가문제

01 스크래치 메뉴 중 설명이 올바르지 않은 것은 무엇인가요?

① 🌐 : 스크래치 프로그램에서 사용할 명령 블록을 선택할 수 있습니다.
② 파일 : '새로 만들기, 컴퓨터에서 가져오기, 컴퓨터에 저장하기'가 서브 메뉴로 제공됩니다.
③ 편집 : '되돌리기, 터보 모드 켜기'가 서브 메뉴로 제공됩니다.
④ 튜토리얼 : 애니메이션, 예술, 음악, 게임, 이야기로 구분된 다양한 튜토리얼을 동영상으로 제공합니다.

02 스크래치 화면은 크게 4가지로 구분됩니다. 각각의 명칭을 적어보세요.

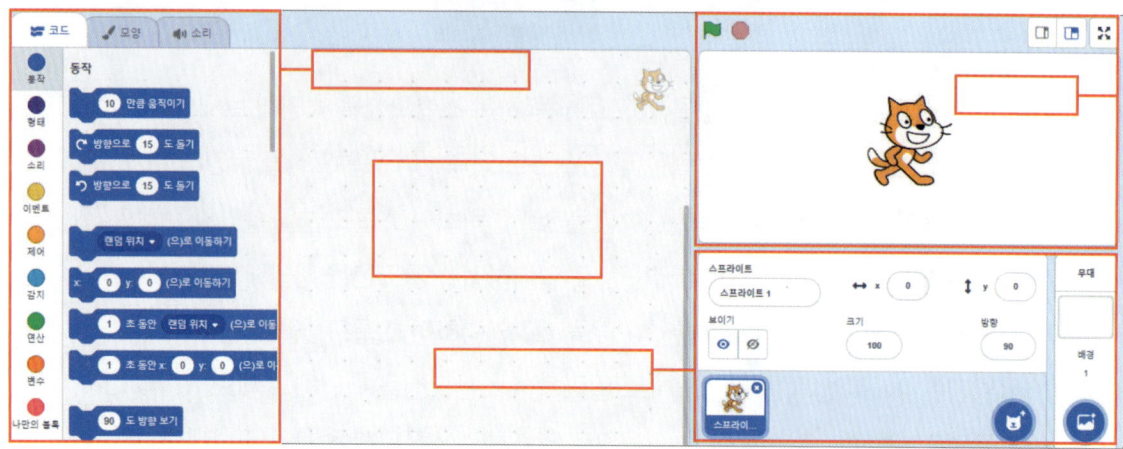

03 알맞은 내용을 선으로 연결하세요.(스크래치 화면 구성)

① 코드 • • 스프라이트에서 사용할 모양을 추가하거나 편집할 수 있음
② 모양 • • 스프라이트의 이름을 확인하거나 변경할 수 있음
③ 소리 • • 코딩 작업에 필요한 9개의 팔레트가 나옴
④ 🔍 • • 무대를 전체 화면으로 표시함
⑤ 🚩 • • 스프라이트를 추가하거나 새롭게 그려서 업로드할 수 있음
⑥ ✕ • • 스프라이트에서 사용할 소리를 추가하거나 편집할 수 있음
⑦ 스프라이트 1 • • 🚩 명령 블록에 연결된 스크립트를 실행함
⑧ ▸◂ • • 스프라이트를 좌/우 방향으로만 뒤집을 수 있음
⑨ 🐻 • • 무대를 추가하거나 새롭게 그려서 업로드할 수 있음
⑩ 📺 • • 스크립트 영역의 명령 블록을 크게 확대시킬 수 있음

04 알맞은 내용을 선으로 연결하세요.(스크래치 그림판)

① [그룹화 적용 / 그룹화 해제] • • 선택된 개체에 색을 채울 수 있음

② [맨 앞으로 / 맨 뒤로] • • 개체를 그룹화하거나 해제할 수 있음

③ [채우기 색] • • 특정 글자를 입력(한글 지원)할 수 있음

④ [좌우 뒤집기] • • 특정 영역에 색을 채울 수 있음

⑤ [화살표] • • 특정 개체를 선택하여 이동 또는 크기를 조절할 수 있음

⑥ [모양 변경] • • 선택된 개체를 좌우로 뒤집을 수 있음

⑦ [색 채우기] • • 특정 개체를 선택하여 모양을 변경할 수 있음

⑧ [T] • • 선택된 개체를 맨 앞으로 가져오거나 맨 뒤로 보낼 수 있음

05 스프라이트를 특정 x-y 좌표로 이동시키기 위한 명령 블록은 무엇인가요?

① x 좌표를 10 만큼 바꾸기   ② y 좌표를 10 만큼 바꾸기   ③ 10 만큼 움직이기   ④ x: 0 y: 0 (으)로 이동하기

06 스프라이트의 모양을 순서대로 바꾸기 위한 명령 블록은 무엇인가요?

① 다음 모양으로 바꾸기   ② 모양을 모양1 ▼ (으)로 바꾸기   ③ 배경을 배경1 ▼ (으)로 바꾸기   ④ 다음 배경으로 바꾸기

07 특정키를 눌렀을 때 아래쪽에 연결된 명령 블록들을 실행하는 명령 블록은 무엇인가요?

① 클릭했을 때   ② 이 스프라이트를 클릭했을 때   ③ 메시지1 ▼ 을(를) 받았을 때   ④ 스페이스 ▼ 키를 눌렀을 때

08 안쪽에 연결된 명령 블록들을 계속 반복하여 실행하는 명령 블록은 무엇인가요?

① 10 번 반복하기   ② ◇ 까지 반복하기   ③ 무한 반복하기   ④ 만약 ◇ (이)라면

09 다음 중 실행 결과가 다른 스크립트는 무엇인가요?

① ② ③ ④

10 '8차시 종합평가' 파일을 불러와 아래 조건에 맞추어 명령 블록들을 조립하여 실행해 보세요.

① 🚩을 클릭하여 이미 완성된 코드 결과(2루 베이스 도착)를 확인합니다.
② [고양이] 스프라이트가 반대 방향(현재 방향은 -90)을 보도록 명령 블록을 연결합니다.
③ 방향을 바꾼 [고양이] 스프라이트가 3루 베이스를 밟고 홈까지 이동하도록 명령 블록을 연결합니다.
 ※ [고양이] 스프라이트를 드래그 하여 '3루 베이스'와 '홈 베이스'의 x-y 좌푯값을 확인한 후 값을 입력합니다.
④ 🚩을 클릭하면 120번 반복하여 다음 모양으로 바꿀 수 있도록 스크립트를 작성합니다.

영어로 번역하여 잭과 콩나무 동화 읽어주기

◆학습목표◆
▶ 텍스트 음성 변환(TTS) 확장 기능을 추가하여 코딩해 보세요.
▶ 번역 확장 기능을 추가하여 코딩해 보세요.

📁 **불러올 파일** : 잭과 콩나무   📄 **완성된 파일** : 잭과 콩나무(완성)

① 스크립트를 참고하여 🏁를 클릭한 후 위쪽 방향키(↑)를 눌렀을 때 결과를 확인해 보세요.
※ '말하기'는 스피커를 연결해야만 결과를 확인할 수 있습니다.

② 위쪽 방향키와 아래쪽 방향키를 눌렀을 때 결과가 어떻게 다른지 확인해 보세요.

📁 **불러올 파일** : 9차시 핵심 코딩

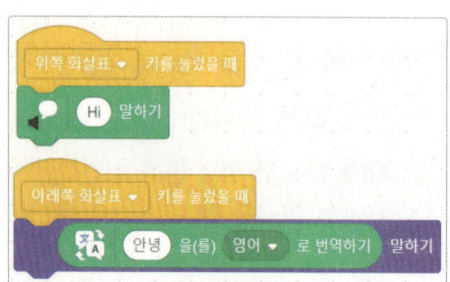

▲ 스크립트

▲ 스크립트 실행 확인

01 저장된 파일을 불러와 확장 기능 추가하기

❶ 스크래치를 실행한 후 [파일]-[컴퓨터에서 가져오기]를 클릭합니다. [열기] 대화상자가 나오면 [9차시] 폴더에서 '잭과 콩나무'를 불러옵니다.

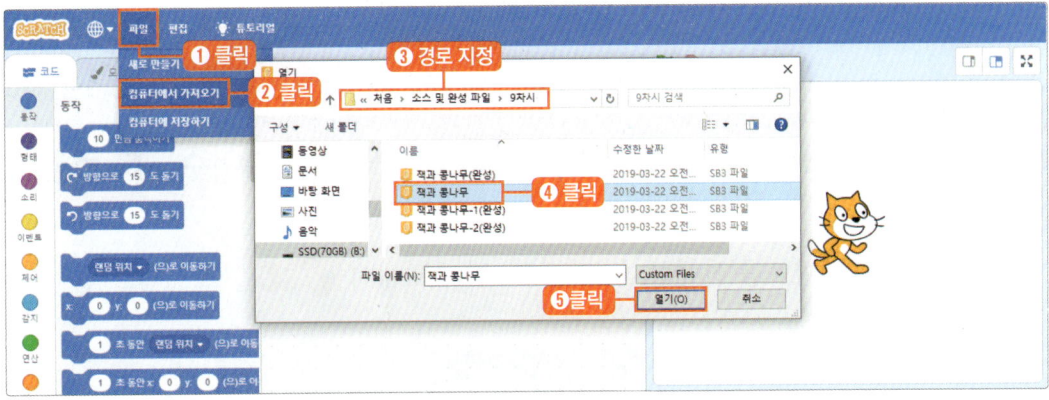

❷ 파일이 열리면 **확장 기능 추가하기**( )를 클릭합니다.

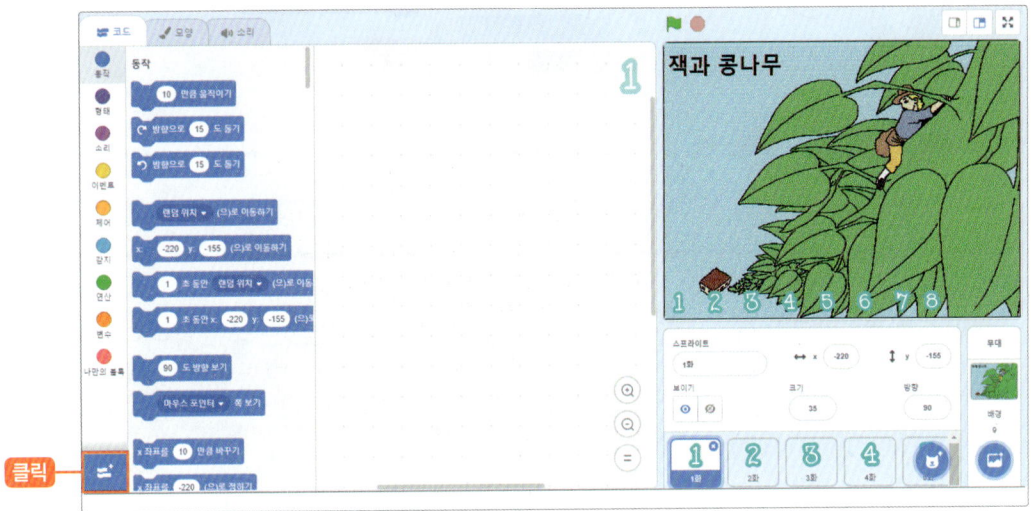

❸ 확장 기능 고르기가 활성화되면 '**텍스트 음성 변환**( )'을 클릭한 후 [코드] 탭에 추가된 '텍스트 음성 변환(Text to Speech)'을 확인합니다.

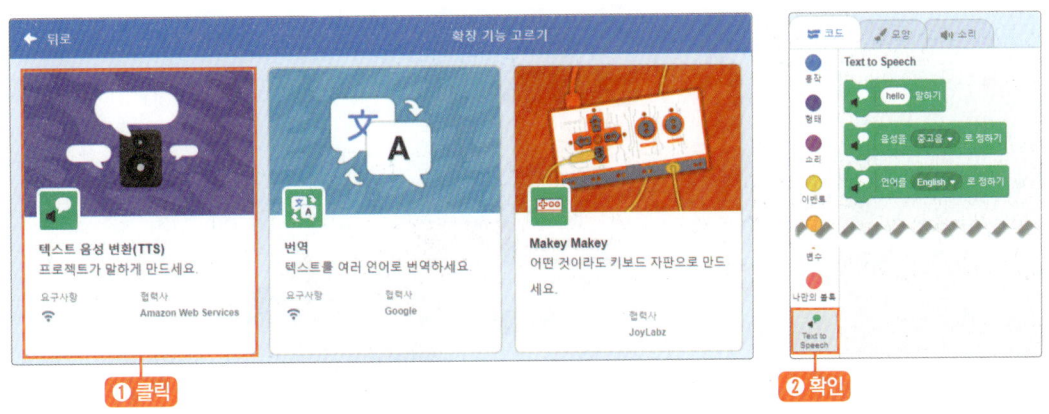

Chapter 09 영어로 번역하여 잭과 콩나무 동화 읽어주기 **065**

④ 똑같은 방법으로 '번역()' 확장 기능을 추가합니다.

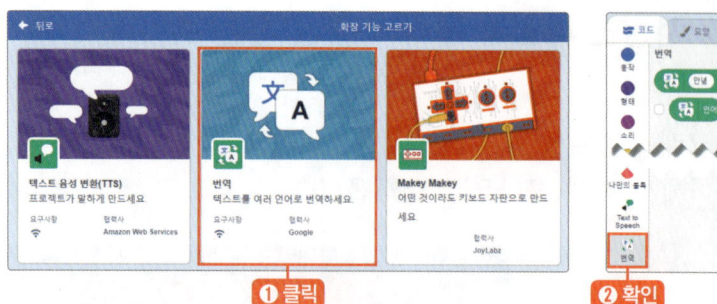

02 [1화] 스프라이트에 한글을 영어로 번역하여 읽어주도록 코딩하기

① [1화] 스프라이트를 선택한 후 [이벤트] 팔레트에서 클릭했을때 를 스크립트 영역으로 드래그합니다.

② [형태] 팔레트를 클릭한 후 배경을 잭과 콩나무 (으)로 바꾸기 를 아래쪽에 연결합니다.

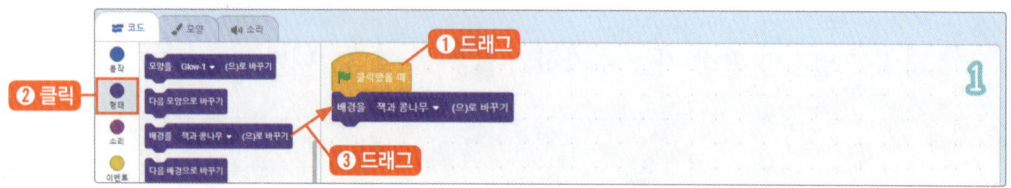

코딩풀이

🏁 를 클릭하면 배경을 첫 번째 배경(동화의 첫 페이지)인 '잭과 콩나무'로 바꾸어 동화를 시작할 수 있도록 준비합니다.

③ [이벤트] 팔레트에서 이 스프라이트를 클릭했을때 를 스크립트 영역으로 드래그합니다.

※ [1화] 스프라이트에 작성된 스크립트(배경을 잭과 콩나무로 바꾸는 코드)는 스크립트 영역 아래쪽으로 드래그하여 아래 이미지에서만 보이지 않을 뿐 실제로는 코드가 있습니다.

④ [형태] 팔레트를 클릭한 후 배경을 잭과콩나무 (으)로 바꾸기 를 아래쪽에 연결합니다. 이어서, '잭과 콩나무'를 '잭과 콩나무1'로 변경합니다.

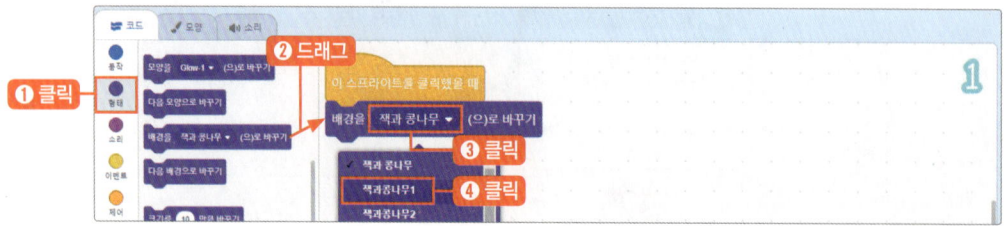

⑤ [형태] 팔레트에서 안녕! 말하기 를 아래쪽에 연결한 후 '안녕!'을 '가난한 잭은 병에 걸린 어머니와 함께 살았습니다.'로 수정합니다.

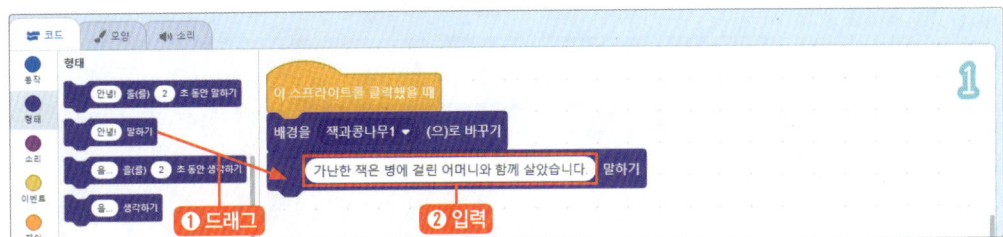

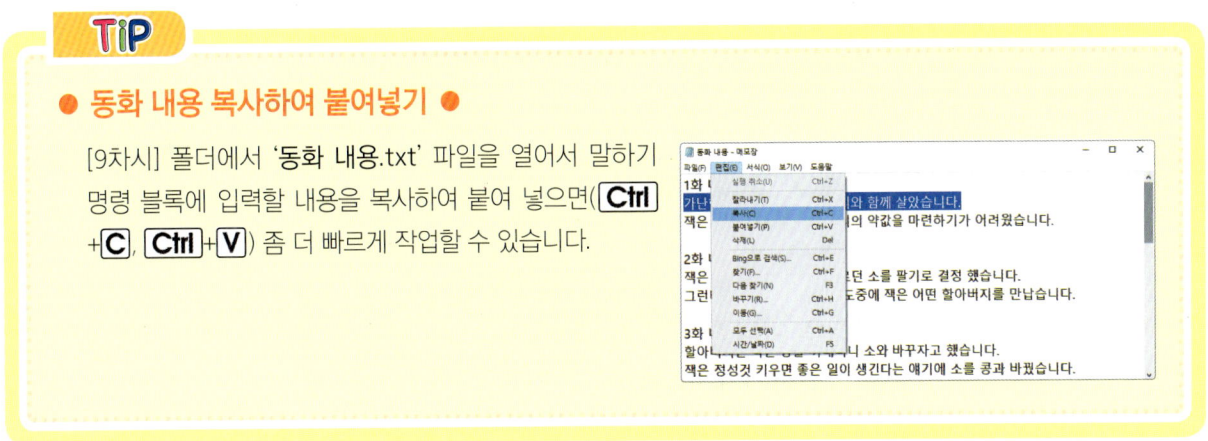

TiP

● **동화 내용 복사하여 붙여넣기** ●

[9차시] 폴더에서 '동화 내용.txt' 파일을 열어서 말하기 명령 블록에 입력할 내용을 복사하여 붙여 넣으면(Ctrl +C, Ctrl+V) 좀 더 빠르게 작업할 수 있습니다.

⑥ [Text to Speech] 팔레트를 클릭한 후 hello 말하기 를 아래쪽에 연결합니다.

⑦ [번역] 팔레트를 클릭한 후 안녕 을(를) 영어 로 번역하기 를 'hello' 위치에 끼워 넣습니다. 이어서, '안녕!'을 '가난한 잭은 병에 걸린 어머니와 함께 살았습니다.'로 수정합니다.

※ 안녕 을(를) 일본어 로 번역하기 명령 블록이 '영어'가 아닌 다른 언어로 선택되어 있을 경우 해당 언어(예 : 일본어)를 클릭한 후 '영어'로 변경합니다.

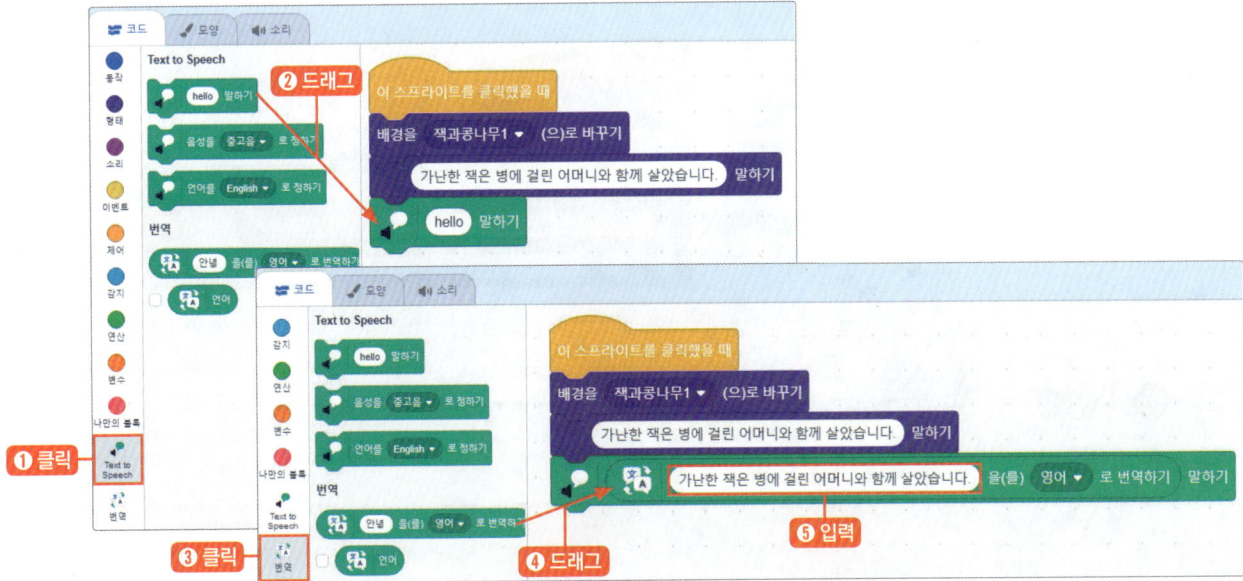

⑧ 대사를 반복하기 위하여 명령 블록 위에서 마우스 오른쪽 버튼을 눌러 [복사하기]를 선택합니다.

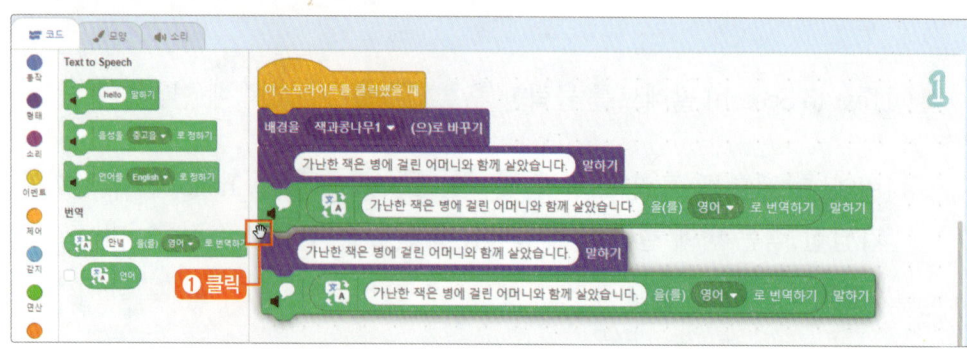

⑨ 복사된 2개의 명령 블록을 아래쪽에 연결합니다. 이어서, 기존의 대사 내용을 '잭은 열심히 일을 해도 어머니의 약값을 마련하기가 어려웠습니다.'로 수정합니다.

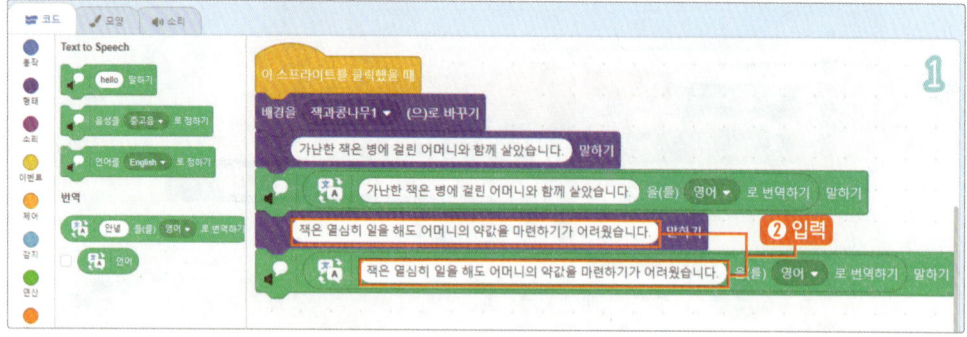

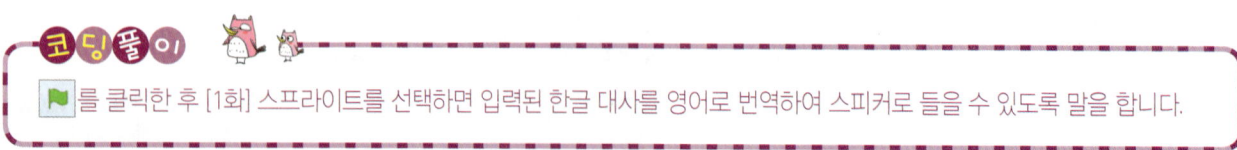

03 [1화] 스프라이트의 스크립트를 다른 스프라이트에 복사하기

❶  부분을 눌러서 [2화] 스프라이트 쪽으로 드래그하여 스크립트를 복사합니다.

※ 해당 스크립트가 [2화] 스프라이트로 복사될 수 있도록 마우스 포인터를 정확한 스프라이트 위치에 끌어다 놓습니다.

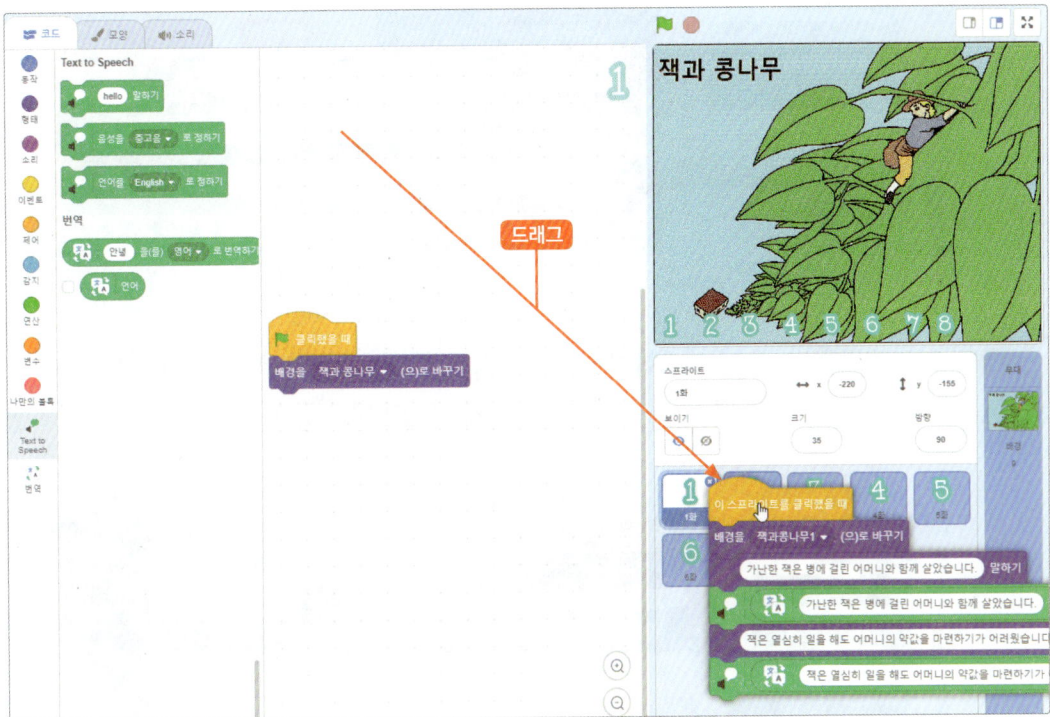

❷ [2화] 스프라이트를 클릭하여 복사된 스크립트를 확인한 후  부분을 드래그하여 스크립트의 위치를 변경합니다.

Chapter 09 영어로 번역하여 잭과 콩나무 동화 읽어주기 **069**

❸ 복사된 스크립트에서 배경을 잭과콩나무1 (으)로 바꾸기 의 '잭과콩나무1'을 '잭과콩나무2'로 변경합니다. 이어서, '동화 내용.txt' 파일에서 '2화 내용'을 이용하여 말하기 내용을 수정합니다.

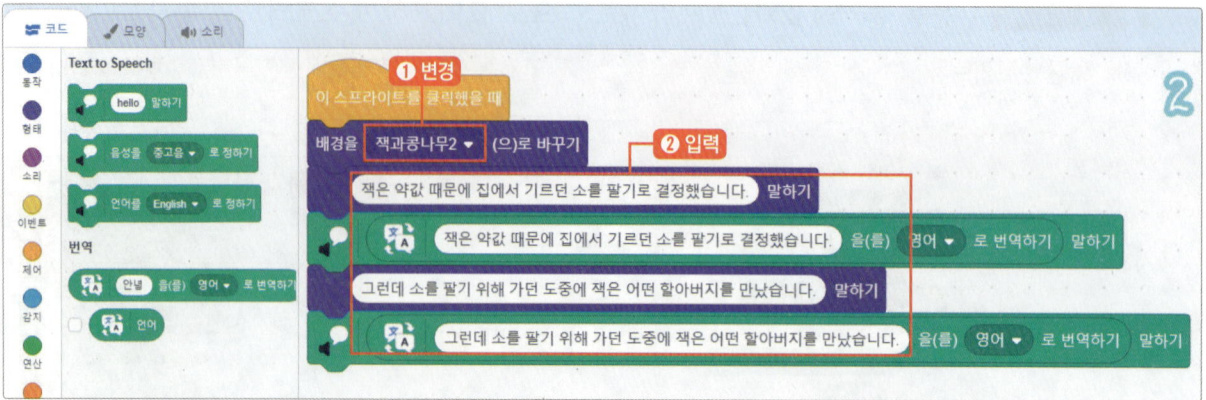

❹ 동일한 방법으로 나머지 **3화부터 8화까지** 스크립트를 복사한 후 배경을 해당 스프라이트의 순서에 맞추어 변경하고 대사 내용을 수정하여 '잭과 콩나무' 동화를 완성시킵니다.

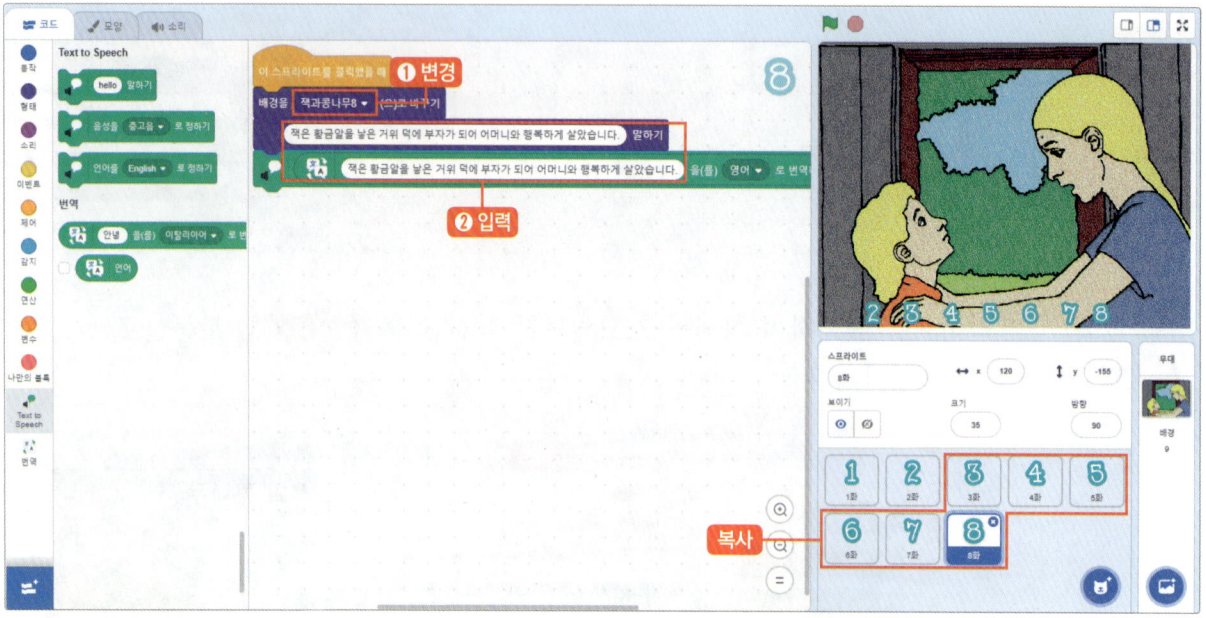

> ### TIP
>
> ● 명령 블록 삭제 및 추가 ●
>
> 스크립트를 복사하여 말하기 내용을 수정할 때 스프라이트의 종류에 따라서 한 줄 또는 세 줄로 입력된 대사가 있습니다. 이럴 경우에는 필요 없는 명령 블록을 삭제하거나 복사하여 대사 내용을 맞출 수 있습니다.

❺ 🏁 를 클릭한 후 1화부터 8화까지 숫자를 차례대로 클릭하여 동화 내용을 확인합니다. 단, 동화 내용은 스피커가 있어야 영어로 들을 수 있습니다.

※ 1화 동화가 끝나면 [2화] 스프라이트를 클릭하여 다음 동화 내용을 확인합니다. 단, 동화가 끝나기 전에 다른 스프라 이트를 클릭하면 동화가 중복되어 나오니 주의하시기 바랍니다.

혼자서 해결하기

01 모든 스프라이트(1화부터 8화)에 말하기가 끝나면 해당 스프라이트가 무대에서 보이지 않도록 필요한 명령 블록을 맨 아래쪽에 연결해 보세요.

📁 **불러올 파일** : 잭과 콩나무-1   💾 **완성된 파일** : 잭과 콩나무-1(완성)

02 숨겨진 스프라이트가 🚩를 클릭하면 무대에 보이도록 모든 스프라이트(1화부터 8화)에 스크립트를 추가해 보세요.

📁 **불러올 파일** : 잭과 콩나무-2   💾 **완성된 파일** : 잭과 콩나무-2(완성)

❶ [1화] 스프라이트는 🚩를 클릭했을 때 배경을 '잭과 콩나무'로 바꾸는 스크립트가 이미 있기 때문에 아래 2개의 명령 블록 중 하나만 추가해 보세요.

❷ [2화] 스프라이트는 아래 2개의 명령 블록을 연결하여 코딩을 한 후 나머지 스프라이트([3화]~[8화])에 복사하세요.

▲ 사용 명령 블록

CHAPTER 10

공격수를 막아라!

◆학습목표◆
▶ [수비수] 스프라이트가 [공격수] 스프라이트를 쫓아다니도록 코딩해 보세요.
▶ 조건문을 이용하여 [수비수] 스프라이트에 닿으면 모두 멈추도록 코딩해 보세요.

📁 **불러올 파일** : 아이스하키   💾 **완성된 파일** : 아이스하키(완성)

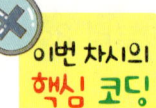

① 스크립트를 참고하여 🏁를 클릭한 후 [고양이] 스프라이트가 선에 닿을 때까지 `Space Bar` 키를 눌렀을 때 결과를 그려보세요.

② y좌푯값 '0'을 '100'으로 수정했을 때 결과를 확인해 보세요.

※ 고양이가 선에 닿으면 조건을 만족(참)하기 때문에 '만약 ~(이)라면' 블록으로 감싸고 있는 명령 블록을 실행합니다.

📁 **불러올 파일** : 10차시 핵심 코딩

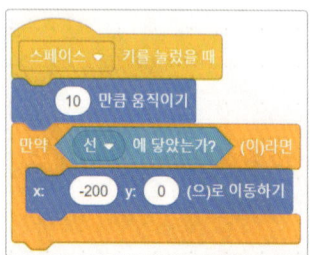

▲ 스크립트

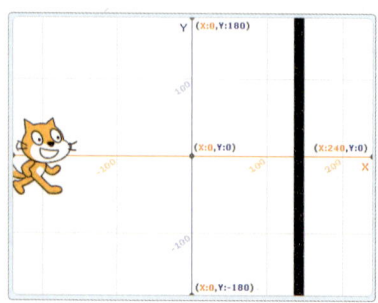

▲ 스크립트 실행 확인

공격수를 쫓아다니는 [수비수] 스프라이트 코딩하기

① 스크래치를 실행한 후 [파일]-[컴퓨터에서 가져오기]를 클릭합니다. [열기] 대화상자가 나오면 [10차시] 폴더에서 '**아이스하키**'를 불러와 [수비수] 스프라이트를 선택합니다.

② [이벤트] 팔레트에서 클릭했을 때를 스크립트 영역으로 드래그합니다.

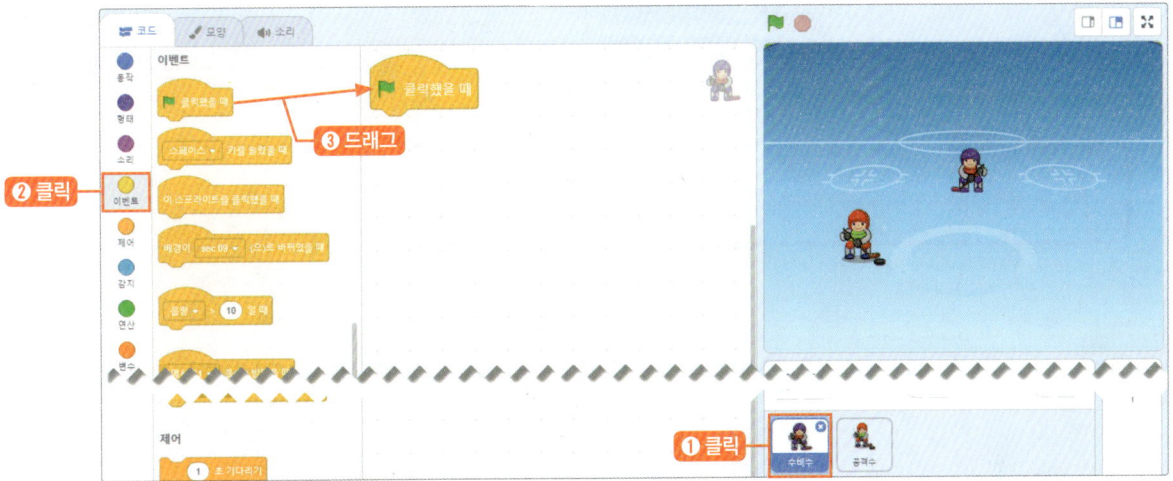

③ [제어] 팔레트를 클릭한 후 무한 반복하기를 아래쪽에 연결합니다.

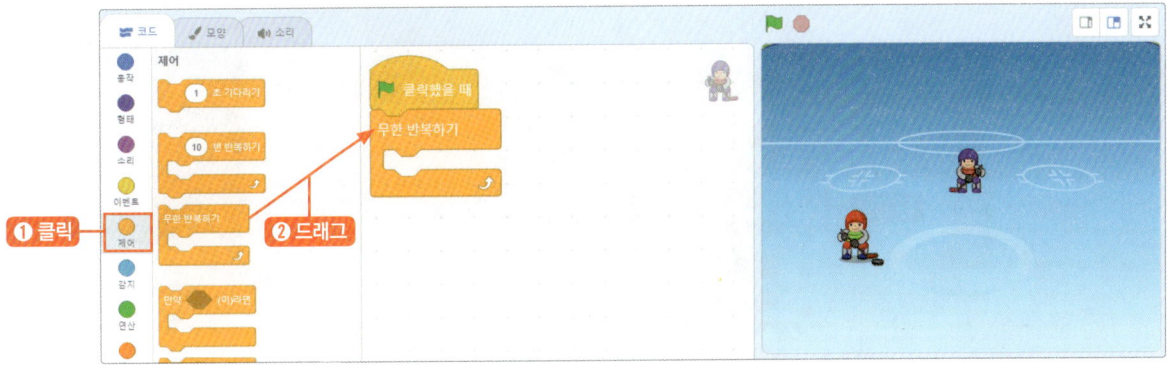

④ [동작] 팔레트를 클릭한 후 마우스 포인터 쪽 보기를 안쪽에 연결합니다. 이어서, '마우스 포인터'를 '**공격수**'로 변경합니다.

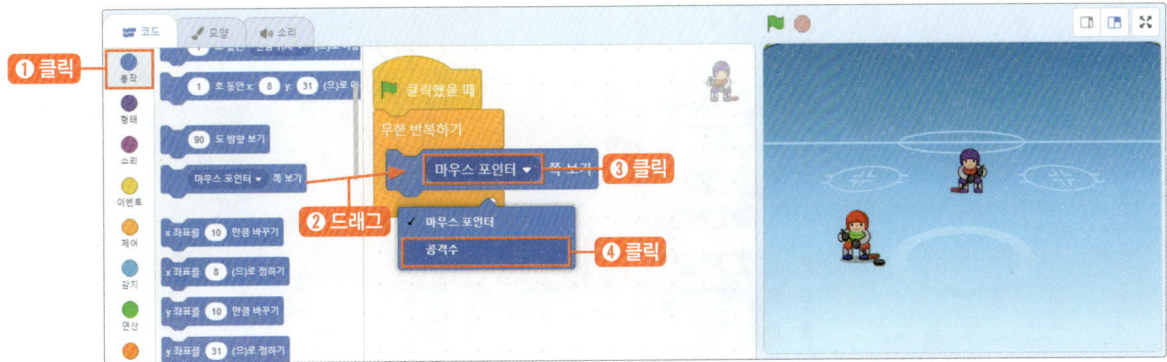

Chapter 10 공격수를 막아라! **073**

❺ [동작] 팔레트에서 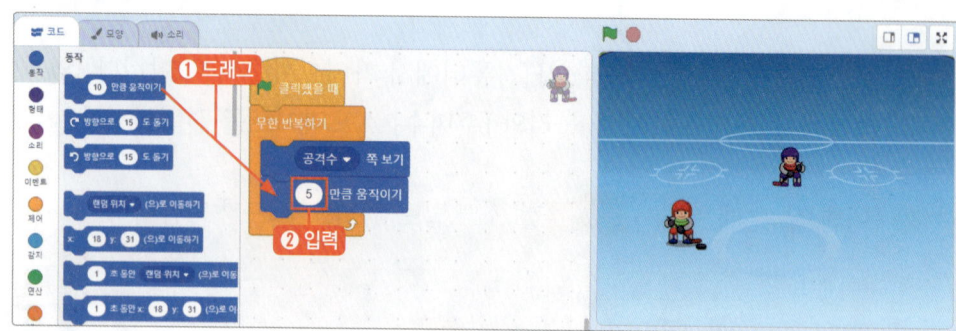 를 안쪽에 연결한 후 '10'을 '5'로 수정합니다.

코딩풀이

▶를 클릭하면 [수비수] 스프라이트가 [공격수] 스프라이트를 계속 쫓아다닙니다.

02 마우스 포인터를 쫓아다니는 [공격수] 스프라이트 코딩하기

❶ [공격수] 스프라이트를 선택한 후 [이벤트] 팔레트에서 클릭했을때 를 스크립트 영역으로 드래그 합니다. 이어서, [제어] 팔레트를 클릭한 후 무한 반복하기 를 아래쪽에 연결합니다.

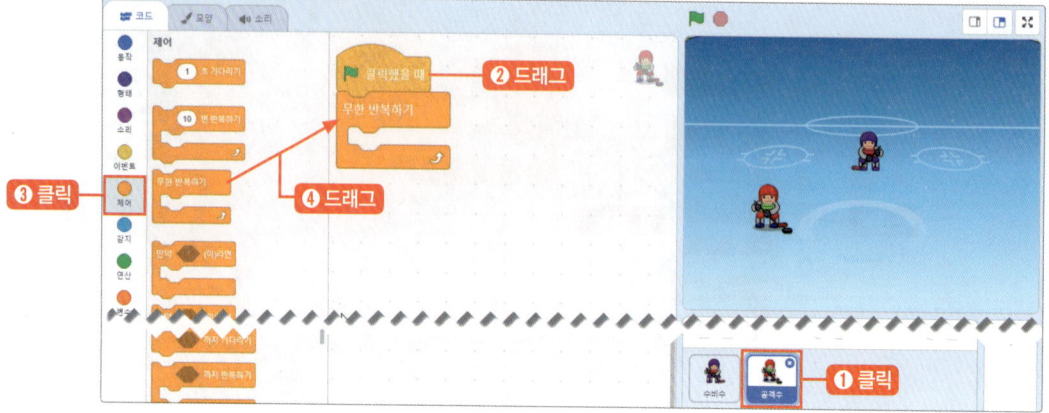

❷ [동작] 팔레트를 클릭한 후 마우스포인터 쪽 보기 를 안쪽에 연결합니다.
※ 만약 '~쪽 보기' 명령 블록의 기본 값이 '수비수'로 되어 있을 경우 '마우스 포인터'로 변경합니다.

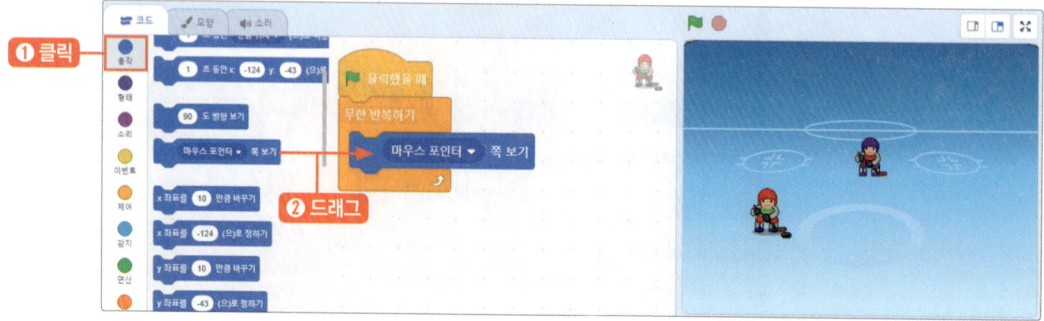

❸ [동작] 팔레트에서 이미지를 안쪽에 연결한 후 '랜덤 위치'를 '**마우스 포인터**'로 변경합니다.

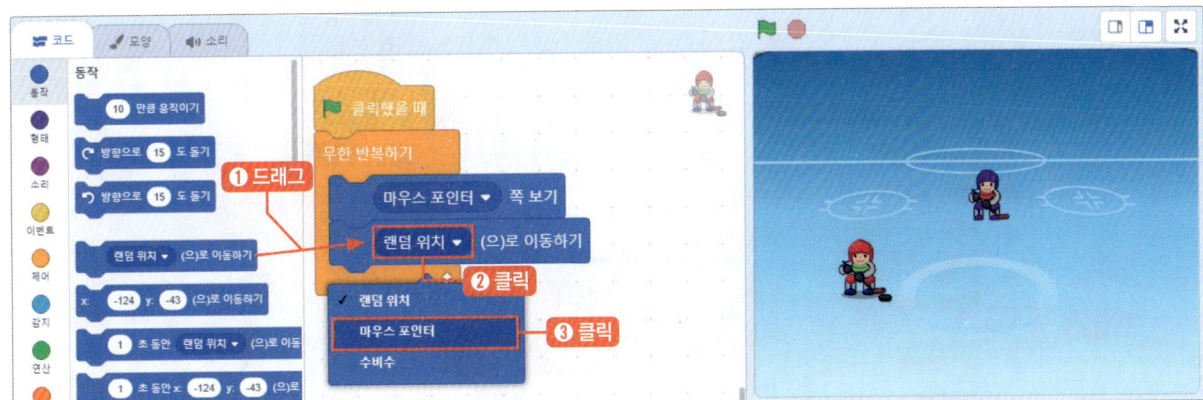

코딩풀이

🏁를 클릭하면 [공격수] 스프라이트가 마우스 포인터 위치로 이동합니다.

❹ [제어] 팔레트를 클릭한 후 이미지를 안쪽에 연결합니다.

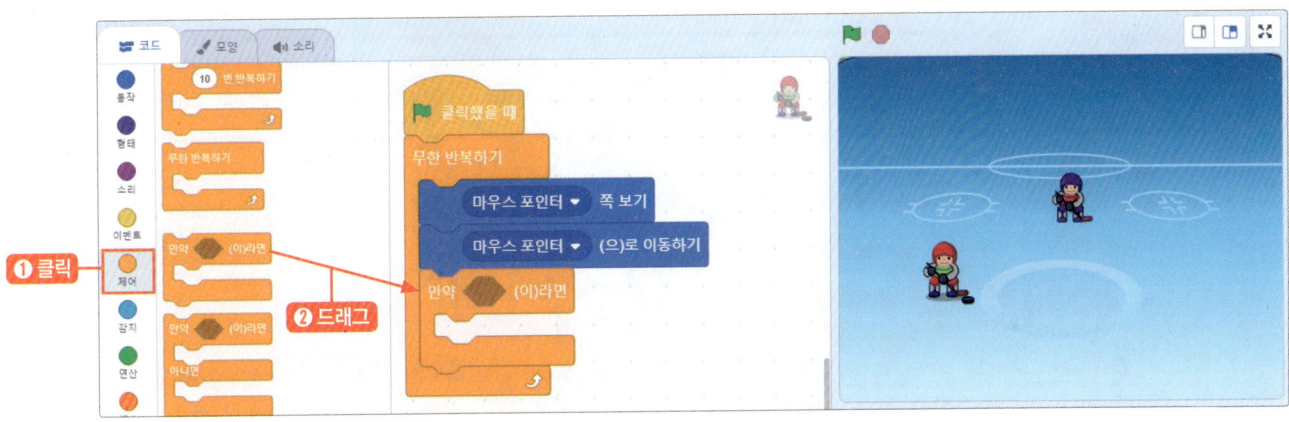

❺ [감지] 팔레트를 클릭한 후 `마우스 포인터에 닿았는가?`를 육각형에 끼워 넣습니다. 이어서, '마우스 포인터'를 '**수비수**'로 변경합니다.

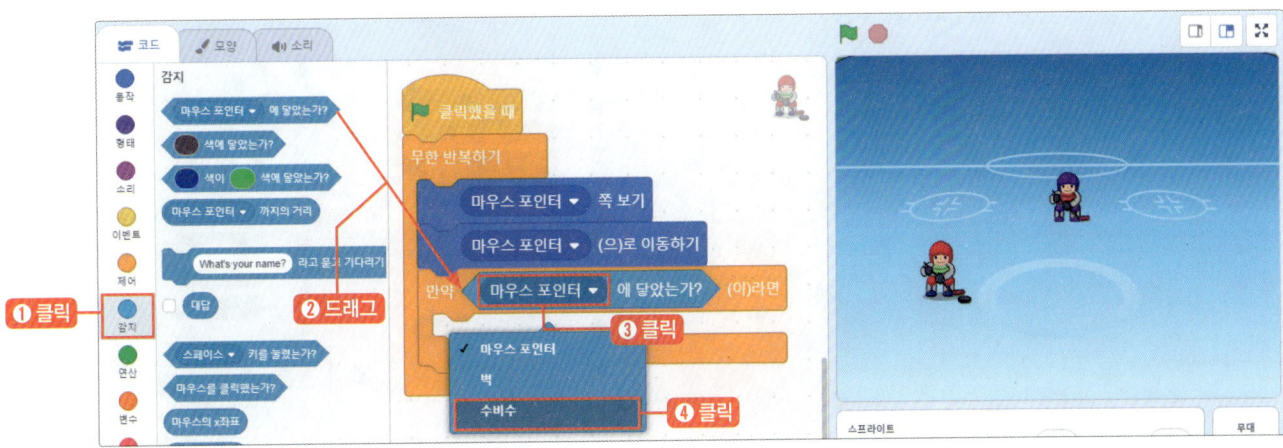

Chapter 10 공격수를 막아라! **075**

❻ [제어] 팔레트를 클릭한 후 를 '만약 ~ 이라면' 안쪽에 연결합니다.

❼ 를 클릭한 후 [수비수] 스프라이트를 피해 [공격수] 스프라이트를 마우스로 이동시킵시다.

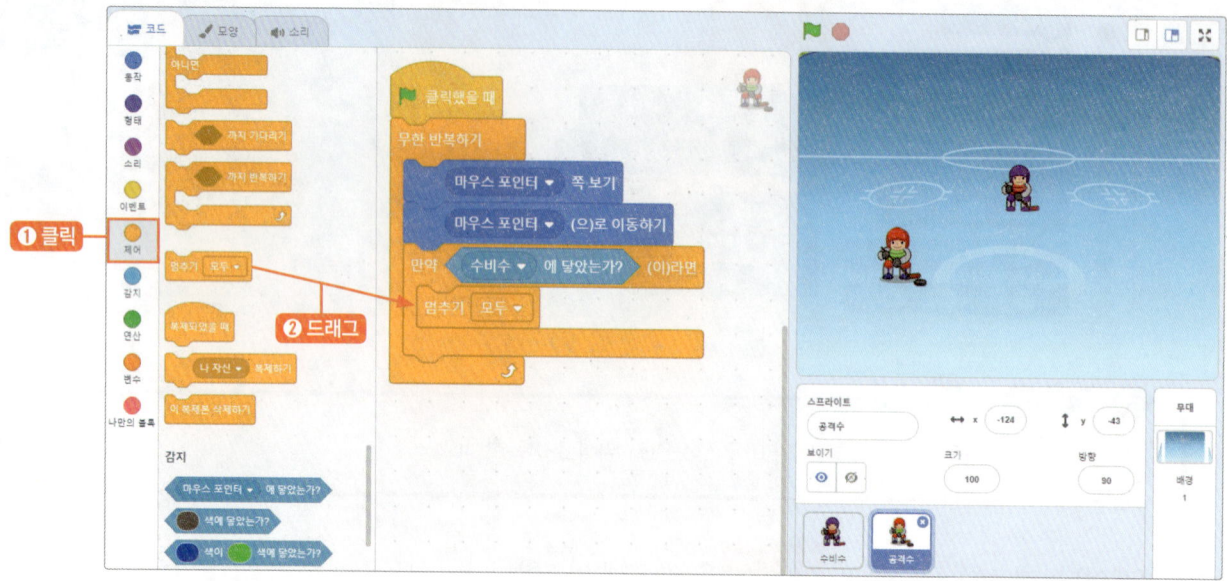

코딩풀이

마우스 포인터를 따라서 이동하던 [공격수] 스프라이트가 [수비수] 스프라이트에 닿으면 모든 스크립트를 멈춥니다.

TIP

● 조건문() ●

① 조건문은 실제 프로그램을 개발할 때 반복문과 함께 가장 많이 사용하는 명령어로 특정 조건에 따라 '참'과 '거짓'으로 구분하여 처리합니다. 예를 들어 놀이동산에 가서 바이킹을 타려고 하는데 입구에 '키 130cm 이상'이라는 팻말이 붙어 있다면 '130cm 미만'인 어린이들은 조건을 만족하지 않기 때문에(거짓) 탈 수 없고, '130cm 이상'인 어린이들은 조건을 만족하기 때문에(참) 탈 수 있습니다. 이렇게 조건을 정하고 조건에 따라서 다르게 실행되는 것이 조건문의 기본입니다.

② 조건문은 특정 조건을 지정해야 하기 때문에 [감지] 및 [연산] 팔레트를 함께 사용해야 합니다.

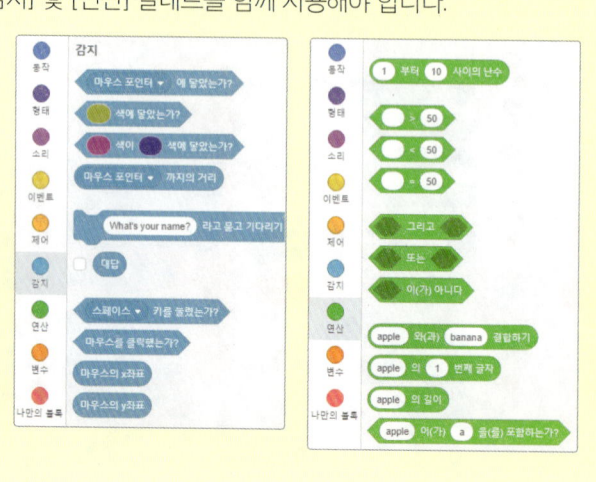

혼자서 해결하기

01 🚩를 클릭하면 [수비수]와 [공격수] 스프라이트가 랜덤 위치로 이동하도록 명령 블록을 추가해 보세요.

> 📁 **불러올 파일** : 아이스하키-1   💾 **완성된 파일** : 아이스하키-1(완성)

① [공격수] 스프라이트의 🚩클릭했을때 아래쪽에 필요한 명령 블록을 연결합니다.

② [공격수] 스프라이트는 랜덤 위치로 이동한 후 0.5초 이후에 마우스 포인터 쪽으로 이동하도록 명령 블록을 1개 더 연결합니다.

③ [수비수] 스프라이트는 랜덤 위치로 이동한 후 [공격수] 스프라이트를 쫓아다니도록 필요한 명령 블록을 연결합니다.

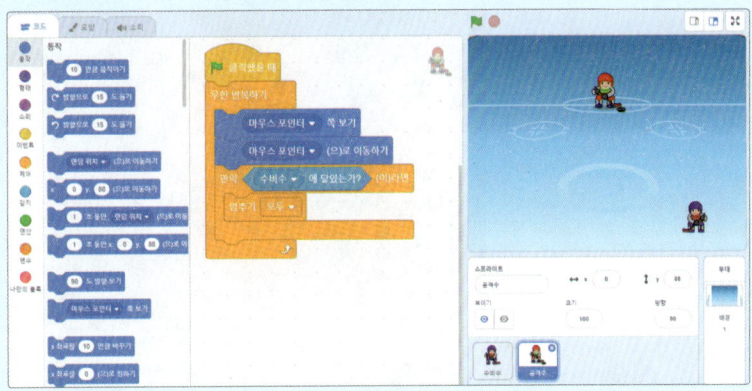

02 [수비수] 스프라이트를 복사한 후 움직이는 속도를 증가시켜 보세요.

> 📁 **불러올 파일** : 아이스하키-2   💾 **완성된 파일** : 아이스하키-2(완성)

① [수비수] 스프라이트 위에서 마우스 오른쪽 버튼을 눌러 [복사]를 클릭합니다.

② [공격수] 스프라이트에서 2개의 '수비수' 중 1개를 '수비수2'로 변경합니다.

미로 찾기

◆학습목표◆
▶ 스크립트를 복사하여 코드를 수정해 보세요.
▶ 펜 확장 기능을 추가하여 코딩해 보세요.

📁 **불러올 파일** : 미로 찾기   💾 **완성된 파일** : 미로 찾기(완성)

① 스크립트를 참고하여 🏁를 클릭한 후 Space Bar 키를 눌렀을 때 결과를 이미지 위에 그려보세요.
② 움직이기 값을 '50'으로 수정한 후 그리기 결과를 확인해 보세요.
※ '펜 내리기'와 '펜 올리기'의 차이점을 정확하게 구분할 수 있어야 합니다.

📁 **불러올 파일** : 11차시 핵심 코딩

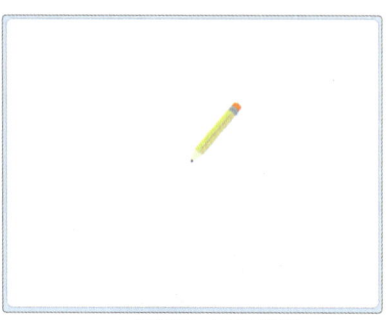

▲ 스크립트   ▲ 스크립트 실행 확인

01 스크립트를 복사하여 수정하기

❶ 스크래치를 실행한 후 [파일]-[컴퓨터에서 가져오기]를 클릭합니다. [열기] 대화상자가 나오면 [11차시] 폴더에서 '**미로 찾기**'를 불러와 [**사람**] 스프라이트를 선택합니다.

❷ 위에서 마우스 오른쪽 버튼을 눌러 [**복사하기**]를 클릭합니다. 해당 스크립트가 복사되면 아래쪽 또는 오른쪽에 위치시킵니다.

   ※ 오른쪽 방향으로 움직이는 스크립트는 미리 작성되어 있기 때문에 복사하여 사용합니다.

❸ 스크립트가 복사되면 아래 그림을 참고하여 '오른쪽 화살표 ▼'를 '**왼쪽 화살표**'로 변경한 후 '90'을 '-90'으로 수정합니다.

코딩풀이

① 키보드의 오른쪽 방향키(→)를 누르면 모양을 바꿔가며 오른쪽(90도) 방향으로 10만큼 움직여 이동합니다.
② 키보드의 왼쪽 방향키(←)를 누르면 모양을 바꿔가며 왼쪽(-90도) 방향으로 10만큼 움직여 이동합니다.
③ 위쪽(↑)은 '0'도, 아래쪽(↓)은 '180'도로 값을 수정하면 위-아래로 이동할 수 있습니다.

Chapter 11 미로 찾기 **079**

④ 똑같은 방법으로 스크립트를 복사하여 위쪽 화살표 스크립트와 아래쪽 화살표 스크립트를 만듭니다.

※ 아래 이미지를 참고하여 '키를 눌렀을 때'와 '방향 보기'를 수정합니다.

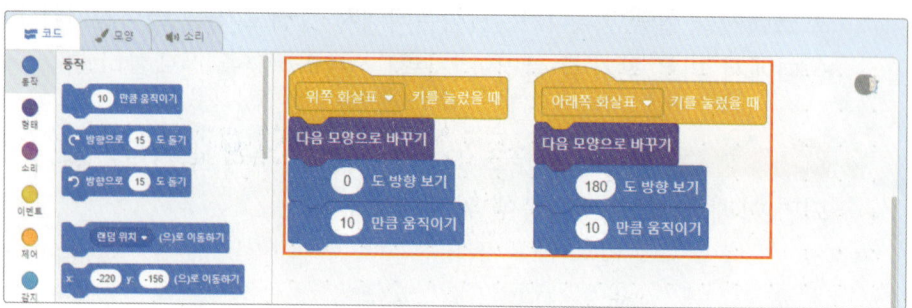

02 이동 경로를 펜으로 색칠하기

① [이벤트] 팔레트에서 를 스크립트 영역으로 드래그합니다. 이어서, [동작] 팔레트를 클릭한 후 를 아래쪽에 연결합니다.

※ 만약, 명령 블록의 x-y 좌푯값이 교재와 다를 경우 직접 값을 수정합니다.

※ [사람] 스프라이트에 작성된 이동 스크립트(4개)는 스크립트 영역 아래쪽으로 드래그하여 아래 이미지에서만 보이지 않을 뿐 실제로는 코드가 있습니다.

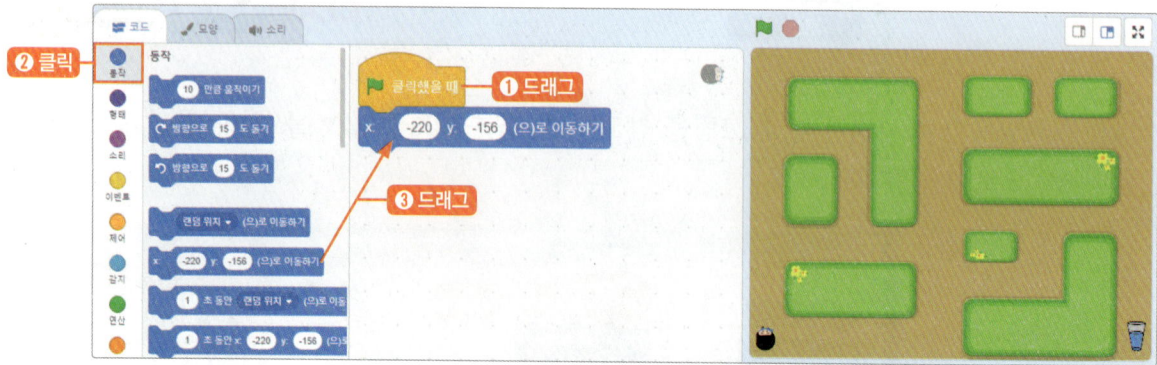

② [확장] 기능 중 '펜' 기능을 추가하기 위해 **확장 기능 추가하기**()를 클릭합니다. 확장 기능 고르기가 활성화되면 '**펜(   )**'을 클릭하여 추가합니다.

❸ [펜] 팔레트가 활성화되면 모두 지우기 를 아래쪽에 연결합니다.

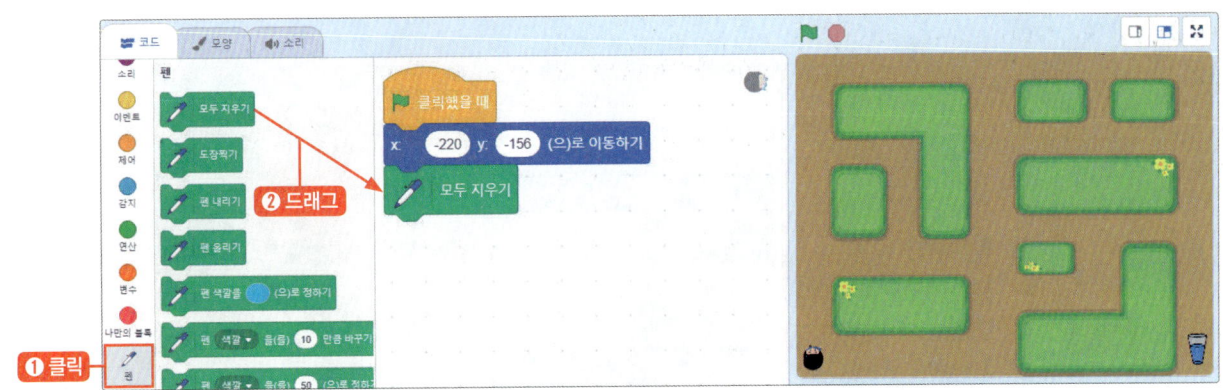

코딩풀이
🚩 를 클릭하면 [사람] 스프라이트는 지정된 좌표(x: -220, y: -156)로 이동한 후 무대에 그려졌던 모든 펜을 지웁니다.

❹ [제어] 팔레트에서 무한 반복하기 를 아래쪽에 연결합니다. 이어서, [펜] 팔레트를 클릭한 후 펜 내리기 를 안쪽에 연결합니다.

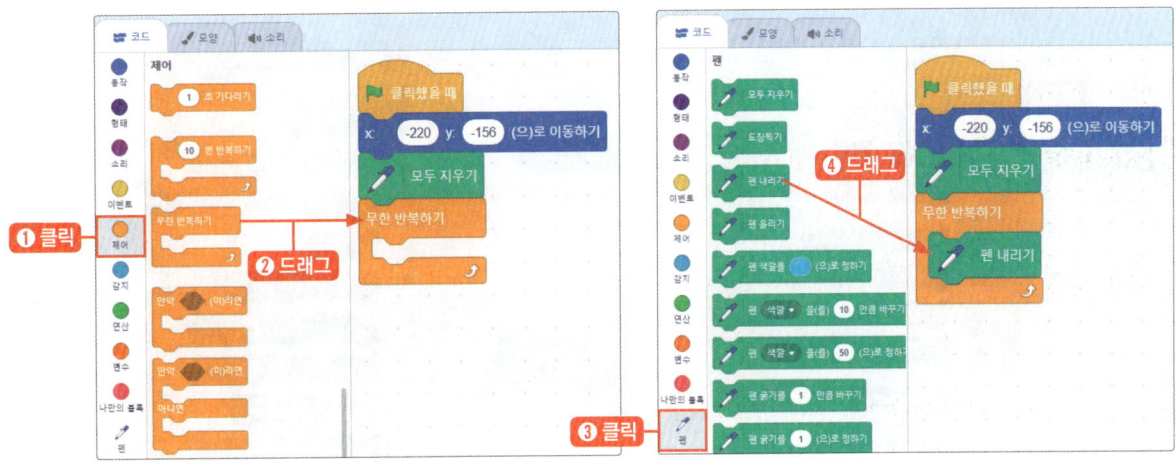

❺ [제어] 팔레트를 클릭한 후 만약 (이)라면 을 안쪽에 연결합니다.

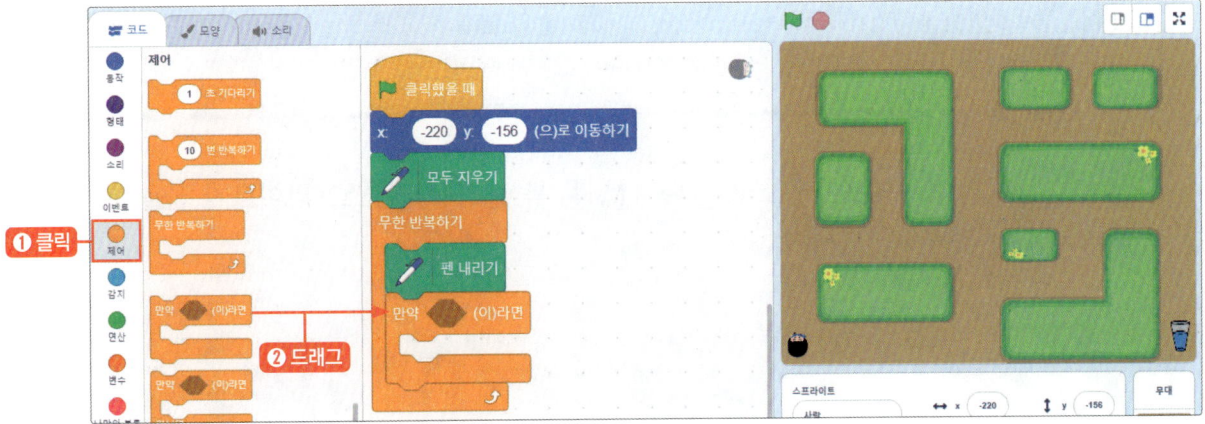

Chapter 11 미로 찾기 **081**

❻ [감지] 팔레트를 클릭한 후 `마우스 포인터 에 닿았는가?` 를 에 끼워 넣습니다. 이어서, '마우스 포인터'를 '**장애물**'로 변경합니다.

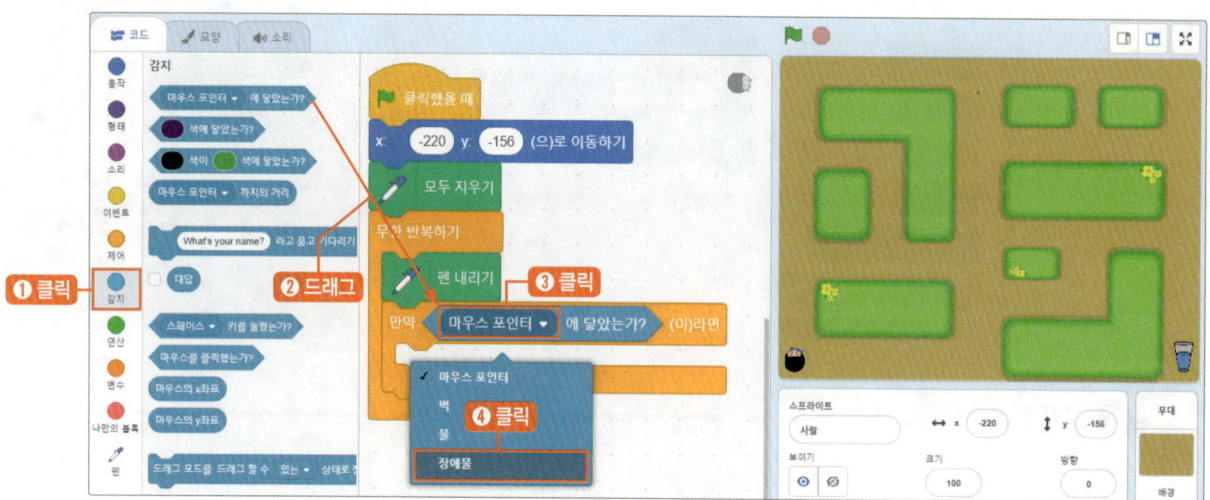

❼ [동작] 팔레트에서 `x: -220 y: -156 (으)로 이동하기` 를 안쪽에 연결합니다. 이어서, [펜] 팔레트를 클릭하여 `모두 지우기` 를 안쪽에 연결합니다.

※ 만약, `x: -220 y: -156 (으)로 이동하기` 명령 블록의 x-y 좌푯값이 교재와 다를 경우 직접 값을 수정합니다.

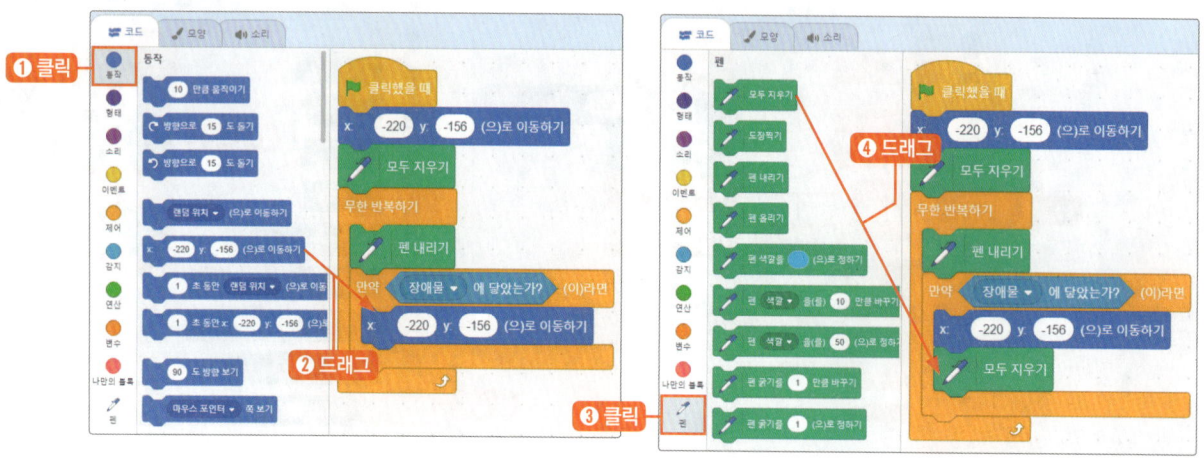

🚩를 클릭하면 펜을 내려서 [사람] 스프라이트가 이동하며 선을 그립니다. 이동하는 도중에 [장애물] 스프라이트에 닿으면 처음 출발 위치(x : −220, y : −156)로 이동을 하고, 기존에 그렸던 모든 선들은 지워집니다.

❽ 🚩를 클릭한 후 키보드 방향키(←, →, ↑, ↓)를 눌러 [사람] 스프라이트가 선을 그리며 미로 안을 돌아다니는 것을 확인합니다.

082 처음으로 배우는 스크래치 3.0

혼자서 해결하기

01 펜 내리기 명령 블록 아래쪽에 펜의 색깔을 1만큼 바꾸고, 펜의 굵기를 3으로 정할 수 있도록 명령 블록을 추가해 보세요.

📁 **불러올 파일** : 미로 찾기-1   💾 **완성된 파일** : 미로 찾기-1(완성)

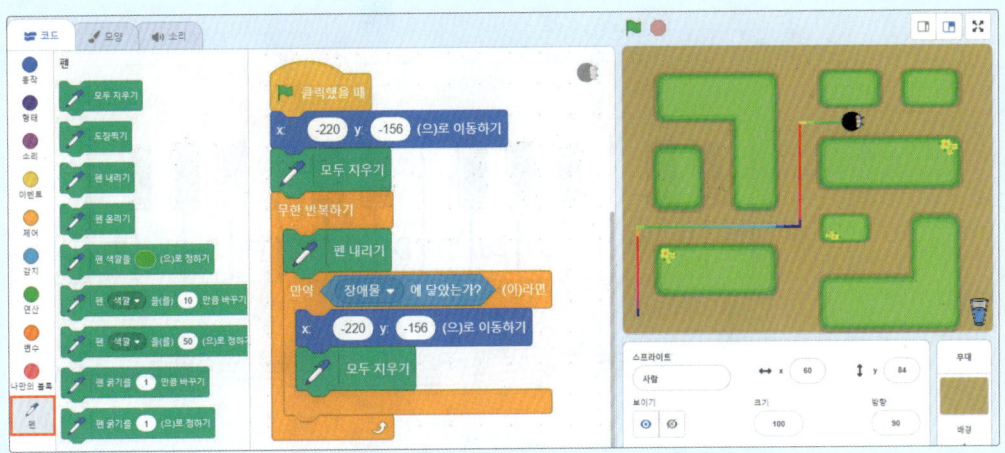

02 [물] 스프라이트를 선택한 후 아래 내용에 맞추어 코딩해 보세요.

📁 **불러올 파일** : 미로 찾기-2   💾 **완성된 파일** : 미로 찾기-2(완성)

❶ 🏁 를 클릭하면 [물] 스프라이트가 무대에서 보이며, [사람] 스프라이트에 닿았는지 계속 확인합니다.

❷ 만약, [물] 스프라이트가 [사람] 스프라이트에 닿으면 무대에서 보이지 않습니다.

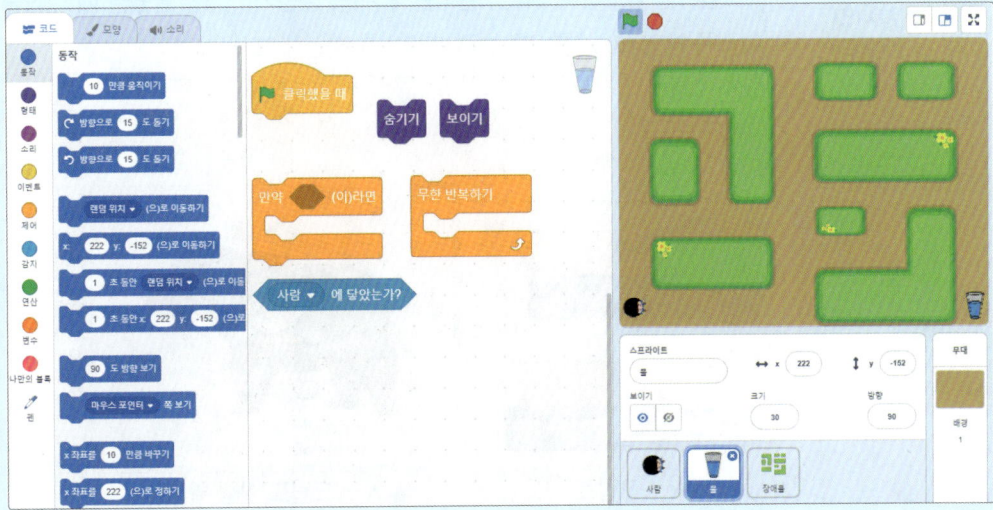

CHAPTER 12

피아노 연주하기

◆학습목표◆
▶ 무대 보이는 스프라이트들의 순서(앞-뒤)를 코딩해 보세요.
▶ 음악 확장 기능을 추가하여 코딩해 보세요.

📁 **불러올 파일** : 피아노 연주   📄 **완성된 파일** : 피아노 연주(완성)

이번 차시의 핵심 코딩

① 스크립트를 참고하여 🚩를 클릭한 후 위쪽 방향키(↑)를 눌렀을 때 결과를 확인해 보세요.
② 아래쪽 방향키(↓)를 2번 눌러서 결과를 확인해 보세요.
※ '맨 뒤쪽(앞쪽)으로 순서 바꾸기'와 '뒤로(앞으로) 단계 보내기'를 정확하게 구분할 수 있어야 합니다.

📁 **불러올 파일** : 12차시 핵심 코딩

▲ 스크립트

▲ 스크립트 실행 확인

 **01 흰색 건반의 위치와 스프라이트가 겹쳤을 때 앞-뒤 순서 코딩하기**

❶ 스크래치를 실행한 후 [파일]-[컴퓨터에서 가져오기]를 클릭합니다. [열기] 대화상자가 나오면 [12차시] 폴더에서 '**피아노 연주**'를 불러와 [낮은C(48)] 스프라이트를 선택합니다.

❷ [이벤트] 팔레트에서 를 스크립트 영역으로 드래그합니다.

❸ [제어] 팔레트를 클릭한 후 를 아래쪽에 연결합니다.

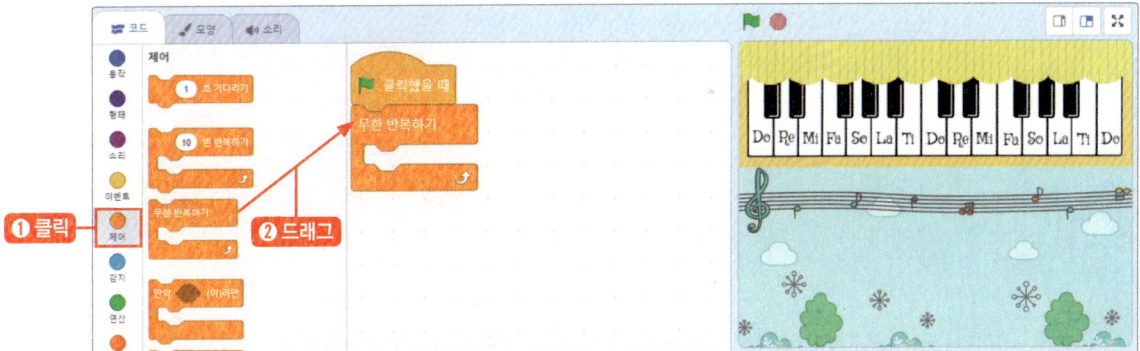

❹ [동작] 팔레트를 클릭한 후 를 안쪽에 연결합니다.

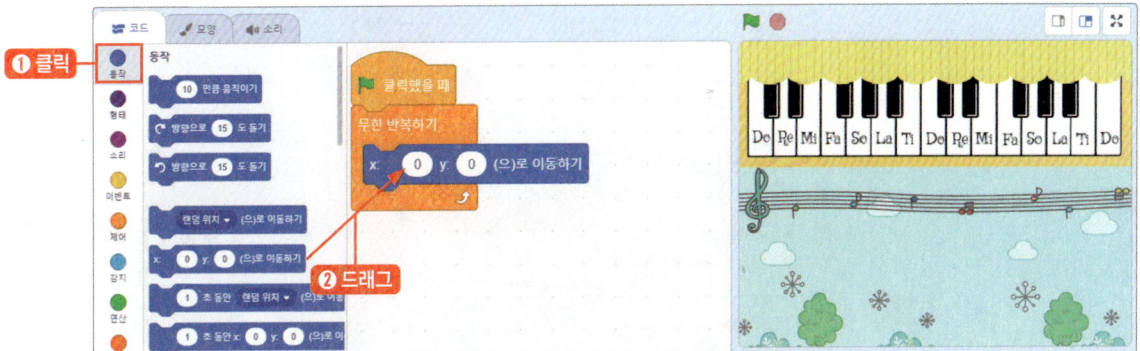

Chapter 12 피아노 연주하기 **085**

❺ [형태] 팔레트를 클릭한 후 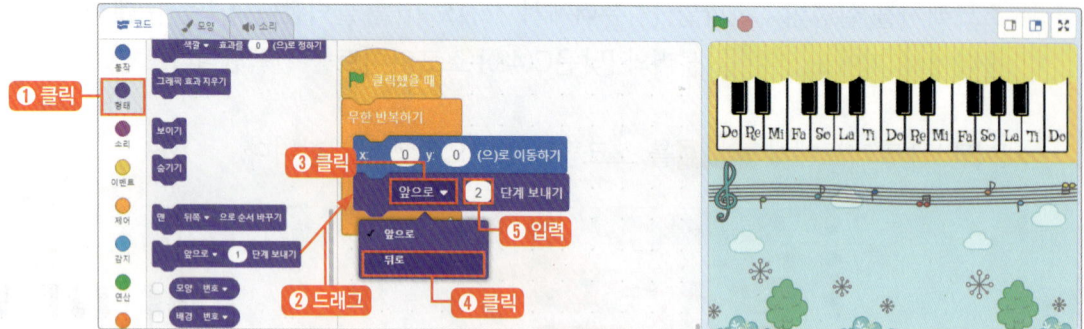를 안쪽에 연결합니다. 이어서, '앞으로'를 '뒤로'로 변경한 후 '1'을 '2'로 수정합니다.

▶를 클릭하면 [낮은C(48)] 스프라이트는 지정된 좌표(x:0, y:0)로 이동한 후 뒤쪽으로 2단계 보내어 [모양] → [피아노 건반] 스프라이트 다음 순서에 배치됩니다.

TIP

● 건반 스프라이트 x-y 좌푯값이 0인 이유 ●

무대를 기준으로 정중앙의 위치는 x좌표 0, y좌표 0입니다. 하지만 건반의 위치가 위쪽에 있음에도 불구하고 x-y 좌푯값이 모두 0인 이유는 [모양] 탭에서 가운데에 있는 중심점을 기준으로 스프라이트의 위치를 미리 왼쪽 상단으로 지정했기 때문입니다.

02 건반을 클릭했을 때 지정된 피아노 음을 박자에 맞추어 연주되도록 코딩하기

❶ [이벤트] 팔레트를 클릭한 후 를 스크립트 영역으로 드래그합니다.

※ [낮은C(48)] 스프라이트에 작성된 스크립트(순서 변경 코드)는 스크립트 영역 아래쪽으로 드래그하여 아래 이미지에서만 보이지 않을 뿐 실제로는 코드가 있습니다.

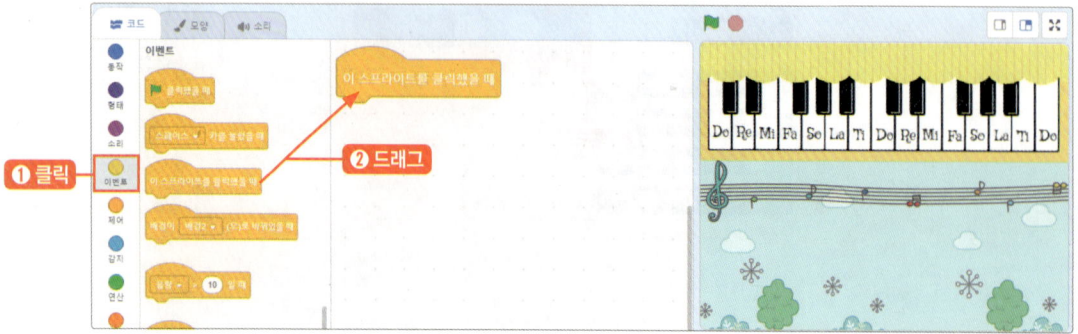

❷ [형태] 팔레트를 클릭한 후 크기를 10 만큼 바꾸기 를 아래쪽에 연결합니다. 이어서, '10'을 '-1'로 수정합니다.

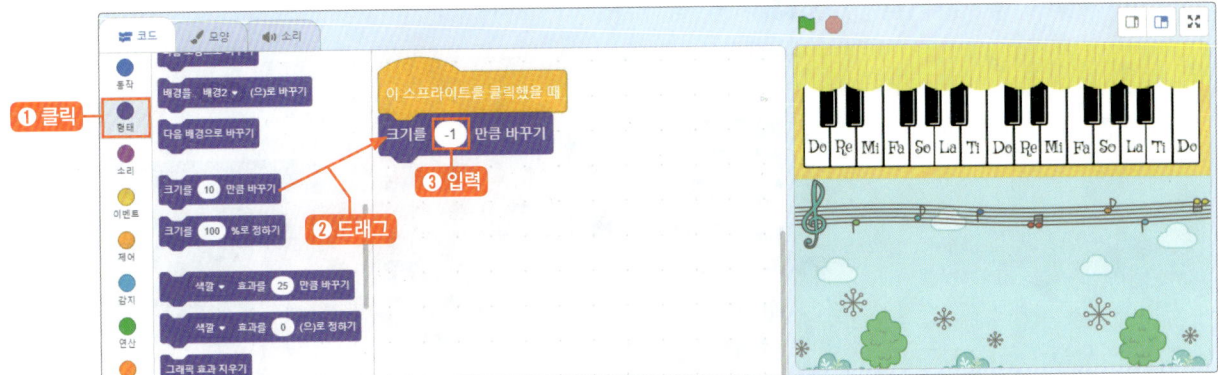

❸ [제어] 팔레트를 클릭한 후 1 초 기다리기 를 아래쪽에 연결합니다. 이어서, '1'을 '0.1'로 수정합니다.

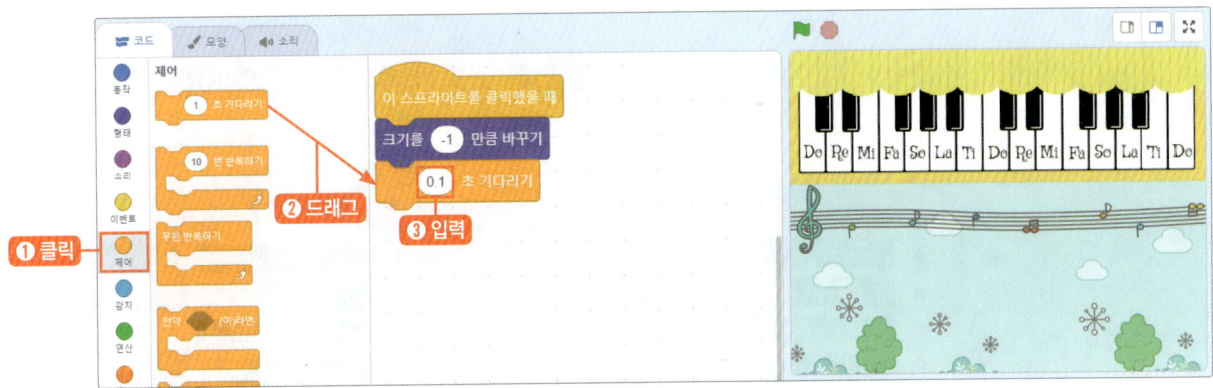

❹ [형태] 팔레트를 클릭한 후 크기를 100 %로 정하기 를 아래쪽에 연결합니다.

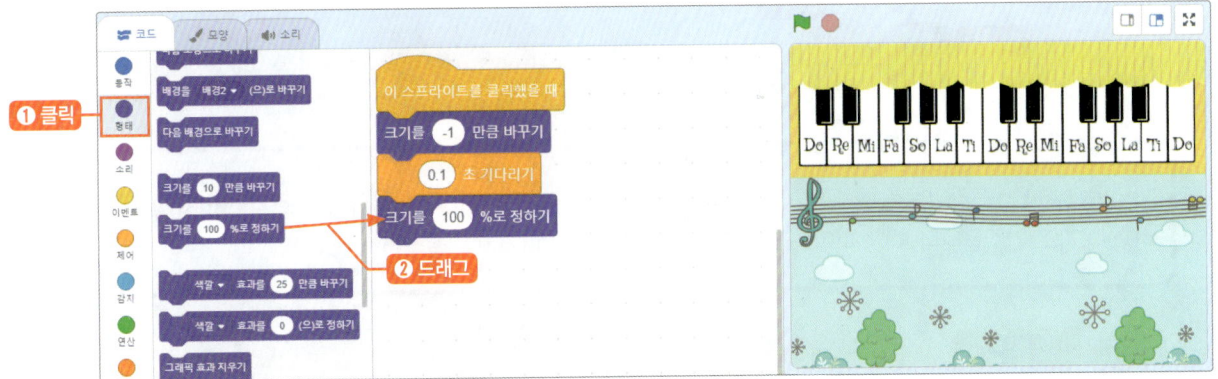

[낮은C(48)] 스프라이트를 클릭하면 현재 크기(100)를 기준으로 -1만큼 작아진 후 0.1초 뒤에 다시 원래 크기로 바뀝니다. 즉, 마우스로 건반을 클릭했을 때 실제 누르는 것처럼 효과를 주기 위한 스크립트입니다.

❺ [확장] 기능 중 '음악' 기능을 추가하기 위해 **확장 기능 추가하기( )**를 클릭합니다. 확장 기능 고르기가 활성화되면 **'음악( )'**을 클릭하여 추가합니다.

❻ [음악] 팔레트가 활성화되면 를 아래쪽에 연결합니다.

❼ '60'을 클릭하여 건반이 나오면 **왼쪽 화살표( )**를 클릭한 후 **낮은 도(C48)**를 선택합니다. 이어서, '0.25'를 '0.5'로 수정합니다.

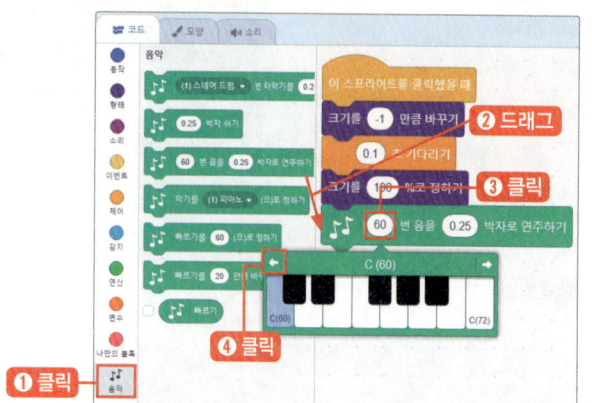
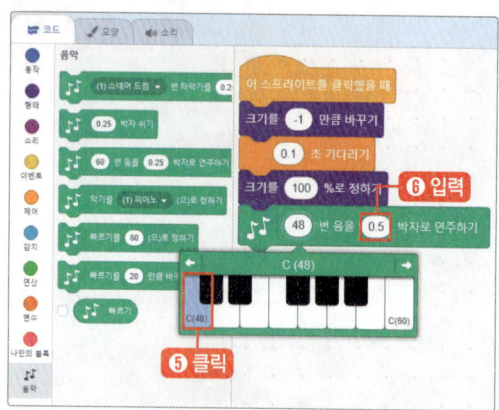

코딩풀이

[낮은C(48)] 스프라이트를 클릭하면 현재 크기를 –1만큼 작아졌다가 다시 원래 크기로 바뀌면서 피아노의 낮은 도가 0.5 박자로 연주됩니다. 해당 피아노 소리를 듣기 위해서는 스피커가 연결되어 있어야 합니다.

TIP

● **피아노 건반 순서(도→레→미→파→솔→라→시→도)** ●

① C(48) → D(50) → E(52) → F(53) → G(55) → A(57) → B(59) → C(60)
② ➡ 클릭 : C(60) → D(62) → E(64) → F(65) → G(67) → A(69) → B(71) → C(72)
※ 음 이름 : 도(C), 레(D), 미(E), 파(F), 솔(G), 라(A), 시(B), 도(C)

❽ 를 클릭한 후 무대에서 첫 번째 흰색 건반(Do)을 클릭했을 때 피아노 소리(낮은 도)가 나는지 확인합니다.

혼자서 해결하기

01 [낮은C(48)] 스프라이트에 작성된 2개의 스크립트를 나머지 모든 스크립트([D(50)]~[높은 C(72)])에 복사한 후 스프라이트의 이름에 맞추어 각각의 음을 변경해 보세요.

📁 **불러올 파일** : 피아노 연주-1   📊 **완성된 파일** : 피아노 연주-1(완성)

① [이 스프라이트를 클릭했을 때] 부분을 다른 스프라이트로 드래그하여 복사합니다.
② [깃발 클릭했을 때] 부분을 다른 스프라이트로 드래그하여 복사합니다.
③ 스프라이트 음 변경 순서(흰색 건반) : C(48) → D(50) → E(52) → F(53) → G(55) → A(57) → B(59) → C(60) → ➡ 클릭 → D(62) → E(64) → F(65) → G(67) → A(69) → B(71) → C(72)

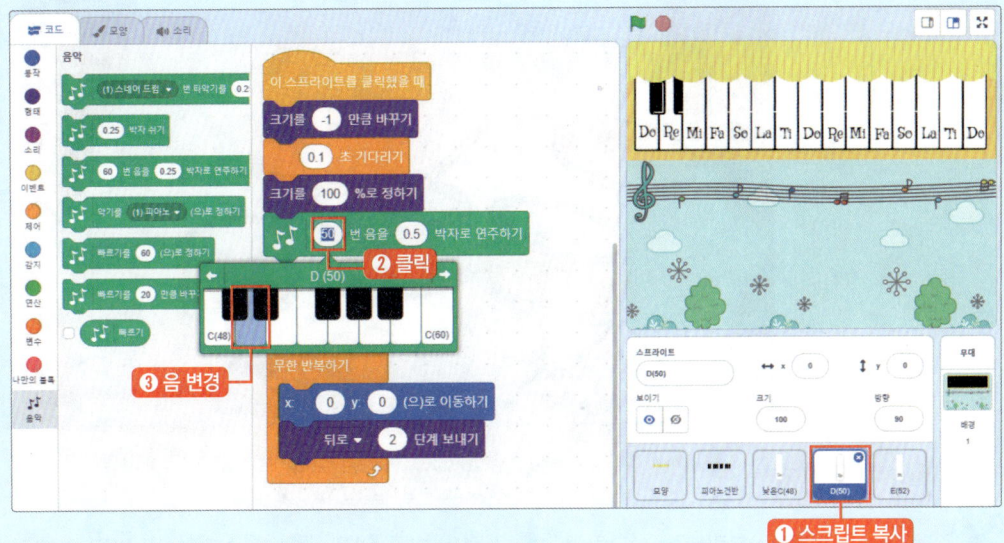

02 무대 영역의 흰색 건반을 눌러 '비행기'를 연주해 보세요.

① 계이름 : 미레도레 / 미미미 / 레레레 / 미미미 /미레도레 / 미미미 / 레레미레 /도
② 건반 : MiReDoRe / MiMiMi / ReReRe / MiMiMi / MiReDoRe / MiMiMi / ReReMiRe / Do

03 무대 영역의 흰색 건반을 눌러 '학교종이 땡땡땡'을 연주해 보세요.

① 계이름 : 솔솔라라 / 솔솔미 / 솔솔미미 / 레 / 솔솔라라 / 솔솔미 / 솔미레미 / 도
② 건반 : SoSoLaLa / SoSomi / SoSoMiMi / Re / SoSoLaLa / SoSomi / SomiReMi / Do

드럼 연주하기

◆학습목표◆
▶ 스프라이트의 크기를 지정된 크기로 정한 후 원래 크기가 되도록 코딩해 보세요.
▶ 타악기 소리를 이용하여 지정된 박자에 맞추어 연주를 할 수 있도록 코딩해 보세요.

📁 불러올 파일 : 드럼 연주   💾 완성된 파일 : 드럼 연주(완성)

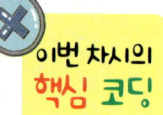

① 스크립트를 참고하여 🚩를 클릭한 후 위쪽 방향키(↑)를 1번 눌렀을 때와 2번 눌렀을 때의 결과를 확인해 보세요.

② 위쪽 방향키(↑)와 아래쪽 방향키(↓)를 2번 눌렀을 때 결과가 어떻게 다른지 확인해 보세요.
※ 명령 블록에서 '정하기'와 '바꾸기'의 차이점을 정확하게 구분할 수 있어야 합니다.

📁 불러올 파일 : 13차시 핵심 코딩

▲ 스크립트

▲ 스크립트 실행 확인

01 심벌즈를 클릭하면 '크래시 심벌'을 연주하도록 코딩하기

❶ 스크래치를 실행한 후 [파일]-[컴퓨터에서 가져오기]를 클릭합니다. [열기] 대화상자가 나오면 [13차시] 폴더에서 '드럼 연주'를 불러와 [심벌즈] 스프라이트를 선택합니다.

❷ [이벤트] 팔레트에서 `이 스프라이트를 클릭했을 때`를 스크립트 영역으로 드래그합니다.

❸ [형태] 팔레트를 클릭한 후 `크기를 100 %로 정하기`를 아래쪽에 연결합니다. 이어서, '100'을 '120'으로 수정합니다.

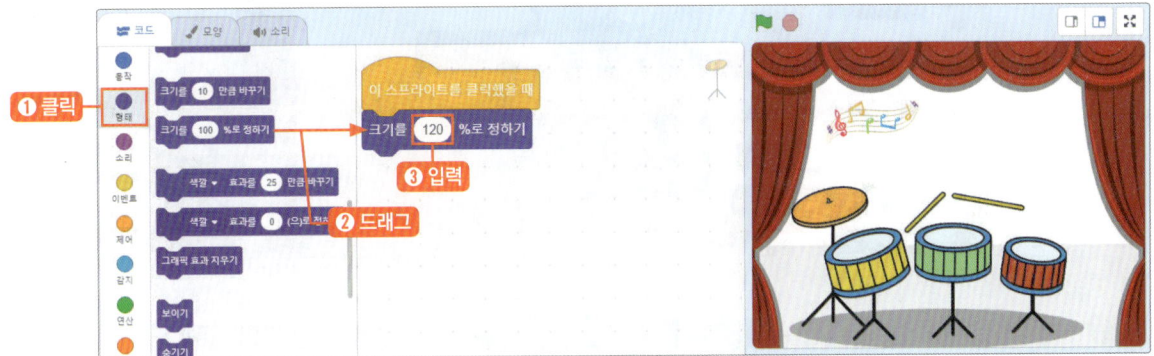

❹ [형태] 팔레트에서 `색깔 효과를 0 (으)로 정하기`를 아래쪽에 연결한 후 '0'을 '140'으로 수정합니다.

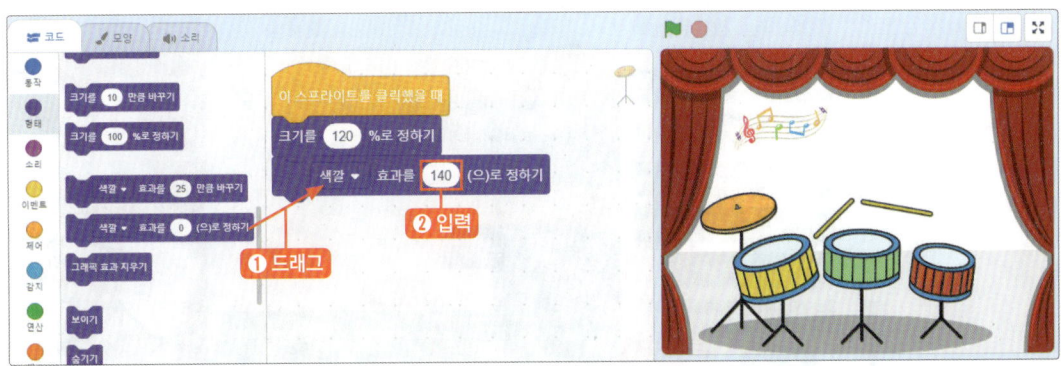

Chapter 13 드럼 연주하기 **091**

❺ [제어] 팔레트를 클릭한 후 ⬚초 기다리기 를 아래쪽에 연결합니다. 이어서, '1'을 '0.2'로 수정합니다.

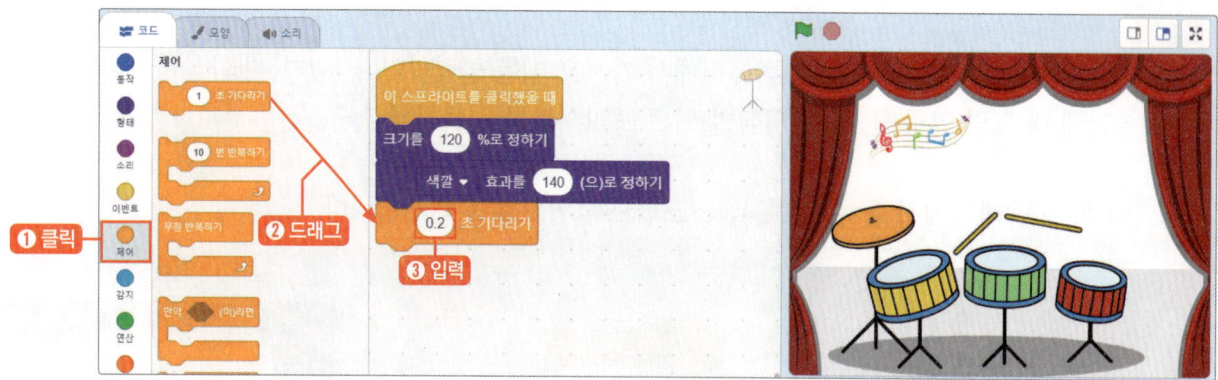

> **코딩풀이**
>
> 무대에서 [심벌즈] 스프라이트를 클릭하면 현재 크기(100%)를 기준으로 크기를 120%로 정하고, 색깔 효과를 140(135~160 : 진한 보라색~분홍색)으로 정한 후 0.2초를 기다립니다. 즉, 크기가 확대되면서 색이 바뀐 후 0.2초를 기다립니다.

❻ [형태] 팔레트를 클릭한 후 크기를 100 %로 정하기 를 아래쪽에 연결합니다. 이어서, 그래픽 효과 지우기 를 아래쪽에 연결합니다.

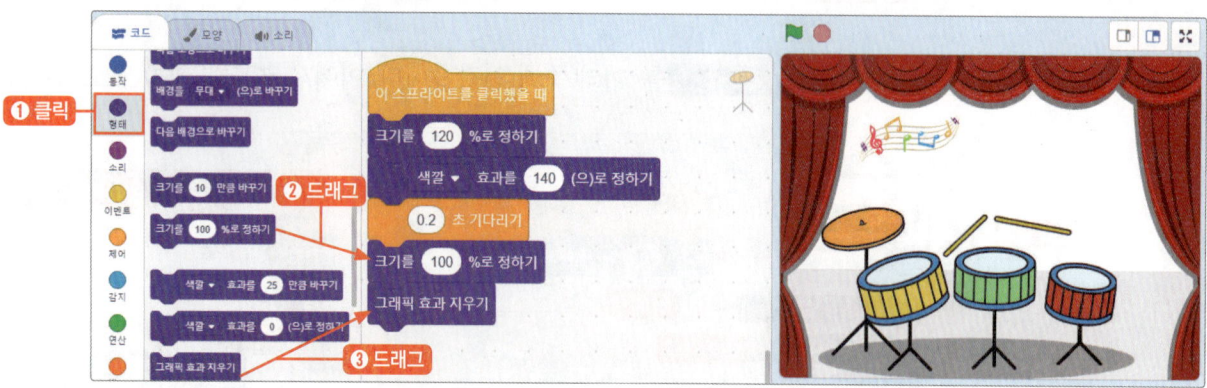

❼ [음악] 팔레트를 클릭한 후 (1)스네어 드럼 ▼ 번 타악기를 0.25 박자로 연주하기 를 아래쪽에 연결합니다. 이어서, '(1)스네어 드럼'을 '(4)크래시 심벌'로 변경합니다.

※ 음악 추가 : 확장 기능 추가하기(🔲)를 클릭한 후 '음악(🎵)'을 선택합니다.

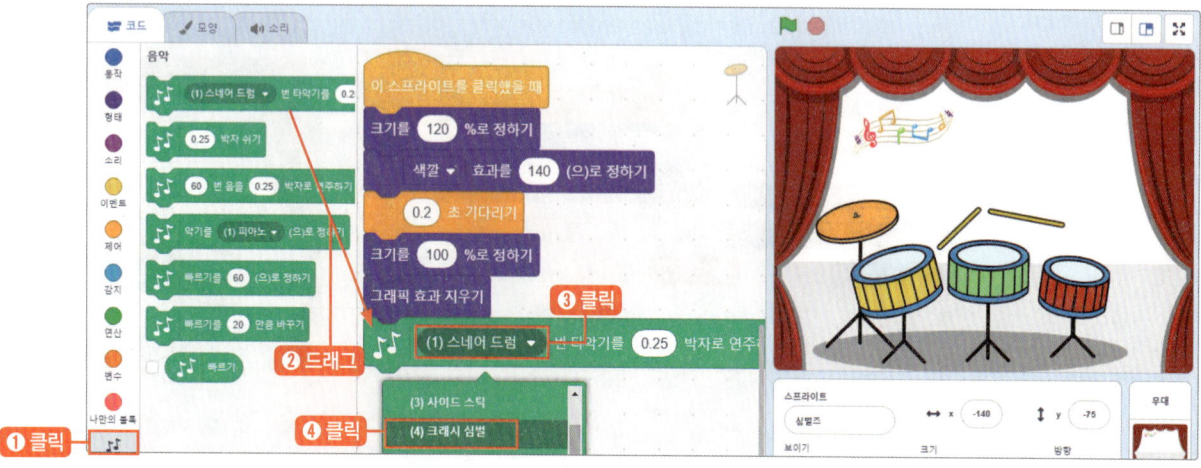

무대에서 [심벌즈] 스프라이트를 클릭하면 정해진 크기(120%)와 색으로 바뀌고, 0.2초 후 원래 크기(100%) 및 색으로 변경되면서 '크래시 심벌'을 0.25 박자로 연주합니다.

❽ 스크립트가 완성되면 `이 스프라이트를 클릭했을 때` 부분을 [드럼1] 스프라이트 쪽으로 드래그하여 스크립트를 복사합니다.

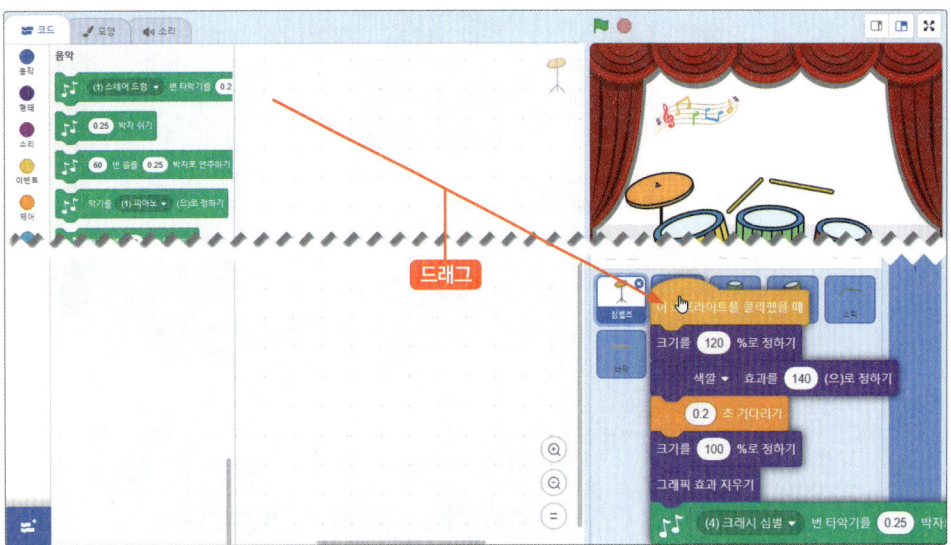

❾ [드럼1] 스프라이트를 클릭하여 복사된 스크립트를 확인합니다. 이어서, 색깔 효과 '140'을 '120'으로 수정한 후 '(4)크래시 심벌'을 '(2)베이스 드럼'으로 변경합니다.

무대에서 [드럼1] 스프라이트를 클릭하면 정해진 크기(120%)와 색으로 바뀌고, 0.2초 후 원래 크기(100%) 및 색으로 변경되면서 '베이스 드럼'을 0.25 박자로 연주합니다.

02 스틱 모양이 계속 바뀌도록 코딩하기

❶ [스틱] 스프라이트를 선택한 후 [이벤트] 팔레트에서 `클릭했을 때`를 스크립트 영역으로 드래그합니다.

❷ [제어] 팔레트를 클릭한 후 `무한 반복하기`를 아래쪽에 연결합니다.

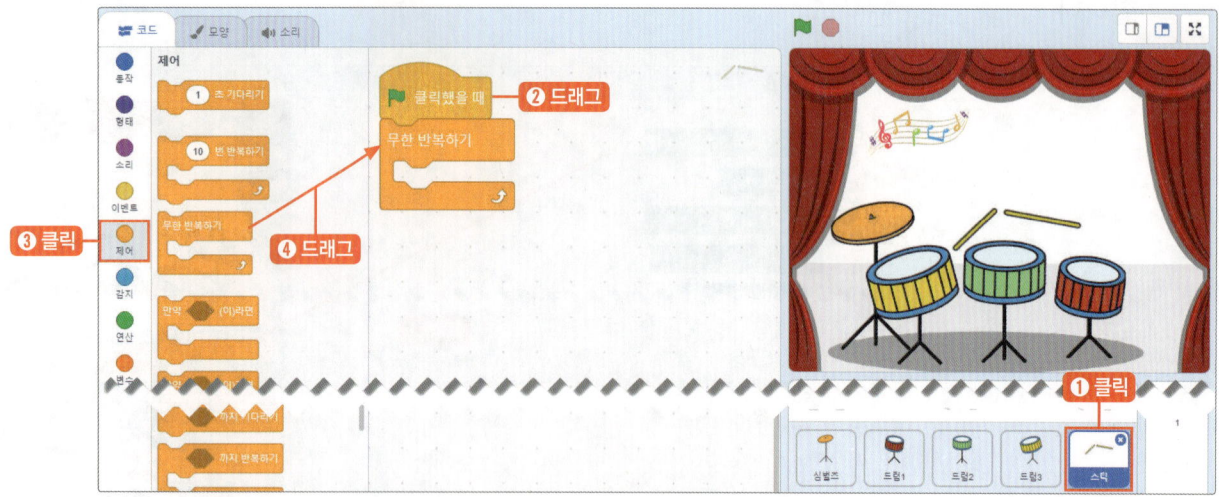

❸ [형태] 팔레트를 클릭한 후 `다음 모양으로 바꾸기`를 안쪽에 연결합니다.

❹ [제어] 팔레트를 클릭한 후 `1 초 기다리기`를 안쪽에 연결합니다. 이어서, '1'을 '0.3'으로 수정합니다.

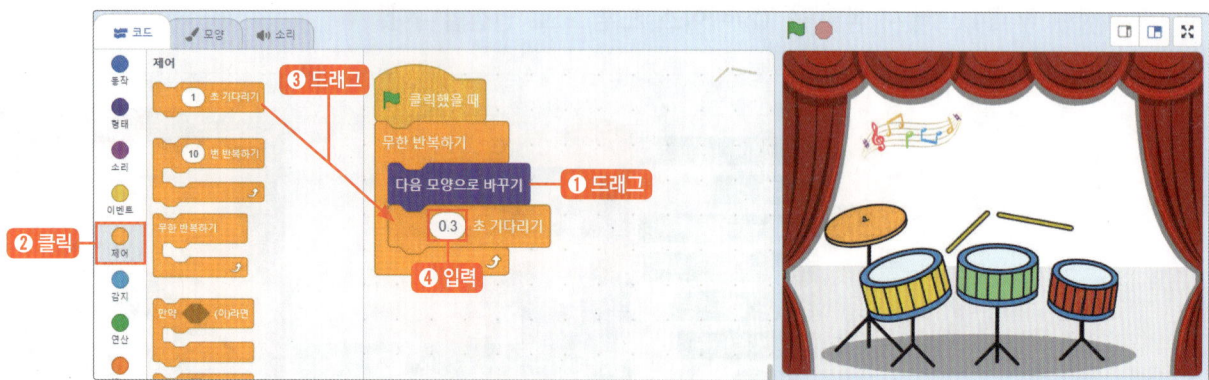

코딩풀이

🚩를 클릭하면 '스틱1'과 '스틱2' 모양을 0.3초 간격으로 계속 바꿔 스틱으로 드럼을 연주하는 것처럼 보이게 합니다.

❺ 🚩를 클릭한 후 무대에서 [심벌즈]와 [드럼1] 스프라이트를 마우스로 클릭했을 때 소리가 나는지 확인합니다.

혼자서 해결하기

01 🚩를 클릭했을 때 멈추기 전까지 지정된 음악이 계속 나오도록 코딩해 보세요.

📁 **불러올 파일** : 드럼 연주-1   💾 **완성된 파일** : 드럼 연주-1(완성)

① [배경]을 클릭하여 3개의 명령 블록을 확인합니다.

② 명령 블록들을 조립한 후 배경 음악에 맞추어 드럼을 연주합니다.

02 [심벌즈] 스프라이트를 한 번만 클릭하면 2초 간격으로 계속 연주를 할 수 있도록 코딩을 수정해보세요.

📁 **불러올 파일** : 드럼 연주-2   💾 **완성된 파일** : 드럼 연주-2(완성)

① [제어] 팔레트를 이용하여 명령 블록 2개를 추가합니다.

CHAPTER 14

허들 경주!

◆학습목표◆
▶ [허들] 스프라이트가 '벽'에 닿을 때까지 x좌푯값이 계속 변경되도록 코딩해 보세요.
▶ [허들] 스프라이트가 [선수] 스프라이트에 닿으면 모든 스크립트가 멈추도록 코딩해 보세요.

📁 불러올 파일 : 허들   📄 완성된 파일 : 허들(완성)

이번 차시의 핵심 코딩

① 스크립트를 참고하여 🏁 를 클릭했을 때 결과를 이미지 위에 그려보세요.
② 멈추기 모두 ▼ 명령 블록을 삭제한 후 🏁 를 클릭했을 때 결과를 확인해 보세요.
※ '멈추기 모두' 명령 블록은 모든 스프라이트의 스크립트를 중지시킬 수 있습니다.

📁 불러올 파일 : 14차시 핵심 코딩

▲ 스크립트

▲ 스크립트 실행 확인

[허들] 스프라이트를 지정된 위치로 이동한 후 모양을 바꾸도록 코딩하기

① 스크래치를 실행한 후 [파일]-[컴퓨터에서 가져오기]를 클릭합니다. [열기] 대화상자가 나오면 [14차시] 폴더에서 **'허들'**을 불러와 [허들] 스프라이트를 선택합니다.

② [이벤트] 팔레트에서 를 스크립트 영역으로 드래그합니다.

③ [동작] 팔레트를 클릭한 후 를 아래쪽에 연결합니다.

※ 만약 명령 블록의 x-y 좌푯값이 교재와 다를 경우 직접 값을 수정합니다.

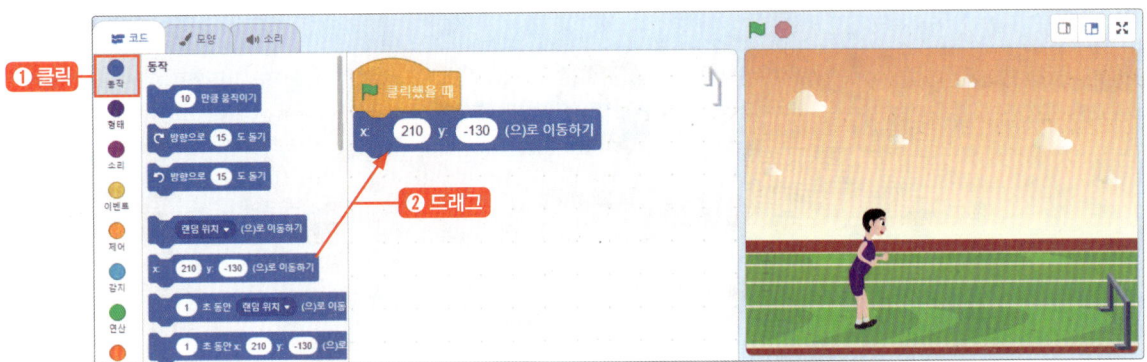

④ [제어] 팔레트를 클릭한 후 를 아래쪽에 연결합니다.

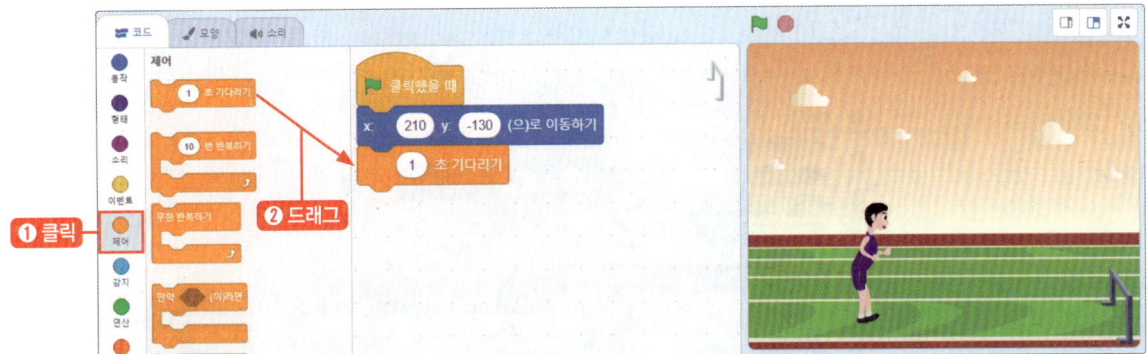

Chapter 14 허들 경주! **097**

코딩풀이

를 클릭하면 [허들] 스프라이트를 x : 210, y : -130 위치(오른쪽 아래 부분)로 이동시킨 후 1초를 기다립니다. 1초를 기다리는 이유는 [선수] 스프라이트가 1초 동안 생각을 하는 명령 블록이 있기 때문에 시간을 맞추기 위해 추가한 것입니다.

TIP

● **[선수] 스프라이트 스크립트** ●

[선수] 스프라이트를 클릭하면 아래와 같은 내용으로 미리 코딩되어 있습니다. 코딩에 대한 자세한 내용은 주석을 참고하시기 바랍니다.

1. 시작하기를 클릭하면 [선수] 스프라이트의 x-y 좌표를 -100(x좌표), -70(y좌표)으로 이동시킵니다.

2. 모양을 '달리기2'로 바꾼 후 1초 동안 '1등을 할거야'라고 생각을 합니다.

02 [허들] 스프라이트가 벽에 닿을 때까지 계속 이동하도록 코딩하기

❶ [제어] 팔레트를 클릭한 후 [무한 반복하기]를 아래쪽에 연결합니다. 이어서, [까지 반복하기]를 안쪽에 연결합니다.

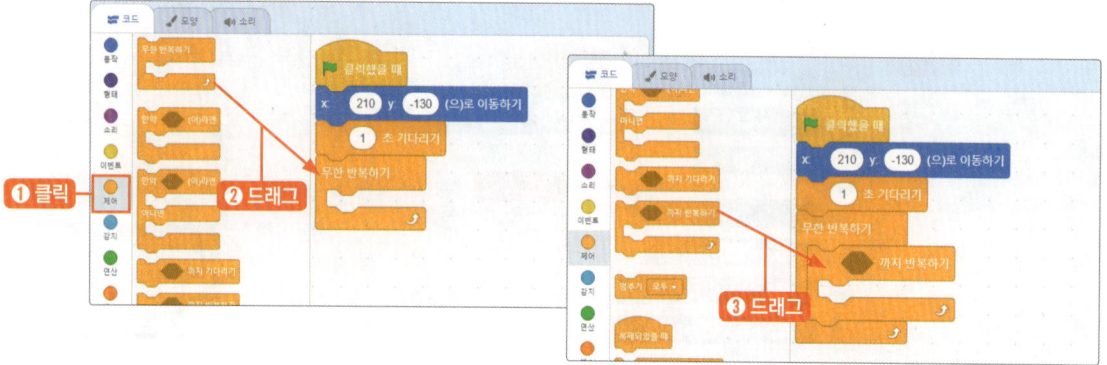

❷ [감지] 팔레트를 클릭한 후 [마우스 포인터 ▼ 에 닿았는가?]를 ◆에 끼워 넣습니다. 이어서, '마우스 포인터'를 '**벽**'으로 변경합니다.

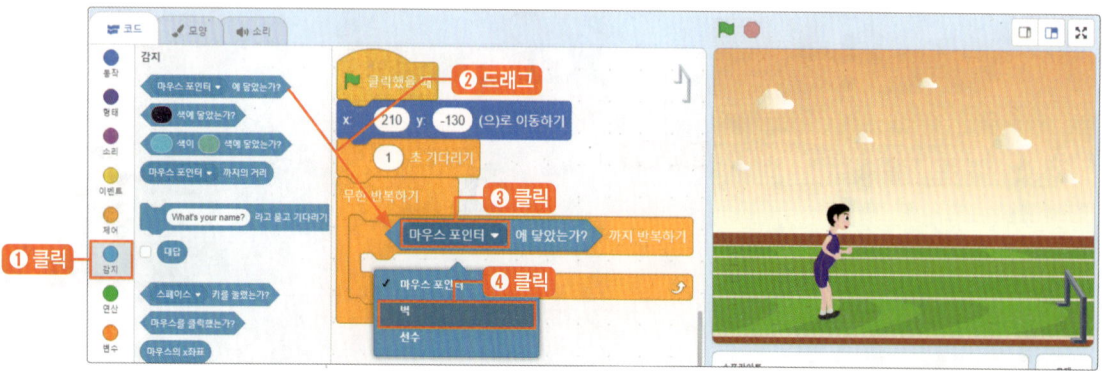

❸ [동작] 팔레트를 클릭한 후  를 안쪽에 연결합니다. 이어서, '10'을 '-5'로 수정합니다.

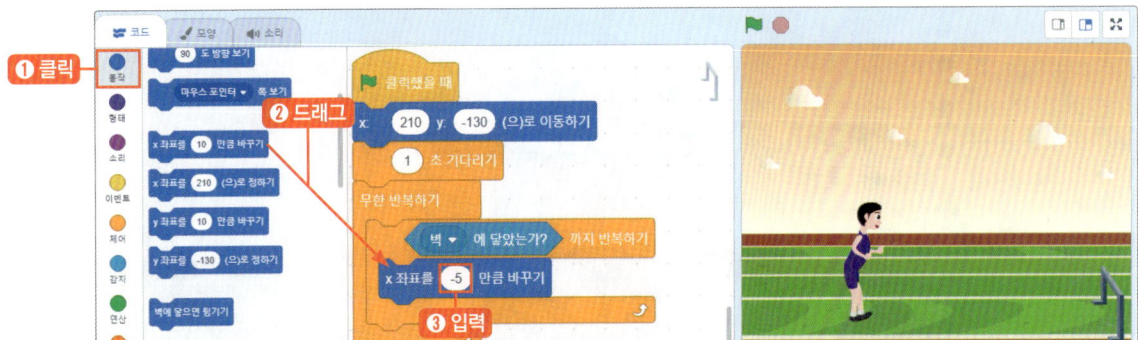

코딩풀이

🚩를 클릭하면 [허들] 스프라이트가 벽에 닿을 때까지 왼쪽으로 -5만큼 계속 반복해서 움직입니다. x좌표를 음수(-5)로 입력하면 왼쪽, 양수(5)로 입력하면 오른쪽으로 이동합니다.

❹ [제어] 팔레트를 클릭한 후 을 '~까지 반복하기' 안쪽에 연결합니다.

※ '무한 반복'이 아닌 '~까지 반복하기' 안쪽에 명령 블록을 연결해야 합니다.

❺ [감지] 팔레트를 클릭한 후 을 에 끼워 넣습니다. 이어서, '마우스 포인터'를 '선수'로 변경합니다.

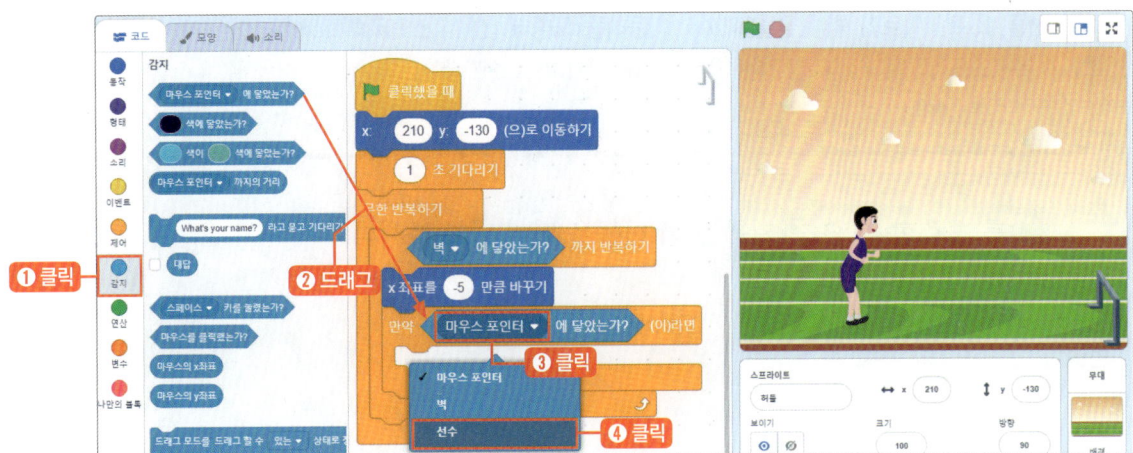

Chapter 14 허들 경주! **099**

❻ [제어] 팔레트를 클릭한 후 를 '만약~이라면' 안쪽에 연결합니다.

❼ [동작] 팔레트를 클릭한 후 를 안쪽에 연결합니다.

※ 블록 연결 시 아래 이미지를 참고하여 정확한 위치에 연결합니다.

[허들] 스프라이트가 벽에 닿을 때까지 이동하는 도중에 [선수] 스프라이트에 닿으면 모든 스크립트를 멈춥니다. 만약, [선수] 스프라이트에 닿지 않고 왼쪽벽에 닿았다면 [허들] 스프라이트의 위치를 처음 위치(x : 210, y : -130)로 이동시킨 후 다시 반복합니다.

❽ 를 클릭한 후 키를 눌러 허들을 뛰어 넘어 봅시다.

혼자서 해결하기

01 [허들] 스프라이트의 모양이 상황에 맞게 바뀌도록 코딩해 보세요.

📁 **불러올 파일** : 허들-1   💾 **완성된 파일** : 허들-1(완성)

① 🏁를 클릭했을 때 지정된 x-y 좌푯값으로 이동한 후 모양을 '허들'로 바꾸도록 명령 블록을 추가해 보세요.

② [허들] 스프라이트가 선수에 닿으면 모양을 '허들 2'로 바꾼 후 모두 멈추도록 명령 블록을 추가해 보세요.

02 [선수] 스프라이트에서 Space Bar 키를 눌러 점프를 할 때 크기가 변경되도록 코딩해 보세요.

📁 **불러올 파일** : 허들-2   💾 **완성된 파일** : 허들-2(완성)

① 위로 올라갈 때 크기가 1씩 커지도록 명령 블록을 추가해 보세요.

② 아래로 내려올 때 크기가 1씩 작아지도록 명령 블록을 추가해 보세요.

CHAPTER 15

배고픈 쥐

◆학습목표◆
▶ 시작하기를 클릭했을 때 [머핀] 스프라이트가 무작위 위치로 이동하도록 코딩해 보세요.
▶ 방송하기 명령 블록을 이용하여 다른 스크립트를 호출해 보세요.

📂 **불러올 파일** : 배고픈 쥐   📄 **완성된 파일** : 배고픈 쥐(완성)

이번 차시의 핵심 코딩

① 스크립트를 참고하여 🏳 를 클릭했을 때 결과를 확인해 보세요.
② '메시지1 방송하기' 스크립트는 [고양이] 스프라이트에 작성되어 있으며, '메시지1을(를) 받았을 때' 스크립트는 [곰] 스프라이트에 작성되어 있습니다.
※ 방송하기 신호를 보내면 특정 스프라이트가 해당 신호를 받아서 스크립트를 실행합니다.

📂 **불러올 파일** : 15차시 핵심 코딩

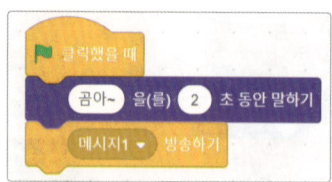

▲ 고양이 스크립트

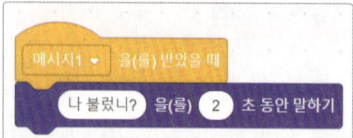

▲ 곰 스크립트

▲ 스크립트 실행 확인

[머핀] 스프라이트에 [쥐] 스프라이트가 닿으면 '다음 음식'을 방송하도록 코딩하기

❶ 스크래치를 실행한 후 [파일]-[컴퓨터에서 가져오기]를 클릭합니다. [열기] 대화상자가 나오면 [15차시] 폴더에서 '**배고픈 쥐**'를 불러와 **[머핀]** 스프라이트를 선택합니다.

❷ [이벤트] 팔레트에서 를 스크립트 영역으로 드래그합니다.

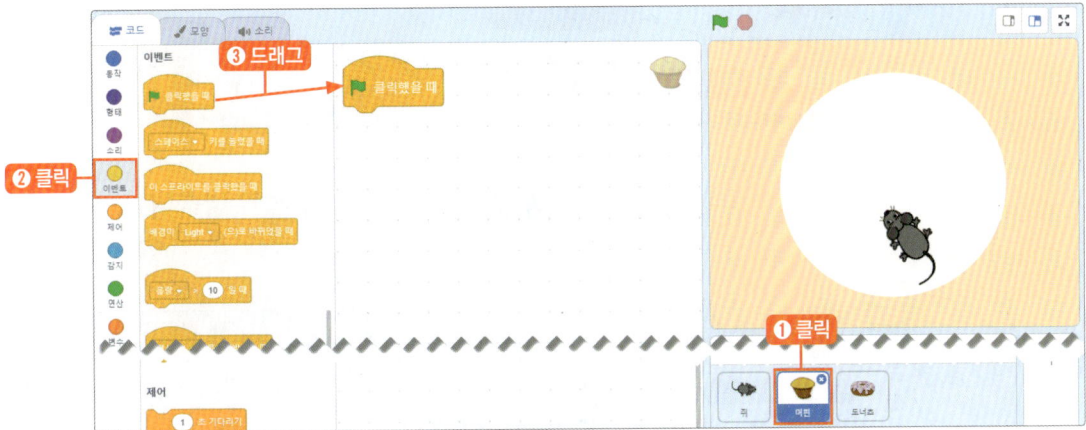

❸ [동작] 팔레트를 클릭한 후 를 아래쪽에 연결합니다.

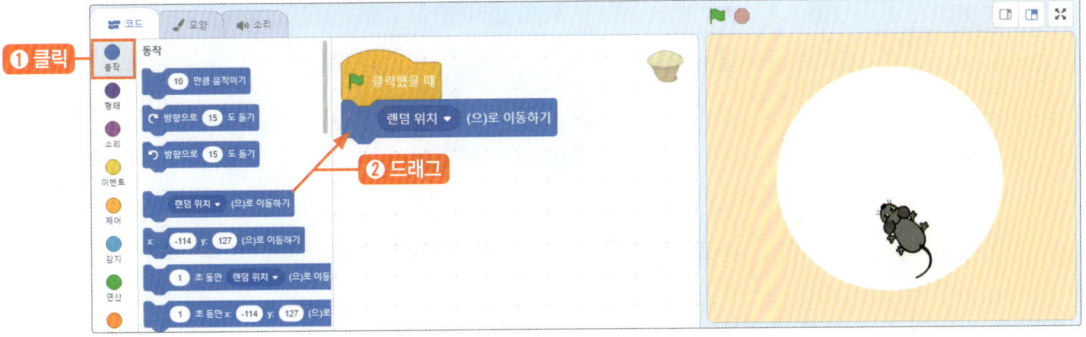

❹ [형태] 팔레트를 클릭한 후 를 아래쪽에 연결합니다.

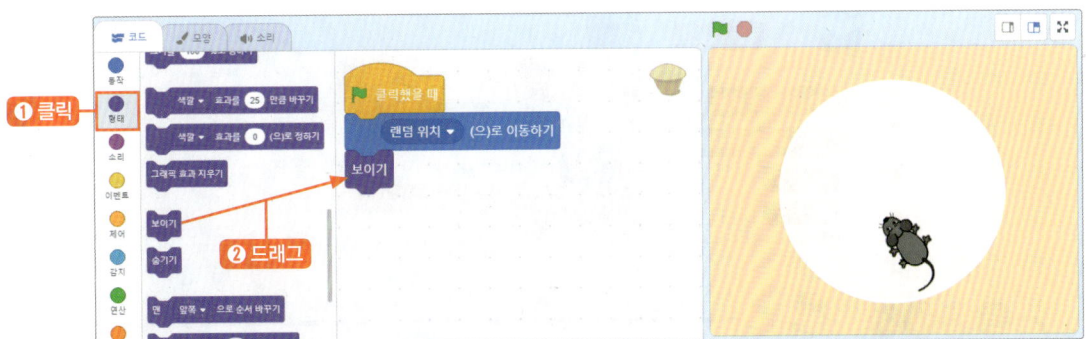

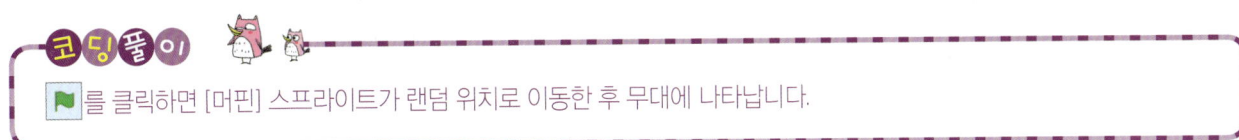

를 클릭하면 [머핀] 스프라이트가 랜덤 위치로 이동한 후 무대에 나타납니다.

❺ [제어] 팔레트를 클릭한 후 를 아래쪽에 연결합니다. 이어서, 을 안쪽에 연결합니다.

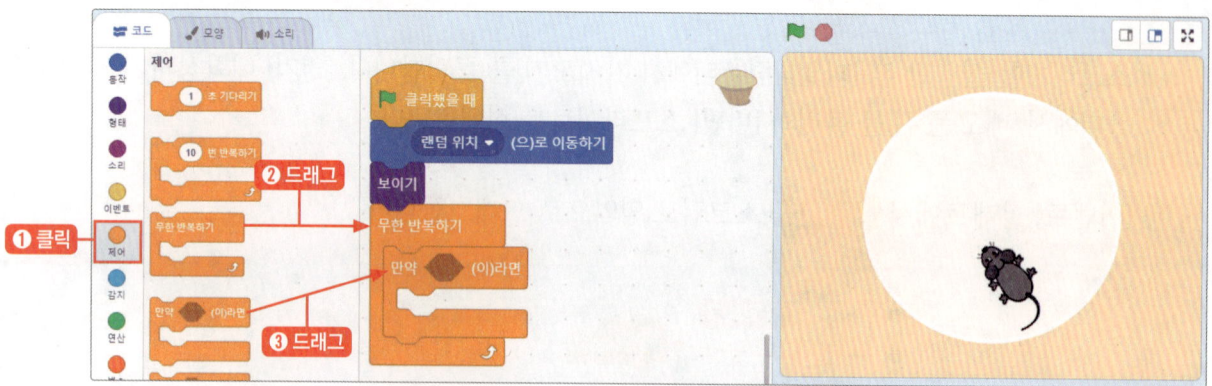

❻ [감지] 팔레트를 클릭한 후 를 에 끼워 넣습니다. 이어서, '마우스 포인터'를 '쥐'로 변경합니다.

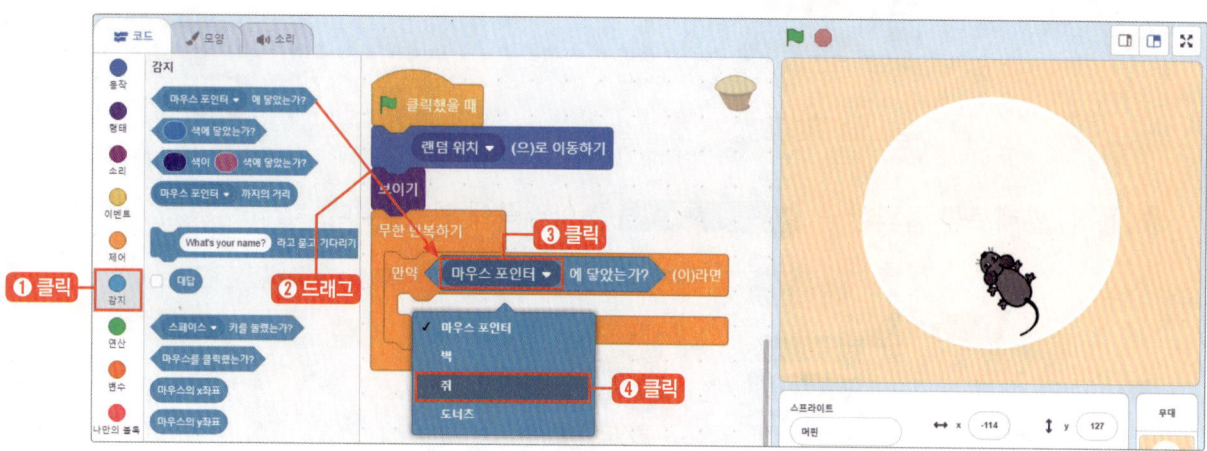

❼ [형태] 팔레트를 클릭한 후 를 안쪽에 연결합니다.

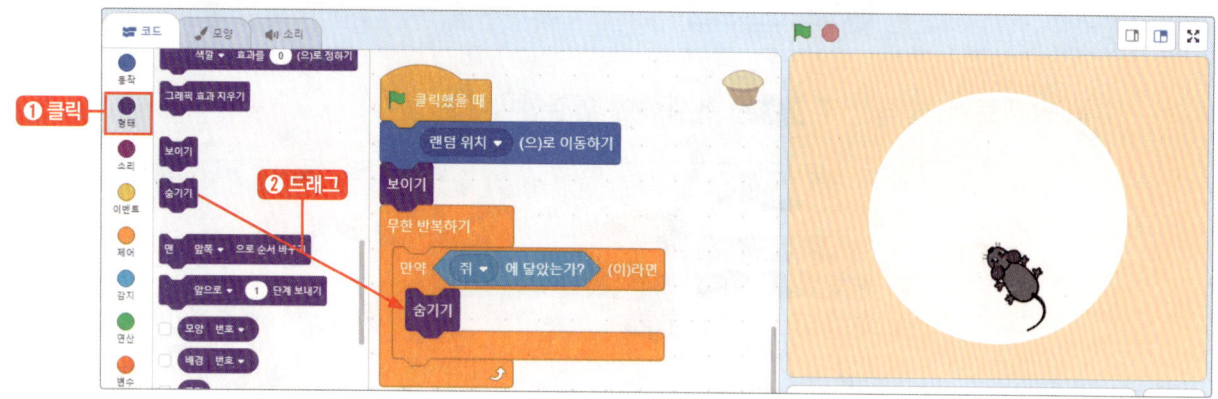

[머핀] 스프라이트가 [쥐] 스프라이트에 닿으면 무대에서 모습이 보이지 않도록 숨깁니다.

❽ [이벤트] 팔레트를 클릭한 후 를 안쪽에 연결합니다. 이어서, '메시지1'을 클릭하여 '**새로운 메시지**'를 선택합니다.

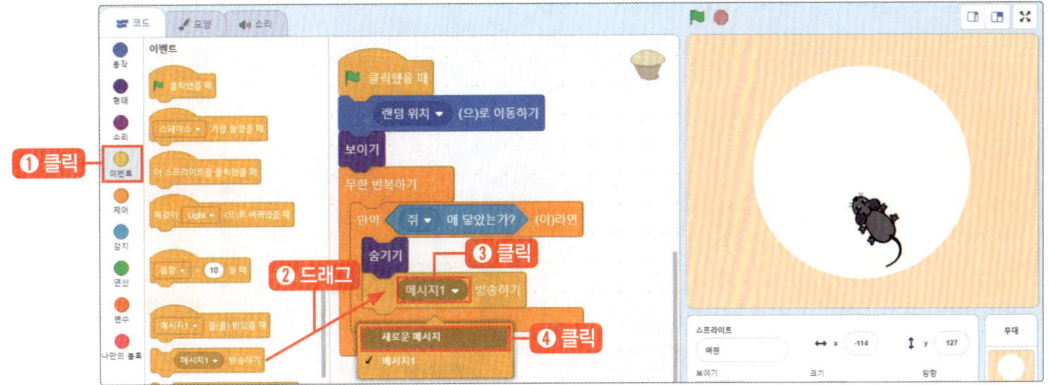

❾ [새로운 메시지] 대화상자가 나오면 '**다음 음식**'을 입력한 후 <확인> 버튼을 클릭합니다.

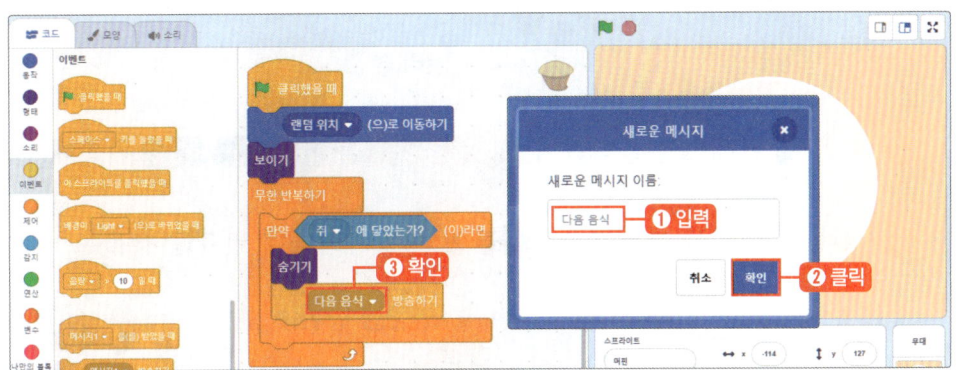

###

[머핀] 스프라이트가 [쥐] 스프라이트에 닿으면 무대에서 모습이 보이지 않도록 숨긴 후 '다음 음식' 방송하기 신호를 특정 (도너츠) 스프라이트로 보냅니다.

02 [도너츠] 스프라이트에 '다음 음식'을 받았을 때 코딩하기

❶ 부분을 [도너츠] 스프라이트 쪽으로 드래그하여 스크립트를 복사합니다.

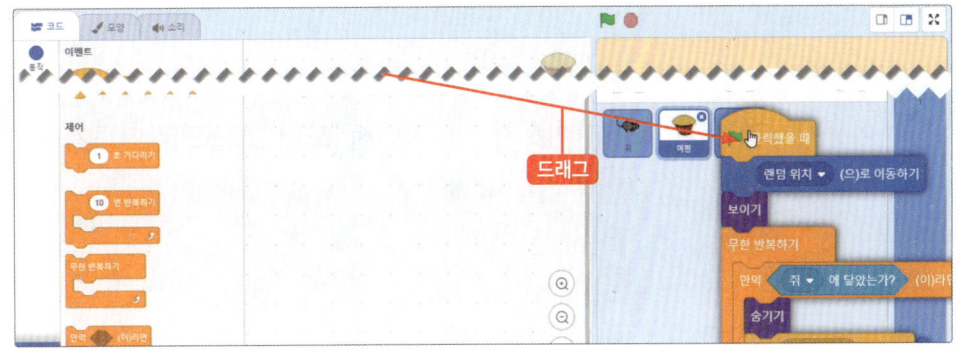

❷ [도너츠] 스프라이트에 스크립트가 복사되면 **'분리 후'** 그림처럼 명령 블록을 마우스로 드래그하여 분리시킵니다. 블록이 분리되면 명령 블록 위에서 마우스 오른쪽 버튼을 눌러 [블록 삭제하기]를 클릭합니다.

※ 명령 블록을 선택한 후 Delete 키를 눌러 삭제할 수도 있습니다.

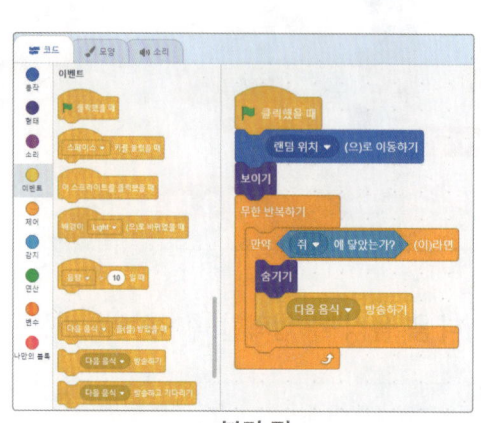

▲ 분리 전   ▲ 분리 후

❸ [이벤트] 팔레트를 클릭한 후 를 위쪽에 연결합니다.

❹ [형태] 팔레트를 클릭한 후 를 아래쪽에 연결합니다.

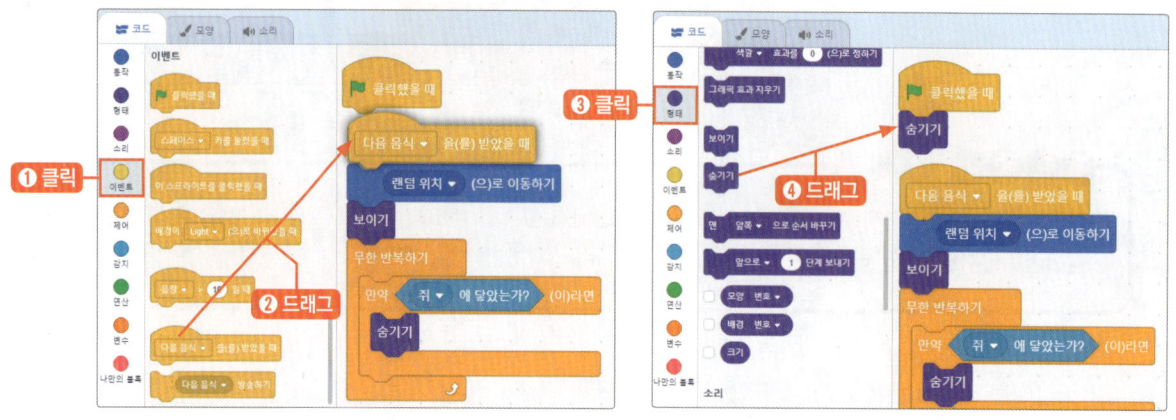

코딩풀이

를 클릭하면 [도너츠] 스프라이트를 무대에 숨깁니다. 만약, [머핀] 스프라이트에서 '다음 음식' 방송하기 신호를 보내면 명령 블록이 신호를 받아서 아래쪽에 연결된 명령 블록들을 실행합니다.

❺ 를 클릭한 후 무대에서 [쥐] 스프라이트를 마우스로 드래그하여 [머핀] 스프라이트의 위치로 이동시키면 [머핀] 스프라이트가 없어지면서 [도너츠] 스프라이트가 나오는지 확인합니다.

※ [쥐] 스프라이트를 조종하는 스크립트 작성은 '혼자서 해결하기'에서 작업합니다.

혼자서 해결하기

01 [쥐] 스프라이트를 선택한 후 아래 조건에 맞추어 명령 블록들을 조립하여 2개의 스크립트를 코딩해 보세요.

📁 **불러올 파일** : 배고픈 쥐-1   💾 **완성된 파일** : 배고픈 쥐-1(완성)

① **스크립트 1** : 오른쪽 방향키를 눌렀을 때 모양을 바꾸고, 특정 값만큼 움직이면서 오른쪽으로 회전을 합니다.

② **스크립트 2** : 왼쪽 방향키를 눌렀을 때 모양을 바꾸고, 특정 값만큼 움직이면서 왼쪽으로 회전을 합니다.

※ [쥐] 스프라이트가 앞으로 이동하려면 왼쪽 방향키와 오른쪽 방향키를 번갈아가며 눌러 마치 뱀(S자)이 움직이듯이 조종해야 합니다. 한쪽 방향키만 계속 누르고 있으면 같은 위치를 빙글빙글 돕니다.

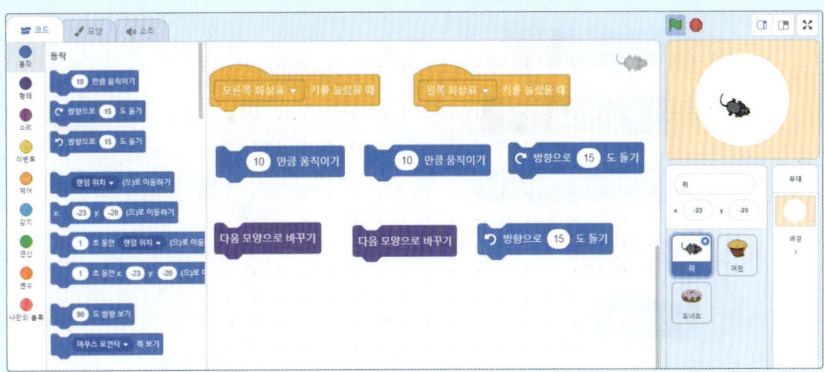

02 🏳를 클릭했을 때 [쥐] 스프라이트가 무작위 위치로 이동하도록 코딩해 보세요.

📁 **불러올 파일** : 배고픈 쥐-2   💾 **완성된 파일** : 배고픈 쥐-2(완성)

① [이벤트] 팔레트와 [동작] 팔레트에서 명령 블록 1개씩 가져와 조립합니다.

CHAPTER 16 단원종합 평가문제

01 명령 블록에 대한 올바른 설명을 선으로 연결하세요.

① 배경을 배경1 (으)로 바꾸기 • • 입력된 텍스트 내용을 선택한 언어로 번역해 줍니다.

② 이 스프라이트를 클릭했을 때 • • 마우스 포인터, 벽 등에 닿았는지 확인합니다.

③ 안녕! 말하기 • • 스프라이트를 클릭했을 때 아래쪽에 연결된 명령 블록들을 실행합니다.

④ hello 말하기 • • 마우스 포인터 쪽으로 스프라이트의 방향이 변경됩니다.

⑤ 안녕 을(를) 영어 로 번역하기 • • 모든 스프라이트의 실행을 멈춥니다.

⑥ 마우스 포인터 쪽 보기 • • 입력된 텍스트 내용을 소리 내어 말합니다.

⑦ 랜덤 위치 (으)로 이동하기 • • 스프라이트의 x-y 좌푯값을 무작위로 바꿔서 위치를 이동시킵니다.

⑧ 마우스 포인터 에 닿았는가? • • 입력한 내용을 대화 말풍선으로 계속 무대에 표시합니다.

⑨ 멈추기 모두 • • 선택된 배경으로 바꿉니다.

⑩ 모두 지우기 • • 무대에 그려진 모든 펜과 도장을 지웁니다.

---

① 펜 내리기 • • 특정 스프라이트에 지정된 작업을 할 수 있도록 방송 신호를 보냅니다.

② 만약 (이라면) • • 선택한 타악기를 입력한 박자에 맞추어 연주를 합니다.

③ 까지 반복하기 • • 조건을 만족하면 안쪽의 명령 블록들을 실행합니다.

④ 앞으로 1 단계 보내기 • • 조건에 만족할 때까지 계속 반복하여 안쪽에 연결된 명령 블록들을 실행합니다.

⑤ 크기를 10 만큼 바꾸기 • • 색깔 효과를 입력한 값으로 정하여 스프라이트 이미지에 변화를 줍니다.

⑥ 60 번 음을 0.25 박자로 연주하기 • • 방송 신호를 받아서 아래쪽에 연결된 명령 블록들을 실행합니다.

⑦ 색깔 효과를 0 (으)로 정하기 • • 스프라이트의 크기를 입력한 값만큼 증가시켜 바꿉니다.

⑧ (1) 스네어 드럼 번 타악기를 0.25 박자로 연주하기 • • 펜을 내려 선을 그립니다.

⑨ 메시지1 방송하기 • • 스프라이트가 겹쳐져 있을 경우 입력한 숫자의 순서에 맞추어 겹쳐진 순서를 바꿉니다.

⑩ 메시지1 을(를) 받았을 때 • • 입력한 음을 입력한 박자에 맞추어 피아노 연주를 합니다.

02 🚩를 클릭하면 10만큼 움직이다가 벽에 닿으면 무작위 위치로 이동하는 행동을 계속 반복하는 스크립트는 무엇인가요?

①    ②    ③

03 Space Bar 키를 누르면 점프를 하는 스크립트는 무엇인가요?

①    ② 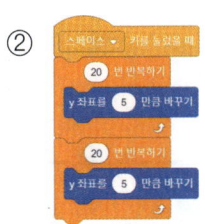   ③    ④

04 소스 파일을 불러와 아래 조건에 맞추어 명령 블록들을 조립하여 삼각형을 그려보세요.

📂 **불러올 파일** : 16차시 종합평가-1   💾 **완성된 파일** : 16차시 종합평가-1(완성)

① 삼각형을 그리기 위해 총 3개의 선을 그립니다.
② 색깔을 1만큼 바꿔가며 100만큼 움직여서 1개의 선을 그립니다.
③ 1개의 선이 그려지면 방향을 바꿔 다음 선을 그립니다.
④ 삼각형이 완성되면 반복하기 횟수와 회전의 각도를 수정하여 사각형을 그려보세요.

※ 힌트 1 : 삼각형을 그리기 위해서는 1개의 선을 그린 후 총 3번의 회전(3X120=360)을 해야만 완성됩니다.
※ 힌트 2 : 사각형을 그리기 위해서는 1개의 선을 그린 후 총 4번의 회전(4×90=360)을 해야만 완성됩니다.

05 소스 파일을 불러와 아래 조건에 맞추어 명령 블록들을 조립하여 실행해 보세요.

📂 **불러올 파일** : 16차시 종합평가-2   💾 **완성된 파일** : 16차시 종합평가-2(완성)

① 쥐에 닿았을 경우 '맛있다!'를 방송하도록 [머핀] 및 [도너츠] 스프라이트에 방송하기 명령 블록을 추가합니다.
② [쥐] 스프라이트를 선택하여 🚩를 클릭하면 크기가 100%로 정해진 후 무작위 위치로 이동하도록 기존의 스크립트에 명령 블록 1개를 추가합니다.
③ [쥐] 스프라이트가 '맛있다!' 방송하기 신호를 받으면 제자리에서 한 바퀴를 돌고 크기를 15만큼 바꾼 후 1초 동안 말을 하도록 명령 블록을 연결합니다.

※ 힌트 : 한 바퀴를 돌기 위해서는 총 회전 값이 360이 되어야 하므로 10번 반복에 얼마를 곱해야 하는지 생각해 보세요.

CHAPTER 17 양궁-1

◆학습목표◆

▶ 난수를 이용하여 [과녁] 스프라이트가 좌우로 움직이도록 코딩해 보세요.
▶ [선수] 스프라이트에 모양을 추가한 후 방송하고 기다리기를 이용하여 코딩해 보세요.

📁 불러올 파일 : 양궁1-1   💾 완성된 파일 : 양궁1-1(완성)

① 스크립트를 참고하여 🏁 를 클릭했을 때 결과를 확인해 보세요.
② `1 부터 10 사이의 난수` 명령 블록을 분리시킨 후 실행하여 결과를 확인해 보세요.
※ 난수 : 첫 번째 값과 두 번째 값 사이에서 무작위 값(1~10 사이의 수)을 추출합니다.

📁 불러올 파일 : 17차시 핵심 코딩

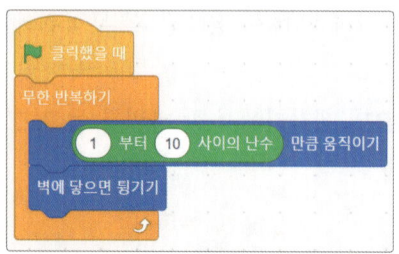
▲ 스크립트

▲ 스크립트 실행 확인

01 난수를 이용하여 과녁이 좌우로 움직이도록 코딩하기

① 스크래치를 실행한 후 [파일]-[컴퓨터에서 가져오기]를 클릭합니다. [열기] 대화상자가 나오면 [17차시] 폴더에서 '양궁1-1'을 불러와 **[과녁]** 스프라이트를 선택합니다.

② [이벤트] 팔레트에서 『클릭했을 때』를 스크립트 영역으로 드래그합니다.

③ [동작] 팔레트를 클릭한 후 『x: -33 y: 39 (으)로 이동하기』를 아래쪽에 연결합니다. 이어서, x는 '0', y는 '39'로 각각 수정합니다.

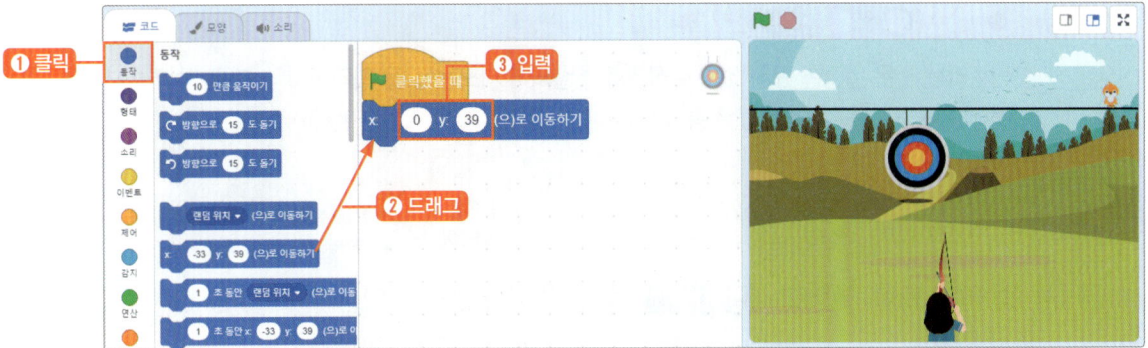

④ [제어] 팔레트를 클릭한 후 『무한 반복하기』를 아래쪽에 연결합니다.

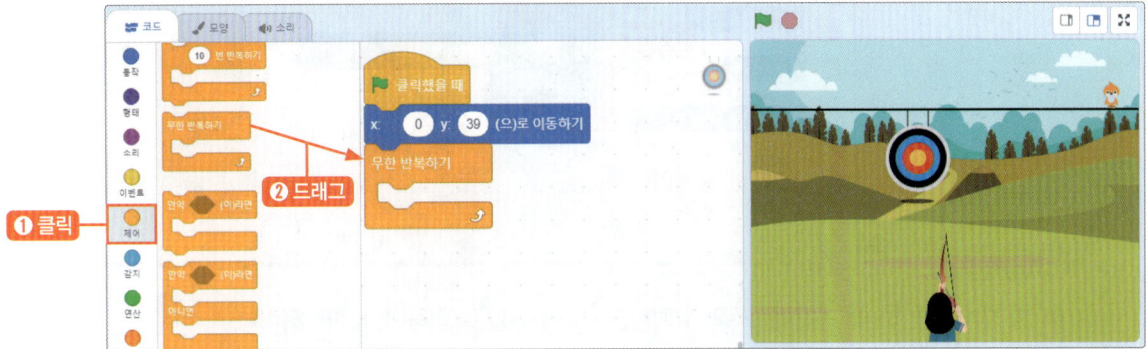

❺ [동작] 팔레트를 클릭한 후 `10 만큼 움직이기`를 안쪽에 연결합니다.

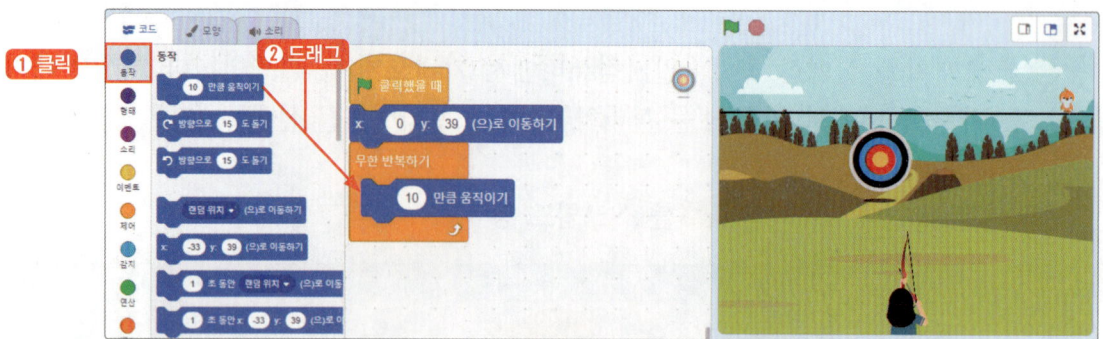

❻ [연산] 팔레트를 클릭한 후 `1 부터 10 사이의 난수`를 '10'의 위치에 끼워 넣습니다. 이어서, '10'을 '5'로 수정합니다.

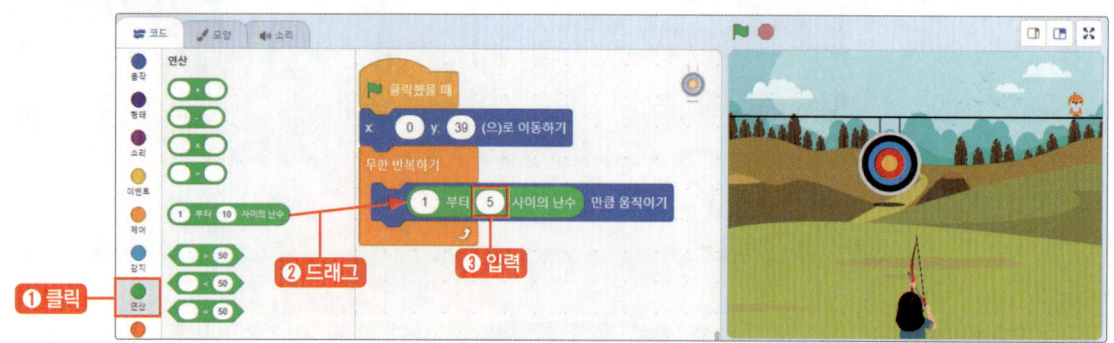

> **TIP**
>
> ● 난수(`1 부터 10 사이의 난수`)란? ●
>
> 난수라는 것은 일정한 규칙 없이 무작위로 추출되어 나오는 값을 의미합니다. 예를 들어 주사위를 던져서 바닥에 떨어졌을 때 나올 수 있는 값은 총 6개(1~6)이지만 어떤 값이 나올지는 아무도 모르는 것처럼 난수도 어떤 숫자가 나올지 모릅니다.

❼ [동작] 팔레트를 클릭한 후 `벽에 닿으면 튕기기`를 안쪽에 연결합니다.

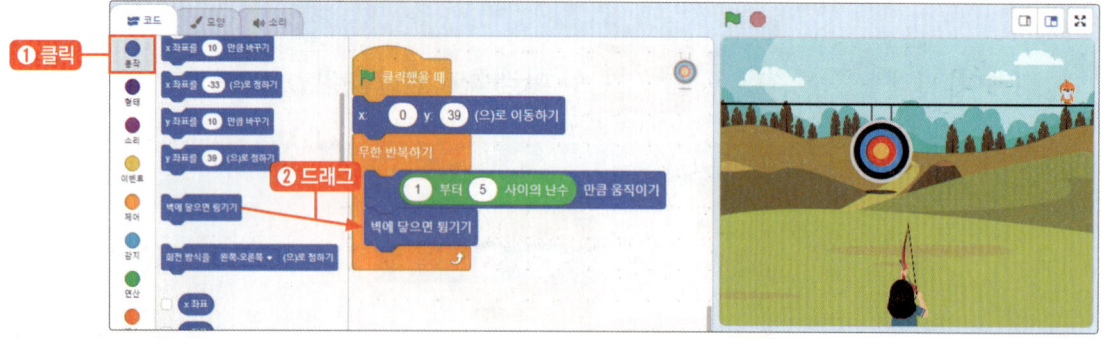

🏳 를 클릭하면 [과녁] 스프라이트의 위치를 'x : 0, y : 39'로 이동시킵니다. 이어서, 1~5 사이의 무작위 값만큼 왼쪽(방향 : −90)으로 움직이다가 벽에 닿으면 오른쪽으로 방향을 바꿔 움직이는 작업을 계속 반복합니다.

02 [선수] 스프라이트 모양을 추가하여 코딩하기

❶ [선수] 스프라이트를 선택한 후 [모양] 탭을 클릭합니다.

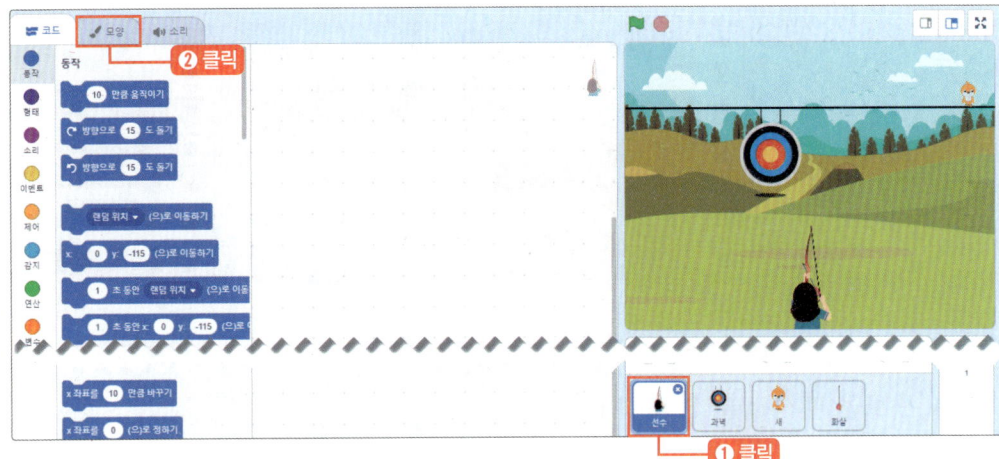

❷ [모양] 탭이 활성화되면 **모양 업로드하기**( )를 클릭합니다. [열기] 대화상자가 나오면 [17차시] 폴더에서 '모양2' 파일을 불러옵니다.

❸ '모양2' 이미지가 추가되면 [코드] 탭을 클릭합니다.

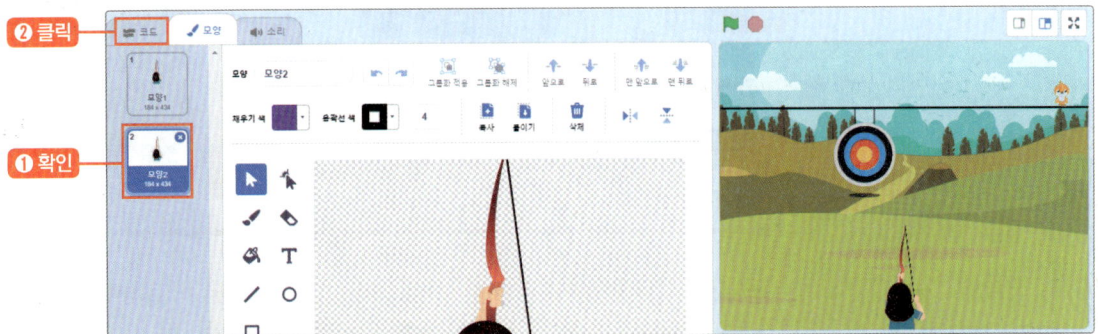

TIP

● 모양 추가 ●

모양은 특정 스프라이트를 선택한 후 원하는 모양을 추가하거나 삭제할 수 있습니다. 모양은 특정 행동(걷기, 춤추기 등)을 여러 개의 이미지로 분리시켜 하나의 동작으로 만들 때 사용합니다.

④ [이벤트] 팔레트에서 [스페이스 키를 눌렀을 때]를 스크립트 영역으로 드래그합니다.

⑤ [형태] 팔레트를 클릭한 후 [모양을 모양1 (으)로 바꾸기]를 아래쪽에 연결합니다. 이어서, '모양1'을 **'모양2'**로 변경합니다.

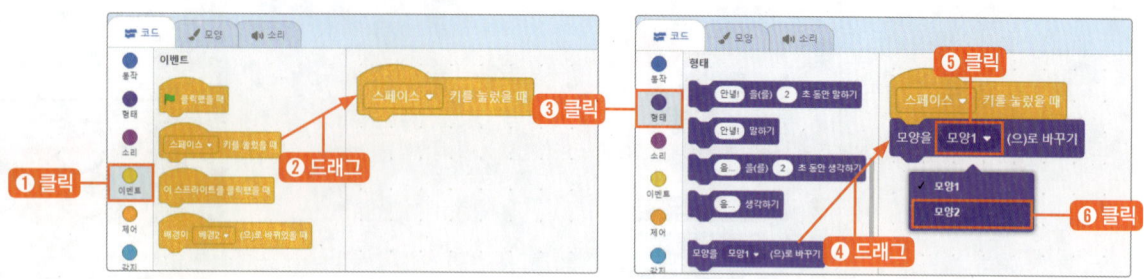

⑥ [이벤트] 팔레트를 클릭한 후 [메시지1 방송하고 기다리기]를 아래쪽에 연결합니다. 이어서, '메시지1'을 클릭하여 **'새로운 메시지'**를 선택합니다.

⑦ [새로운 메시지] 대화상자가 나오면 **'화살'**을 입력한 후 <확인> 버튼을 클릭합니다.

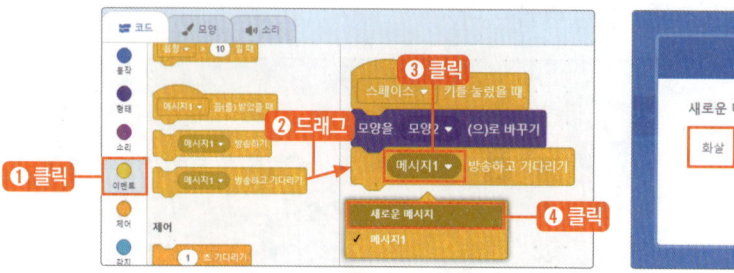 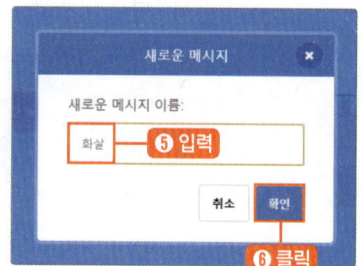

⑧ [형태] 팔레트를 클릭한 후 [모양을 모양1 (으)로 바꾸기]를 아래쪽에 연결합니다.

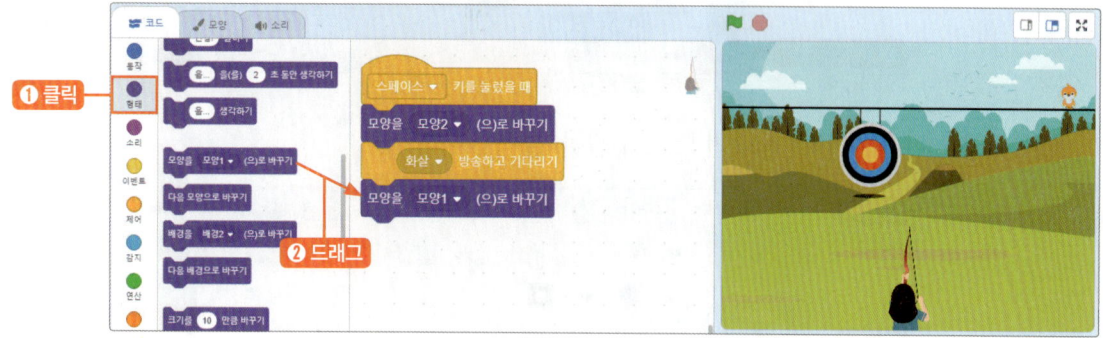

[Space Bar] 키를 누르면 모양을 '모양2'로 바꾸고 화살을 방송하고 기다립니다. [화살] 스프라이트에서 '화살을 받았을 때' 아래쪽에 연결된 모든 명령 블록의 실행이 끝나면 [선수] 스프라이트의 모양을 '모양1'로 바꿉니다.
(※ [화살] 스프라이트는 18차시에서 작업할 예정이기 때문에 이번 차시에서는 방송하고 기다리기 결과를 확인할 수 없습니다.)

⑨ 🏁를 클릭하여 과녁이 좌우로 움직이는지 확인합니다. 양궁은 두 개의 차시(17~18차시)로 구성되어 있기 때문에 [선수] 스프라이트 부분의 실행은 18차시가 끝나야 확인할 수 있습니다.

혼자서 해결하기

01 [새] 스프라이트를 선택한 후 아래 조건에 맞추어 명령 블록들을 조립하여 코딩해 보세요.

📁 **불러올 파일** : 양궁1-2   💾 **완성된 파일** : 양궁1-2(완성)

❶ 🏁를 클릭하면 [새] 스프라이트를 지정된 x-y 좌표(x : 206, y : 108)로 이동시키는 작업을 계속 반복합니다.

❷ '과녁을 잘 보고 맞춰봐~'를 2초 동안 말을 한 후 5초를 기다리는 과정을 계속 반복합니다.

02 난수(1 부터 10 사이의 난수)를 이용하여 아래 조건에 맞추어 코딩을 수정해 보세요.

📁 **불러올 파일** : 양궁1-3   💾 **완성된 파일** : 양궁1-3(완성)

❶ 🏁를 클릭하면 [새] 스프라이트가 y좌표는 고정한 채 x좌표만 '-200에서 200 사이'로 계속 이동하도록 코딩을 수정해 보세요.

❷ '과녁을 잘 보고 맞춰봐' 말하기가 끝나면 '5초에서 10초 사이'를 기다리도록 코딩을 수정해 보세요.

CHAPTER 18 양궁-2

◆학습목표◆

▶ 방송하고 기다리기 신호를 받았을 때 [화살] 스프라이트가 [선수] 스프라이트 쪽으로 이동하도록 코딩해 보세요.
▶ [화살] 스프라이트가 [과녁] 스프라이트로 이동하다가 특정 색에 닿으면 사라지도록 코딩해 보세요.

📁 불러올 파일 : 양궁2-1   📄 완성된 파일 : 양궁2-1(완성)

이번 차시의 핵심 코딩

① 스크립트를 참고하여 🚩를 클릭했을 때 결과를 이미지 위에 그려보세요.
② [메시지1▼ 방송하고기다리기]를 삭제한 후 [메시지1▼ 방송하기]를 연결하여 차이점을 확인해 보세요.
※ '방송하고 기다리기'와 '방송하기'의 차이점을 구분할 수 있어야 합니다.

📁 불러올 파일 : 18차시 핵심 코딩

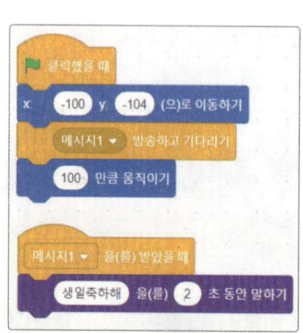

▲ 스크립트

▲ 스크립트 실행 확인

[화살] 스프라이트가 [선수] 스프라이트 쪽으로 이동하여 발사되도록 코딩하기

❶ 스크래치를 실행한 후 [파일]-[컴퓨터에서 가져오기]를 클릭합니다. [열기] 대화상자가 나오면 [18차시] 폴더에서 '양궁2-1'을 불러와 [화살] 스프라이트를 선택합니다.

❷ [이벤트] 팔레트에서 화살 을(를) 받았을 때 를 스크립트 영역으로 드래그합니다.

❸ [동작] 팔레트를 클릭한 후 x: 0 y: 170 (으)로 이동하기 를 아래쪽에 연결합니다.

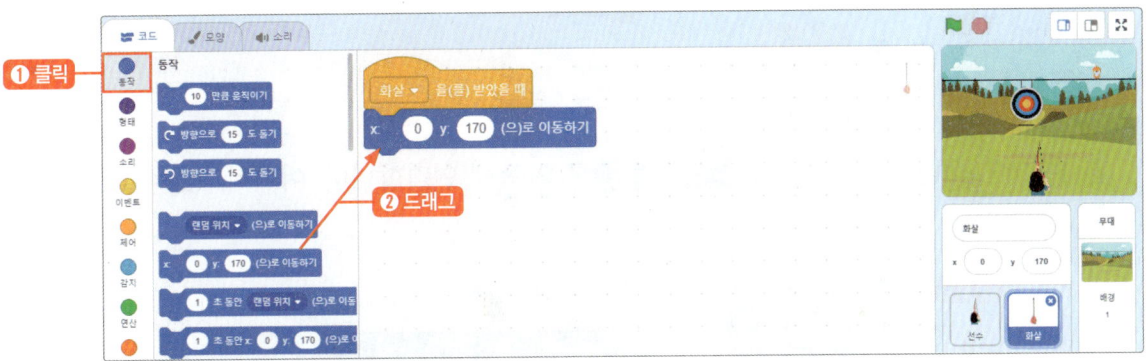

❹ [감지] 팔레트를 클릭한 후 무대 의 배경 번호 를 '0'과 '170' 위치에 각각 끼워 넣습니다. 이어서 x좌표와 y좌표를 아래 그림과 같이 각각 변경합니다.

※ x좌표 : '무대 → 선수', 'backdrop# → x좌표' / y좌표 : '무대 → 선수', 'backdrop# → y좌표'

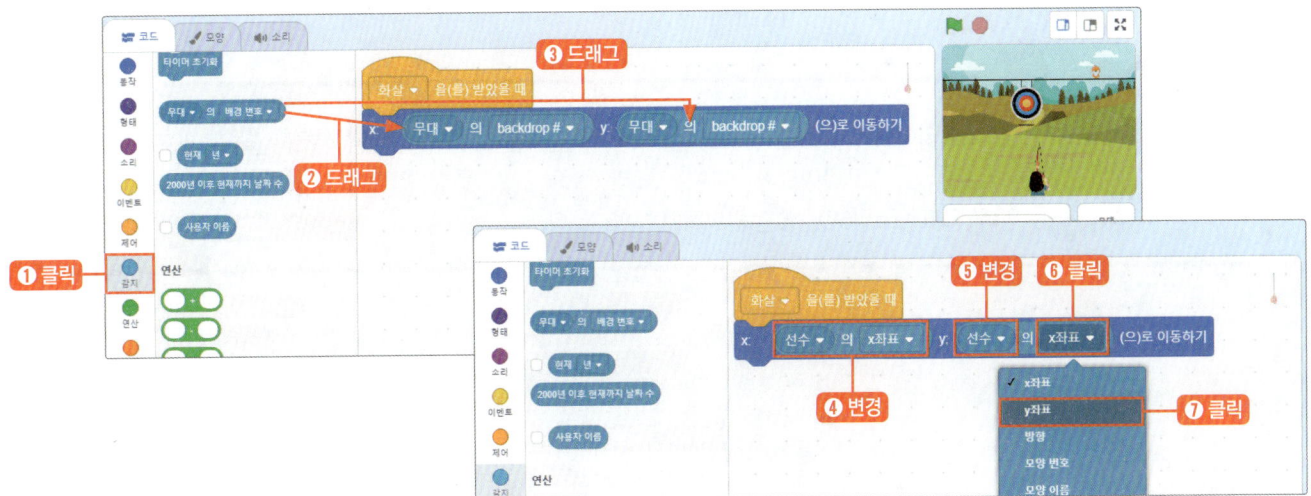

❺ [형태] 팔레트를 클릭한 후 보이기 를 아래쪽에 연결합니다.

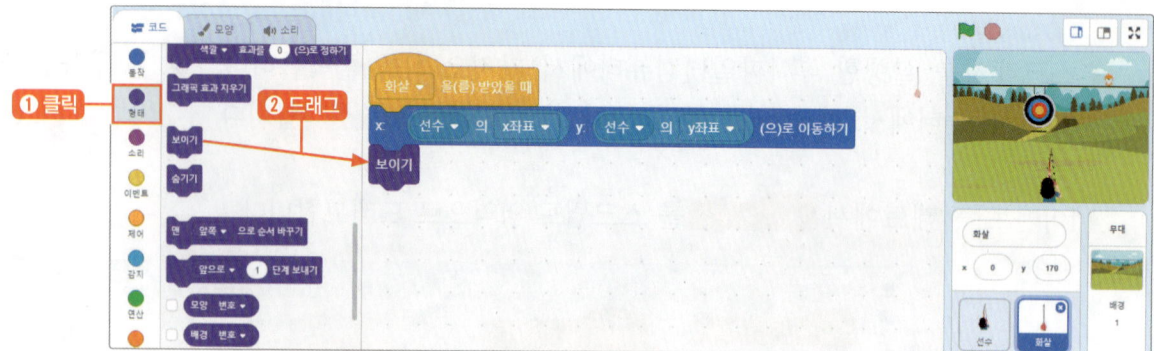

❻ [제어] 팔레트를 클릭한 후 10번 반복하기 를 아래쪽에 연결합니다. 이어서, '10'을 '9'로 수정합니다.

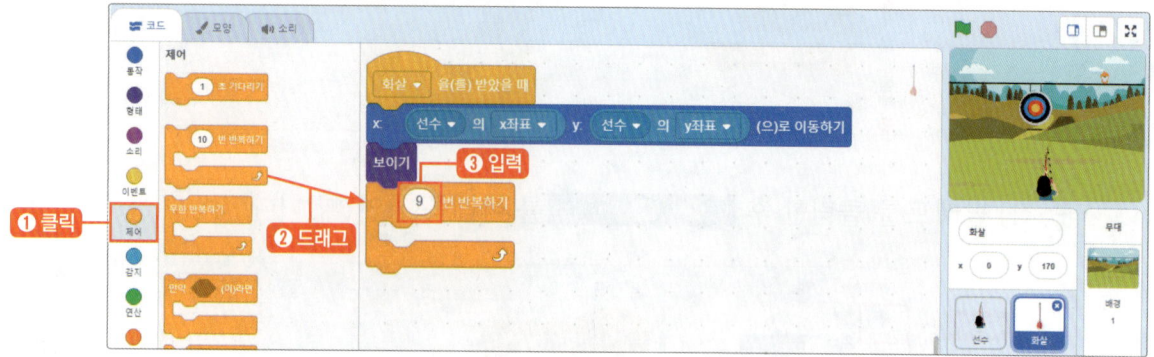

❼ [동작] 팔레트를 클릭한 후 y좌표를 10 만큼 바꾸기 를 안쪽에 연결합니다. 이어서, '10'을 '15'로 수정합니다.

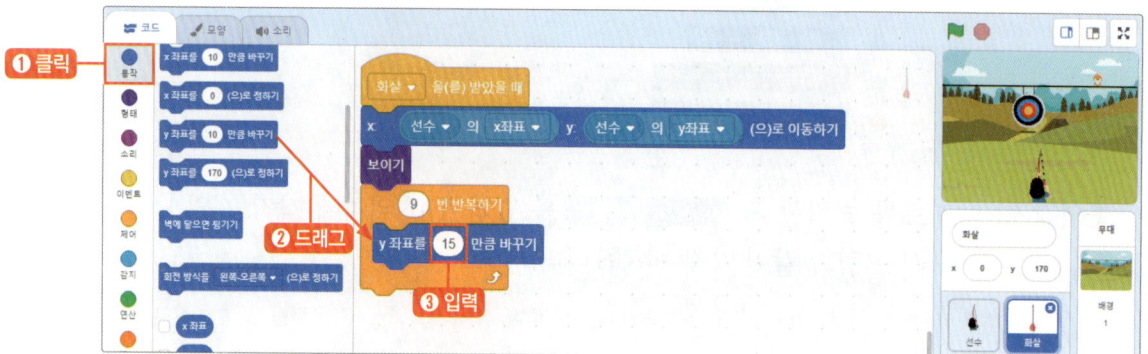

Space Bar 키를 누르면 [선수] 스프라이트에서 '화살 방송하고 기다리기' 신호를 보냅니다. 해당 신호는 [화살] 스프라이트가 받아서 무대에 숨겨져 있던 [화살] 스프라이트가 [선수] 스프라이트의 x-y좌푯값(중심점 기준)으로 이동한 후 무대에 나타나서 과녁이 있는 위쪽(y좌표)으로 15만큼 9번 반복하여 날아갑니다.

02 색깔을 이용하여 과녁에 닿았는지 확인하도록 코딩하기

① [제어] 팔레트에서 만약~아니면 블록을 아래쪽에 연결합니다. 이어서, [연산] 팔레트를 클릭한 후 또는 을 육각형에 끼워 넣습니다.

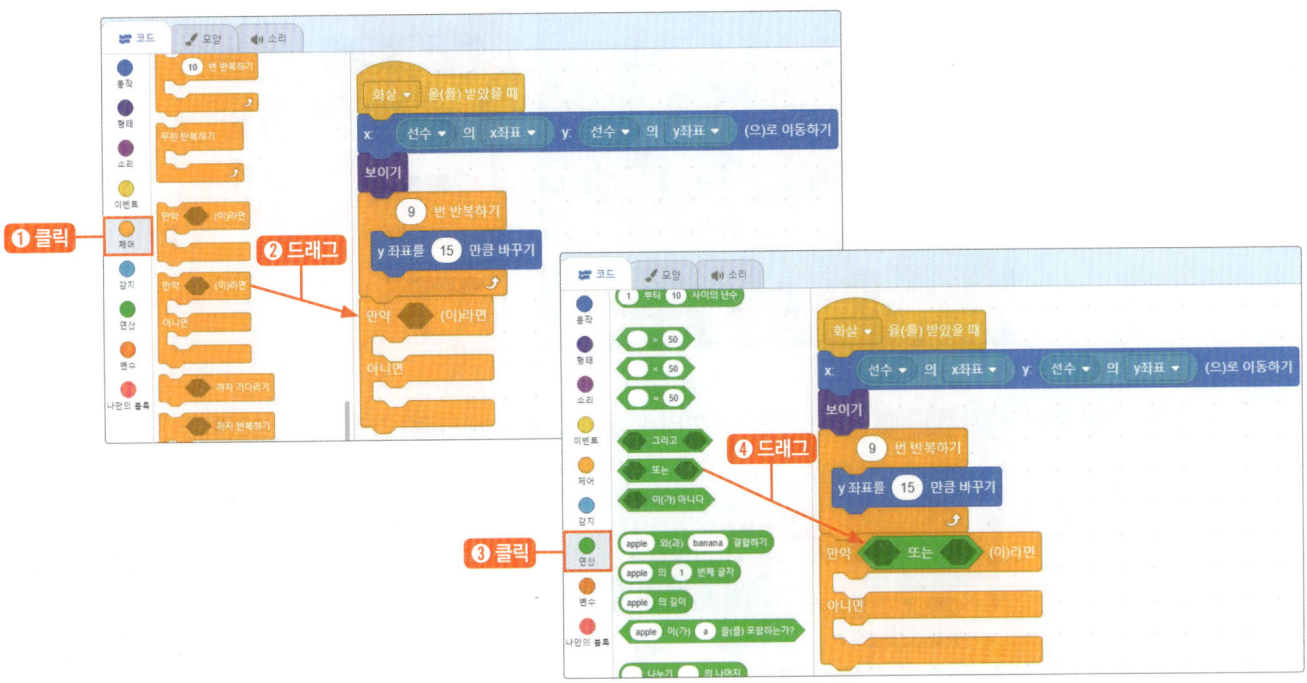

② [감지] 팔레트를 클릭한 후 색에 닿았는가? 를 왼쪽 육각형에 끼워 넣습니다. 이어서, 색 원을 클릭하여 '색 골라내기( )'를 선택합니다.

※ 이전 작업 환경에 따라 색에 닿았는가? 의 기본 색상이 다를 수 있습니다.

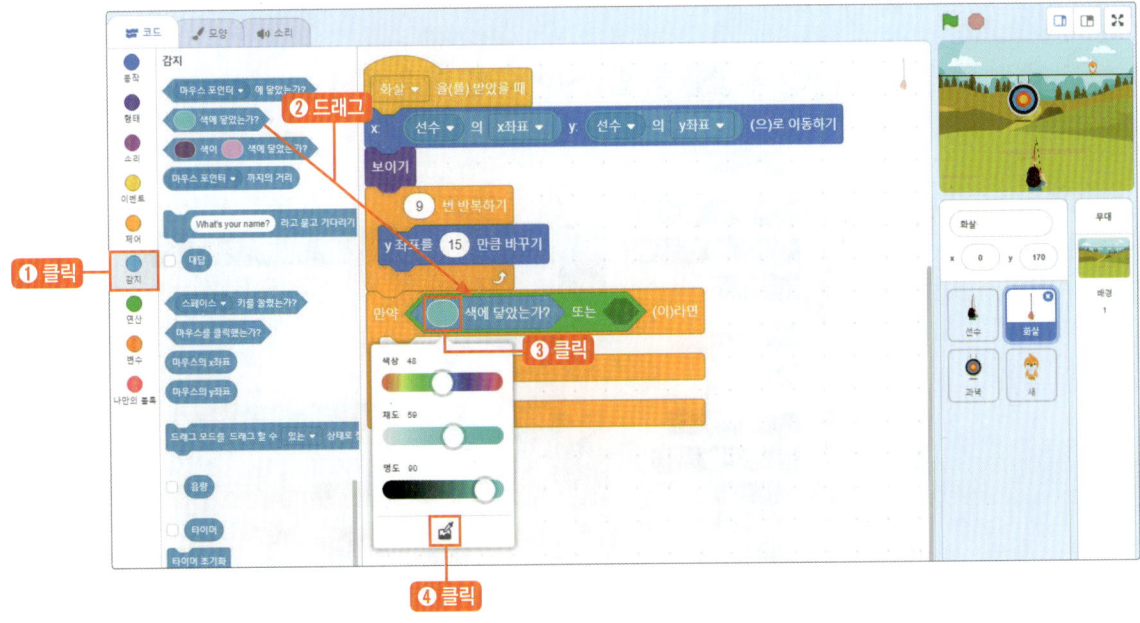

Chapter 18 양궁-2 **119**

❸ 무대에 색을 골라낼 수 있도록 돋보기가 활성화되면 과녁을 기준으로 '**노란색**'에 포인트를 맞춰 클릭합니다. 명령 블록의 색상이 노란색으로 변경되면 빈 곳을 클릭합니다.

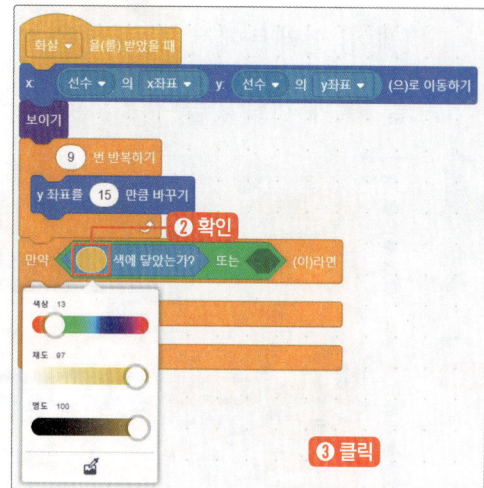

❹ 똑같은 방법으로 색에 닿았는가? 를 오른쪽에 끼워 넣은 후 과녁에서 '**빨간색**'을 골라냅니다.

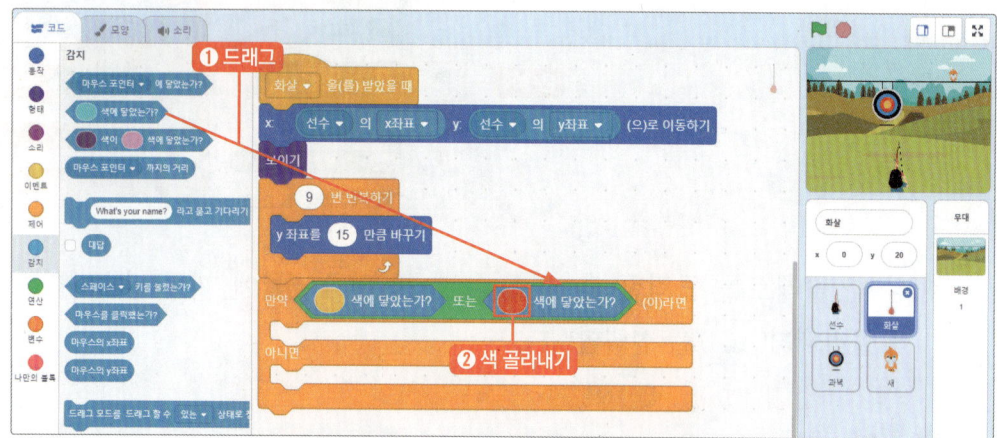

❺ [형태] 팔레트를 클릭한 후 숨기기 를 '**만약~(이)라면**' 안쪽에 연결합니다.

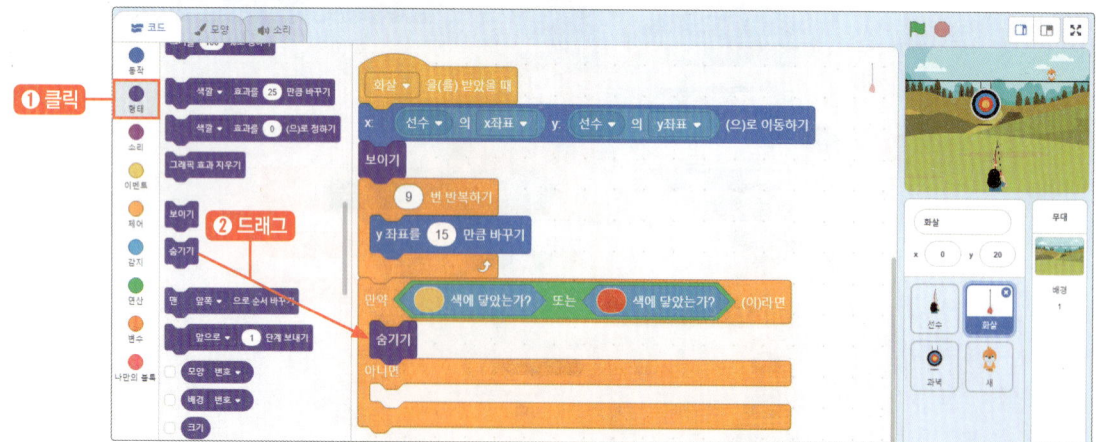

[화살] 스프라이트가 과녁이 있는 위쪽(y좌표)으로 15만큼 9번 반복하여 날아가다가 과녁의 노란색 또는 빨간색에 닿으면 무대에서 보이지 않도록 숨깁니다.

❻ [제어] 팔레트를 클릭한 후 `까지 반복하기` 를 '아니면' 안쪽에 연결합니다.

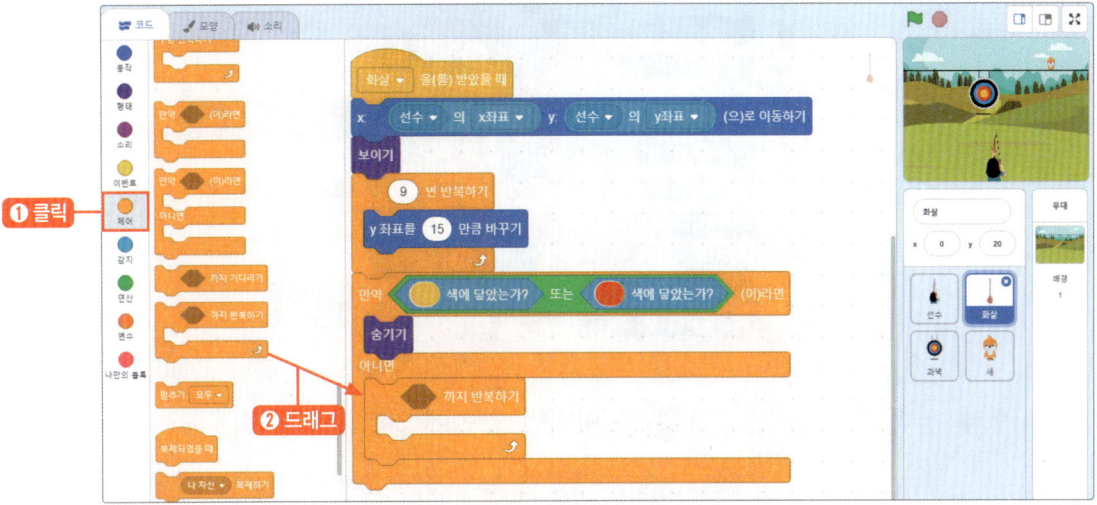

❼ [감지] 팔레트를 클릭한 후 `마우스 포인터 ▼ 에 닿았는가?` 를 ◯에 끼워 넣습니다. 이어서, '마우스 포인터 ▼'를 '벽'으로 변경합니다.

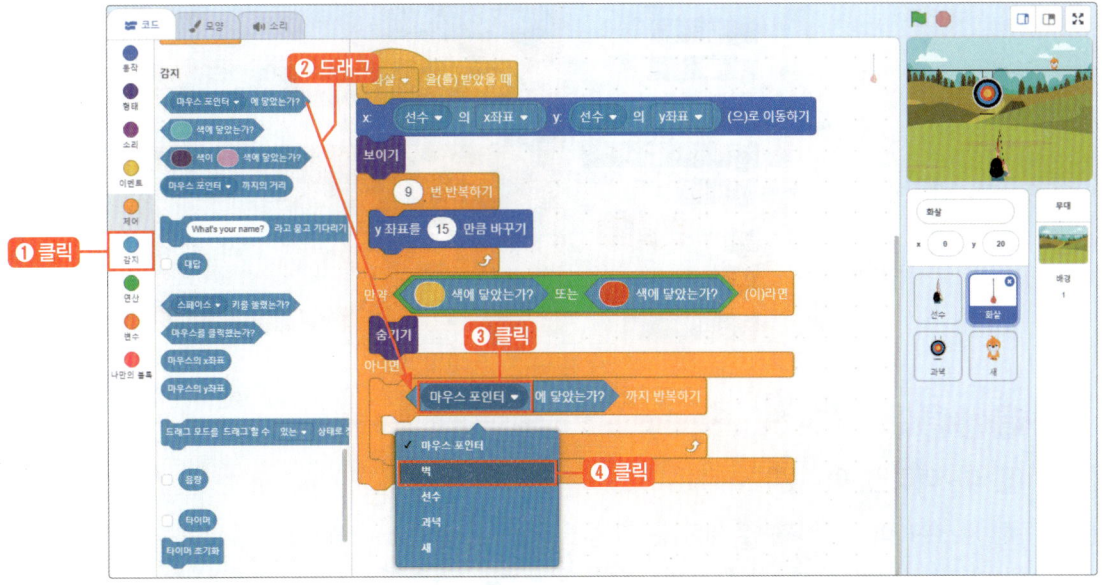

(만약 ~ 이라면, 아니면)

[화살] 스프라이트가 위쪽으로 이동하는 도중에 특정 색(노란색, 빨간색)에 닿았을 경우 '만약~이라면' 안쪽에 연결된 명령 블록(숨기기)을 실행하고, 특정 색에 닿지 않으면 '아니면' 안쪽에 연결된 명령 블록(벽에 닿을 때까지 반복)을 실행합니다.

⑧ [동작] 팔레트를 클릭한 후 를 '~까지 반복하기' 안쪽에 연결합니다. 이어서, '10'을 '15'로 수정합니다.

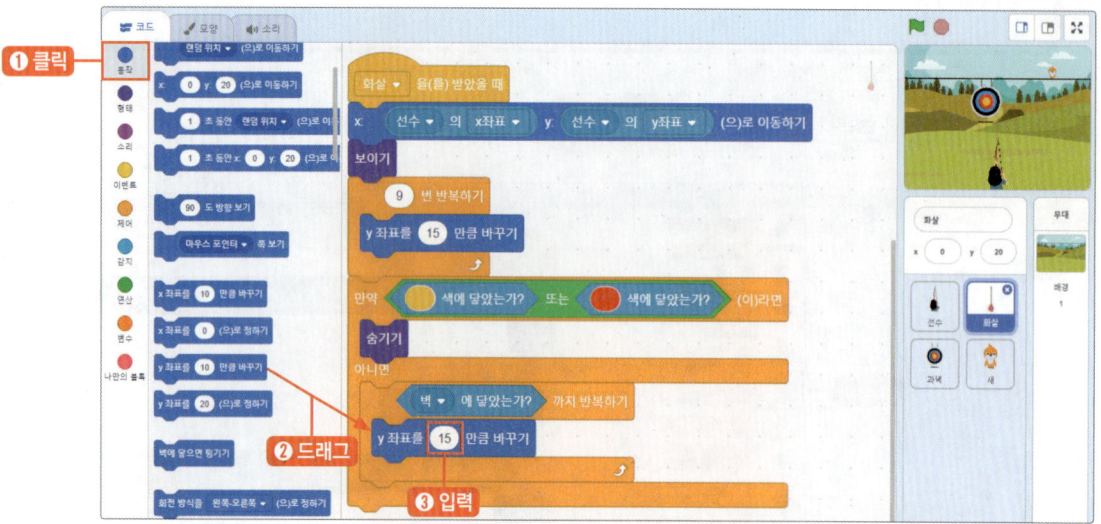

⑨ [형태] 팔레트를 클릭한 후 를 '아니면' 안쪽에 연결합니다.

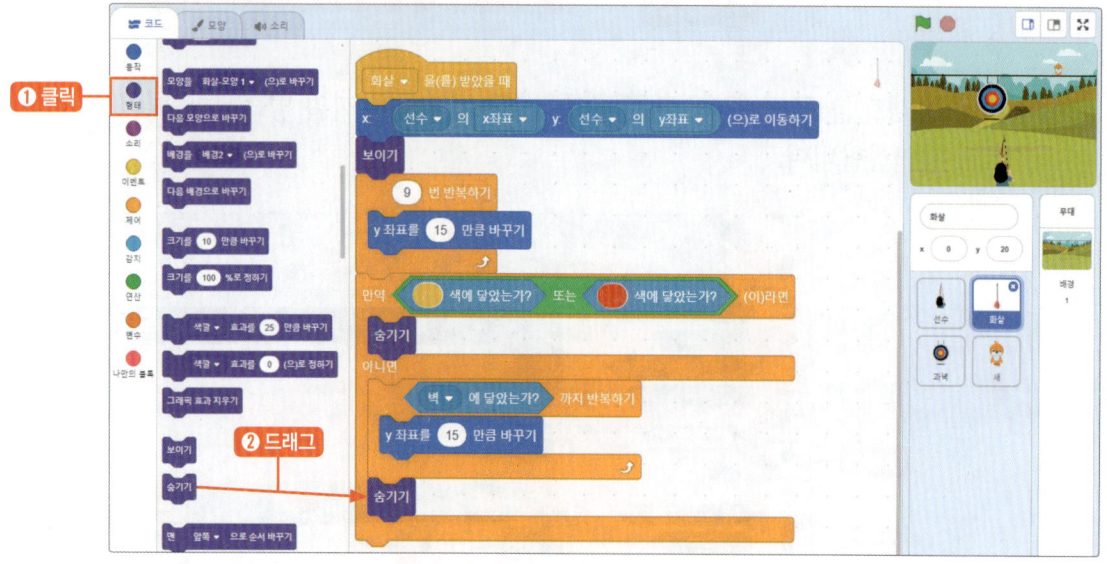

코딩풀이

(만약~이라면, 아니면)

[화살] 스프라이트가 위쪽으로 이동하는 도중에 과녁의 '노란색 또는 빨간색'에 닿으면 무대에서 보이지 않도록 숨기고, 그렇지 않으면 벽에 닿을 때까지 15만큼 위쪽으로 이동하다가 화면 끝에 닿으면 무대에서 보이지 않도록 숨깁니다.

⑩ 를 클릭한 후 좌우로 움직이는 과녁으로 화살을 발사하여 '노란색' 또는 '빨간색' 부분을 맞춥니다. 화살을 발사하기 위해서는 Space Bar 키를 누릅니다.

122 처음으로 배우는 스크래치 3.0

혼자서 해결하기

01 [화살] 스프라이트 및 [배경]을 아래 조건에 맞추어 코딩해 보세요.

📁 **불러올 파일** : 양궁2-2   💾 **완성된 파일** : 양궁2-2(완성)

① [화살] 스프라이트가 과녁의 노란색 또는 빨간색에 닿으면 '배경'을 방송하고 숨기도록 명령 블록을 추가해 보세요.
   ※ 힌트 : 새로운 메시지로 '배경' 방송하기를 만듦

② [배경]을 클릭하여 '배경' 방송을 받았을 때 색깔 효과를 100만큼 바꾼 후 0.5초 뒤에 그래픽 효과를 지우도록 코딩해 보세요.
   ※ 힌트 : [이벤트], [형태], [제어] 팔레트를 이용

02 [화살] 및 [새] 스프라이트를 아래 조건에 맞추어 코딩해 보세요.

📁 **불러올 파일** : 양궁2-3   💾 **완성된 파일** : 양궁2-3(완성)

① [화살] 스프라이트가 과녁의 노란색 또는 빨간색에 닿지 않고 '벽'에 닿으면 '새'를 방송하고 기다린 후 숨기도록 명령 블록을 추가해 보세요.
   ※ 힌트 : 새로운 메시지로 '새' 방송하고 기다리기를 만듦

② [새] 스프라이트를 클릭하여 '새' 방송을 받았을 때 '괜찮아~힘내!'를 1초 동안 말하도록 코딩해 보세요.
   ※ 힌트 : [이벤트], [형태] 팔레트를 이용

CHAPTER 19 메리크리스마스-1

◆학습목표◆

▶ [산타] 스프라이트가 좌우로 움직이도록 코딩해 보세요.
▶ [루돌프] 스프라이트에서 특정 오브젝트를 복제하도록 코딩해 보세요.

📁 불러올 파일 : 메리크리스마스1-1   📗 완성된 파일 : 메리크리스마스1-1(완성)

① 스크립트를 참고하여 🏁를 클릭한 후 Space Bar 키를 눌렀을 때 결과를 이미지 위에 그려 보세요.

② 30번 반복하여 10만큼 움직이도록 코딩을 수정한 후 결과를 확인해 보세요.

※ 복제할 때 다른 스프라이트가 있다면 '나 자신'이 아닌 다른 스프라이트를 선택하여 복제할 수도 있습니다.

📁 불러올 파일 : 19차시 핵심 코딩

▲ 스크립트   ▲ 스크립트 실행 확인

01 [산타] 스프라이트가 좌우로 움직이도록 코딩하기

❶ 스크래치를 실행한 후 [파일]-[컴퓨터에서 가져오기]를 클릭합니다. [열기] 대화상자가 나오면 [19차시] 폴더에서 '메리크리스마스1-1'을 불러와 [산타] 스프라이트를 선택합니다.

❷ [이벤트] 팔레트에서 클릭했을 때 를 스크립트 영역으로 드래그합니다.

❸ [제어] 팔레트를 클릭한 후 무한 반복하기 를 아래쪽에 연결합니다.

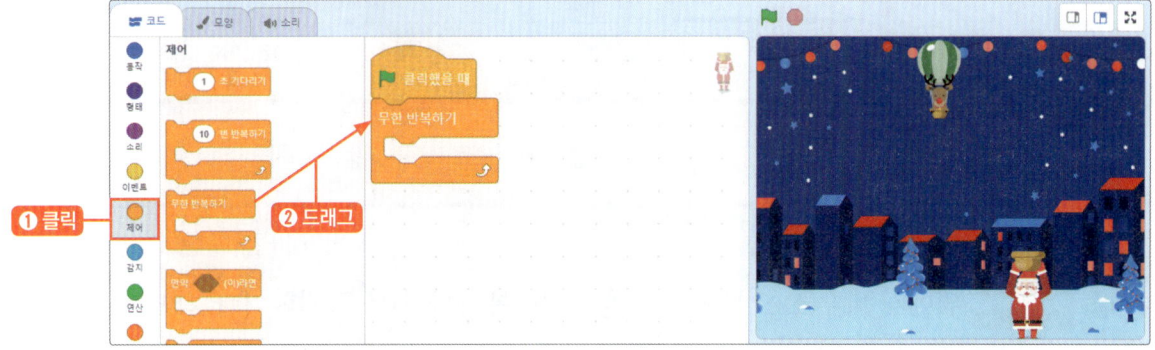

❹ [제어] 팔레트에서 만약 (이)라면 을 안쪽에 연결합니다.

Chapter 19 메리크리스마스-1 **125**

❺ [감지] 팔레트를 클릭한 후 `스페이스 키를 눌렀는가?`를 에 끼워 넣습니다. 이어서, '스페이스 ▼'를 '오른쪽 화살표'로 변경합니다.

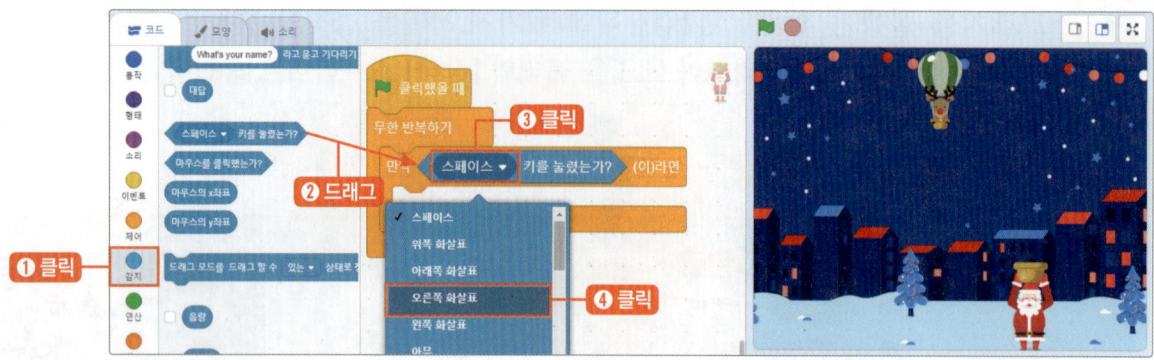

❻ [동작] 팔레트를 클릭한 후 `x좌표를 10 만큼 바꾸기`를 안쪽에 연결합니다. 이어서, '10'을 '3'으로 수정합니다.

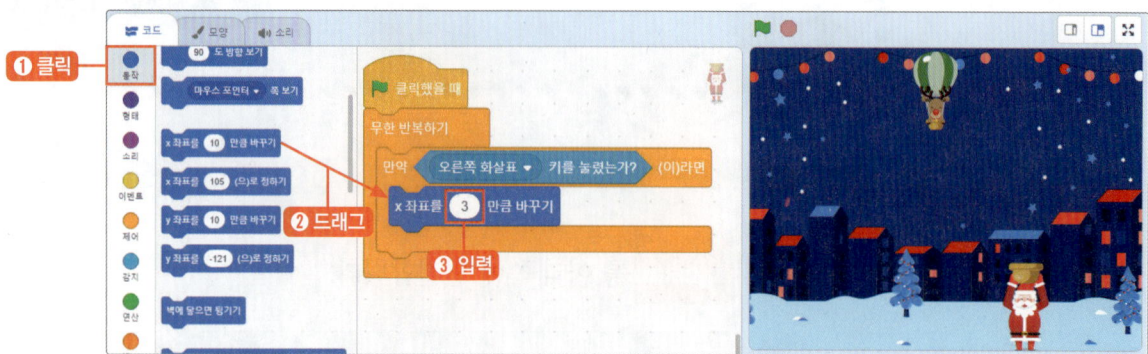

코딩풀이

오른쪽 방향키를 누르면 [산타] 스프라이트의 x좌표를 오른쪽으로 3만큼 이동시킵니다.

❼ `만약 (이)라면` 위에서 마우스 오른쪽 버튼을 눌러 [복사하기]를 클릭합니다. 해당 스크립트가 복사되면 아래쪽에 연결합니다.

※ `오른쪽 화살표 ▼ 키를 눌렀는가?` 위에서 마우스 오른쪽 버튼을 누르지 않도록 주의합니다.

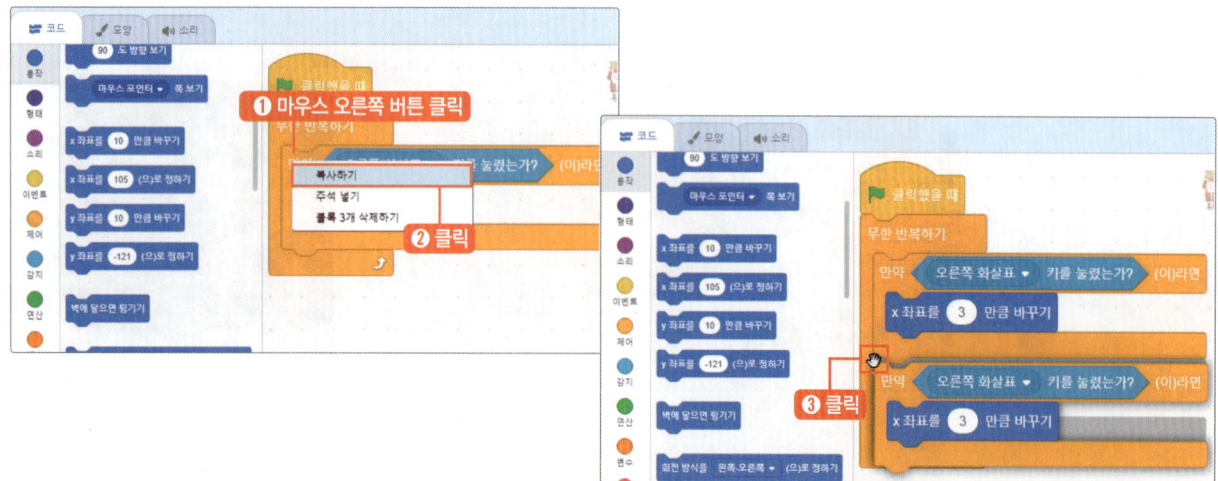

❽ 명령 블록이 복사되면 '오른쪽 화살표 ▼'를 '**왼쪽 화살표**'로 변경합니다. 이어서, '3'을 '**-3**'으로 수정합니다.

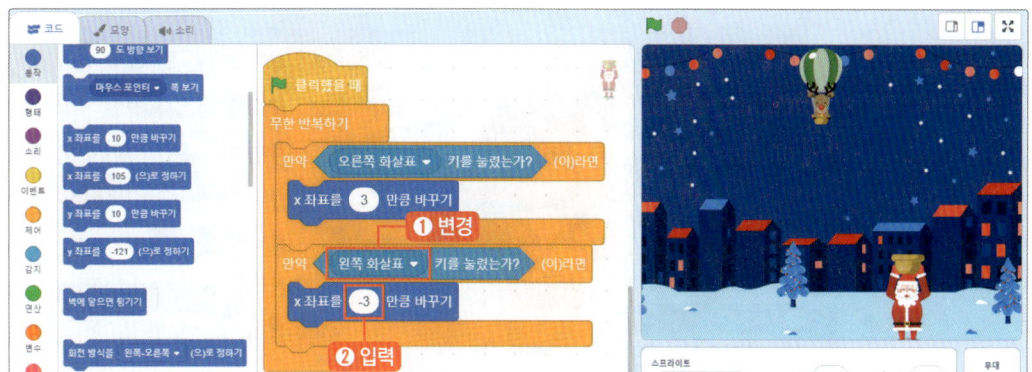

오른쪽 방향키를 누르면 [산타] 스프라이트의 x좌표를 오른쪽으로 3만큼 이동시키며, 왼쪽 방향키를 누르면 [산타] 스프라이트의 x좌표를 왼쪽으로 -3만큼 이동시킵니다.

02 [루돌프] 스프라이트가 좌우로 움직이며 [선물] 스프라이트를 복제하도록 코딩하기

❶ [루돌프] 스프라이트를 선택한 후 [이벤트] 팔레트에서 를 스크립트 영역으로 드래그합니다.

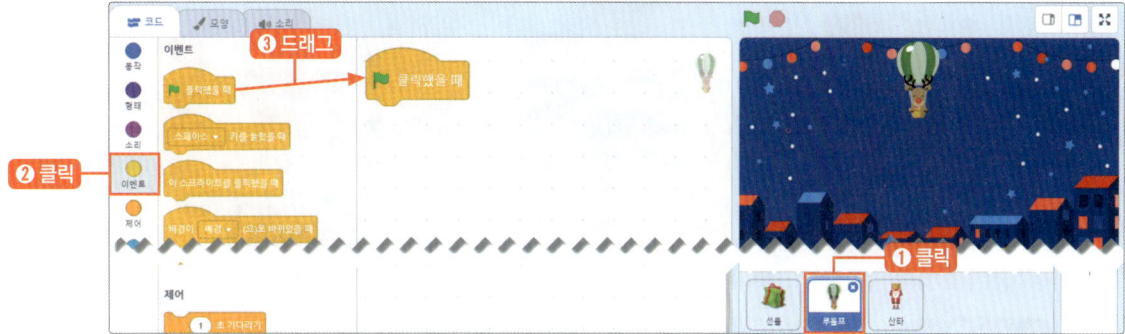

❷ [제어] 팔레트를 클릭한 후 를 아래쪽에 연결합니다. 이어서, 를 안쪽에 연결합니다.

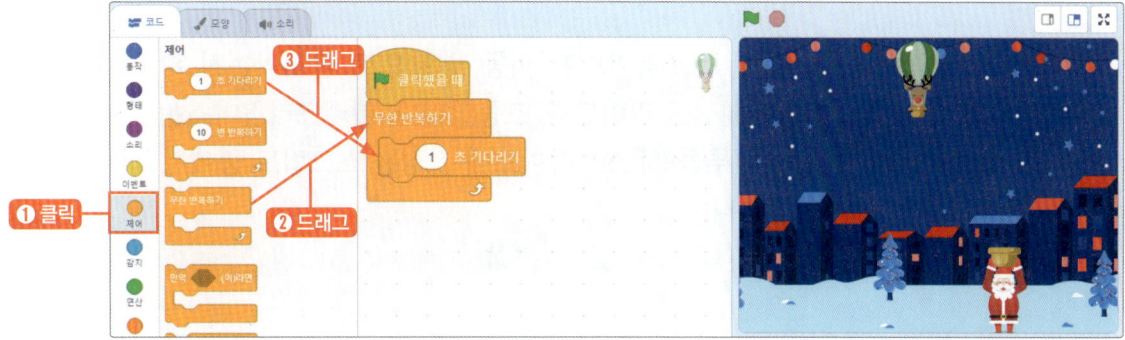

Chapter 19 메리크리스마스-1 **127**

❸ [동작] 팔레트를 클릭하여 를 안쪽에 연결한 후 '10'을 '50'으로 수정합니다. 이어서, 벽에 닿으면 튕기기를 안쪽에 연결합니다.

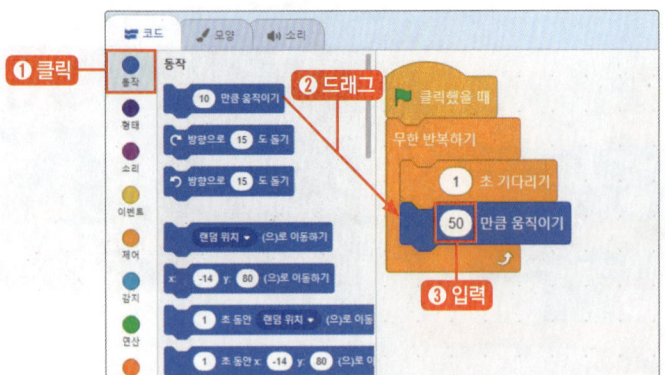
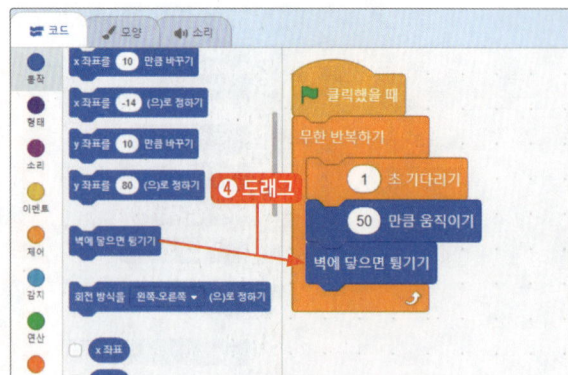

> **코딩풀이**
> ▶를 클릭하면 이동 방향에 맞추어 1초 간격으로 50만큼 움직이다가 벽에 닿으면 반대쪽 방향으로 전환하여 움직입니다.

❹ [제어] 팔레트를 클릭한 후 를 안쪽에 연결합니다. 이어서, 복제하기를 안쪽에 연결한 후 '나 자신'을 '선물'로 변경합니다.

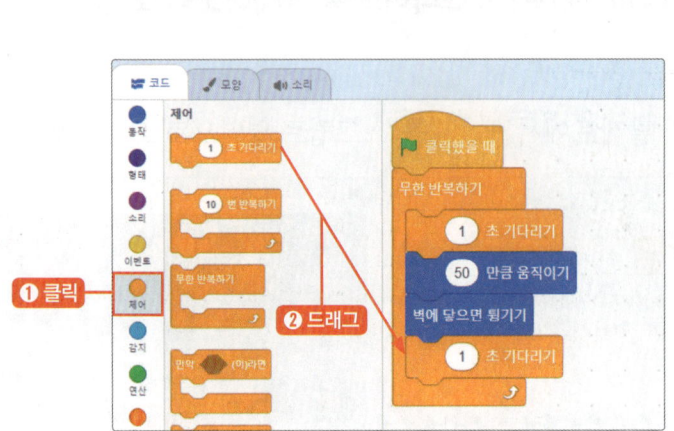
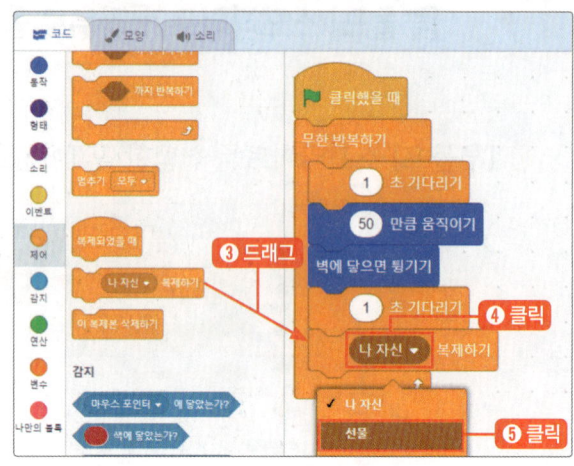

> **코딩풀이**
> ▶를 클릭하면 [루돌프] 스프라이트가 이동 방향으로 움직이다가 [선물]을 복제하라고 신호를 보냅니다.

❺ ▶를 클릭하여 [루돌프] 스프라이트가 이동 방향으로 움직이는지 확인합니다. 이어서, 키보드 좌우 방향키를 눌러 [산타] 스프라이트를 조종합니다. 메리크리스마스는 두 개의 차시(19~20차시)로 구성되어 있기 때문에 [루돌프] 스프라이트에 작성된 스크립트 중에서 '선물 복제하기'는 20차시가 끝나야 확인할 수 있습니다.

혼자서 해결하기

01 [루돌프] 스프라이트를 선택한 후 아래 조건에 맞추어 코딩해 보세요.

📁 **불러올 파일** : 메리크리스마스1-2   📄 **완성된 파일** : 메리크리스마스1-2(완성)

❶ 일정한 간격으로 움직이는(1초 간격으로 50만큼 움직이기) [루돌프] 스프라이트를 y좌표는 '80'으로 고정한 채 x좌표는 '-200~200' 사이의 난수 값을 입력받아 무작위 위치로 움직이도록 코딩해 보세요.

※ **힌트** : '움직이기' 및 '벽에 닿으면 튕기기' 명령 블록을 삭제한 후 조건에 맞는 명령 블록을 연결

02 [배경]을 선택하여 아래 조건에 맞추어 코딩해 보세요.

📁 **불러올 파일** : 메리크리스마스1-3   📄 **완성된 파일** : 메리크리스마스1-3(완성)

❶ 🏁를 클릭하면 'Xylo3' 소리가 끝까지 재생되는 것을 계속 반복하도록 코딩해 보세요.

※ **힌트** : 🔊 소리 탭에서 소리 고르기(🔊)를 클릭한 후 [반복] 탭에서 'Xylo3'을 찾아 추가
[이벤트], [제어], [소리] 팔레트를 이용

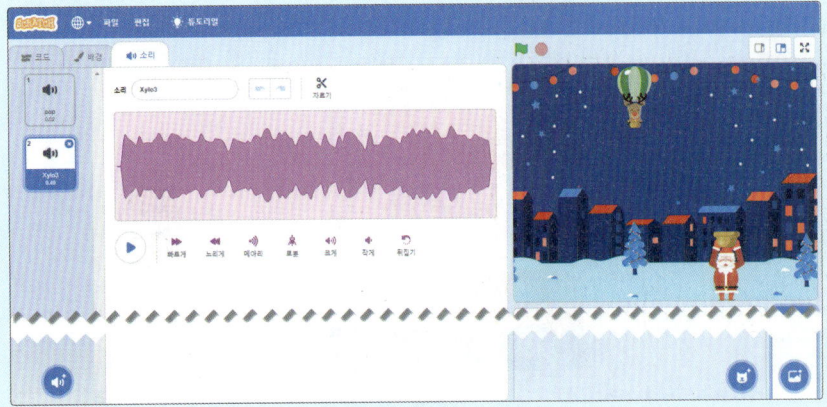

메리크리스마스-2

◆학습목표◆

▶ [선물] 스프라이트가 복제 신호를 받았을 때 특정 작업을 하도록 코딩해 보세요.
▶ 복제된 스프라이트가 특정 조건에 만족하면 삭제되도록 코딩해 보세요.

📁 불러올 파일 : 메리크리스마스2-1　📗 완성된 파일 : 메리크리스마스2-1(완성)

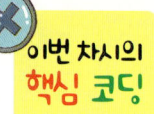

① 스크립트를 참고하여 🏁를 클릭한 후 Space Bar 키를 3번 눌렀을 때 결과를 이미지 위에 그려 보세요.

②  와 다른 스프라이트 복제의 차이점을 확인해 보세요.

※ [고양이] 스프라이트에서 [빵] 스프라이트를 복제하라는 신호를 보내면 [빵] 스프라이트는 자신의 복제본 만들고 '복제되었을 때' 아래쪽에 연결된 명령 블록을 실행합니다.

📁 불러올 파일 : 20차시 핵심 코딩

▲ 고양이 스크립트

▲ 빵 스크립트　　　▲ 스크립트 실행 확인

01 복제 신호를 받으면 모양을 바꿔 루돌프 위치로 이동하도록 코딩하기

❶ 스크래치를 실행한 후 [파일]-[컴퓨터에서 가져오기]를 클릭합니다. [열기] 대화상자가 나오면 [20차시] 폴더에서 '메리크리스마스2-1'을 불러와 [선물] 스프라이트를 선택합니다.

❷ [제어] 팔레트에서 복제되었을때 를 스크립트 영역으로 드래그합니다.

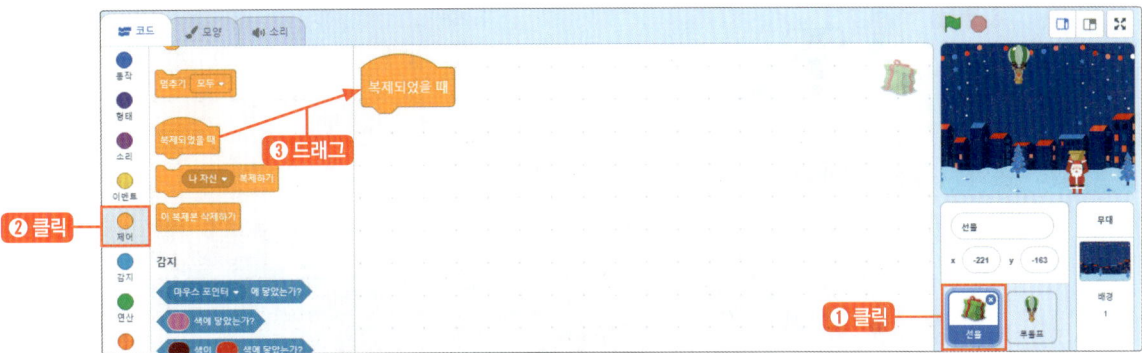

❸ [형태] 팔레트를 클릭한 후 모양을 선물1▼ (으)로 바꾸기 를 아래쪽에 연결합니다.

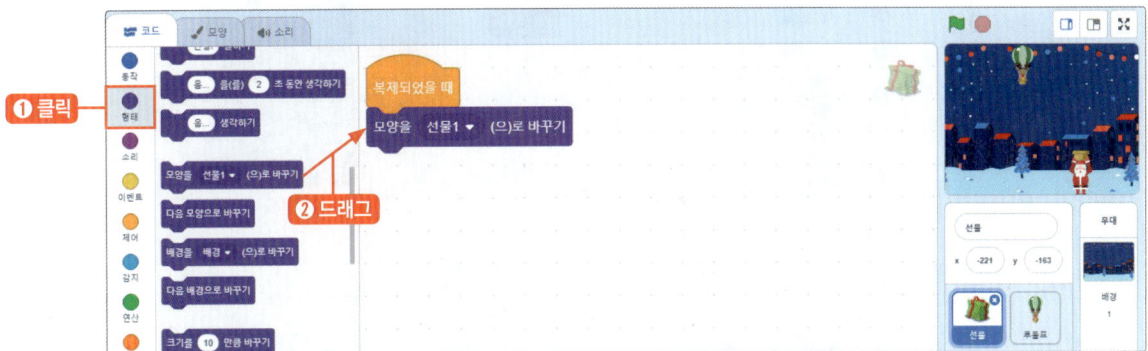

❹ [동작] 팔레트를 클릭한 후 x: -221 y: -163 (으)로 이동하기 를 아래쪽에 연결합니다.

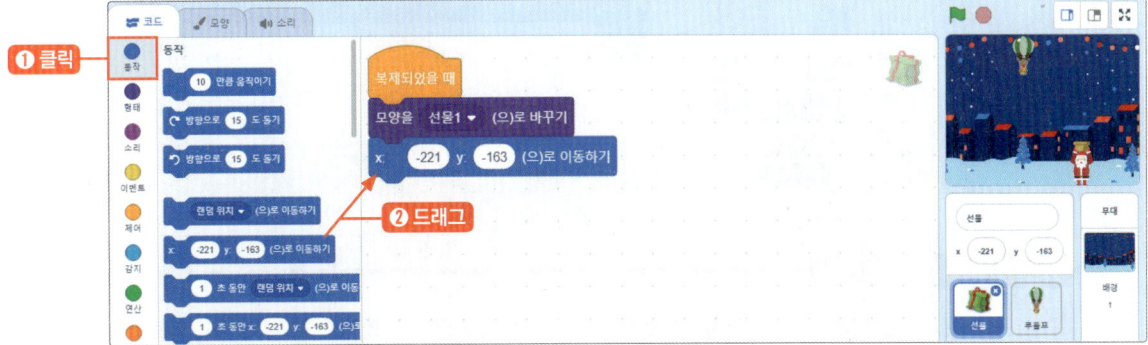

[루돌프] 스프라이트에서 복제 신호(선물▼ 복제하기)를 보내면 [선물] 스프라이트는 자신의 복제본을 만들고 복제되었을때 아래쪽에 연결된 명령 블록들을 실행합니다.

❺ [감지] 팔레트를 클릭한 후 을/를 '-221'과 '-163'의 위치에 각각 끼워 넣습니다.

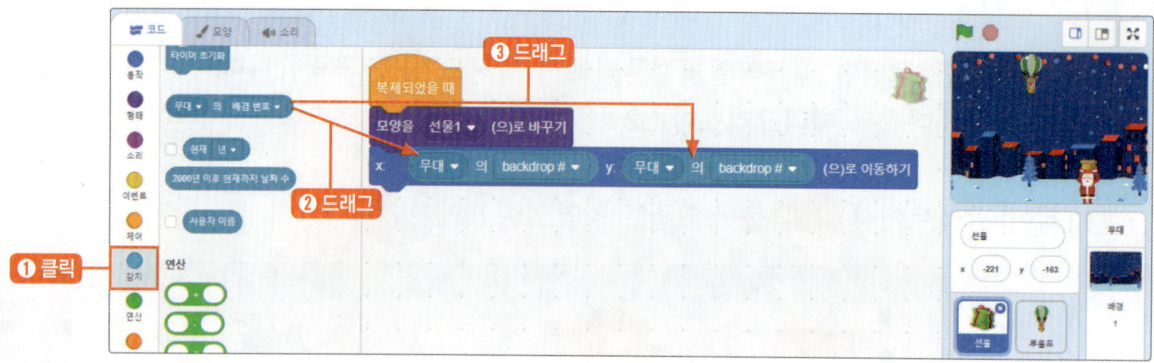

❻ x좌표와 y좌표를 아래 그림과 같이 각각 변경합니다.

 ※ x좌표 : '무대 → 루돌프', 'backdrop# → x좌표' / y좌표 : '무대 → 루돌프', 'backdrop# → y좌표'

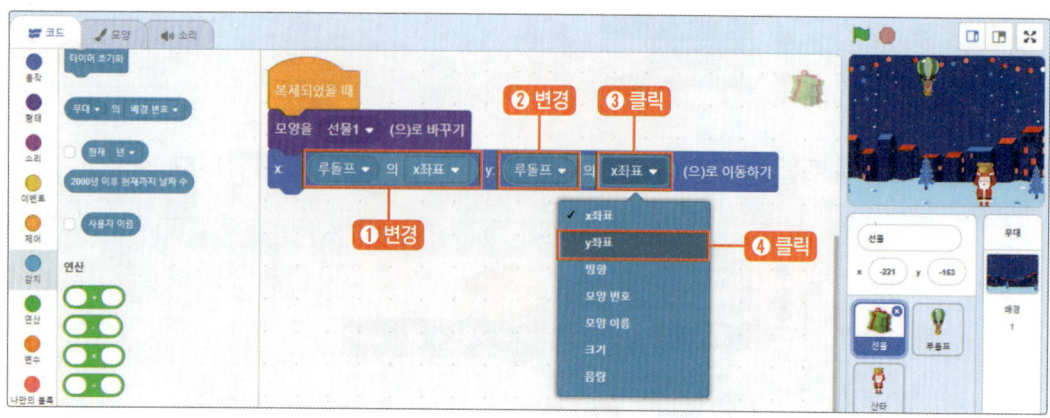

❼ [형태] 팔레트를 클릭한 후 를 아래쪽에 연결합니다.

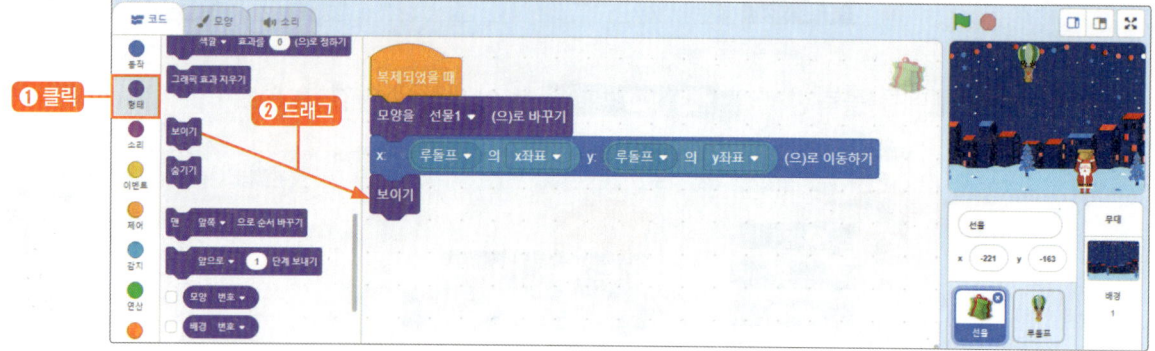

[루돌프] 스프라이트에서 복제 신호( )를 보내어 [선물] 스프라이트의 복제본이 만들어지면 모양을 '선물1'로 바꾼 후 위치를 [루돌프] 스프라이트의 x-y 좌푯값(중심점 기준)으로 이동시킨 후 무대에 나타납니다.

02 복제본이 아래로 이동하다가 산타에 닿으면 삭제하도록 코딩하기

❶ [제어] 팔레트를 클릭한 후 까지 반복하기 를 아래쪽에 연결합니다.

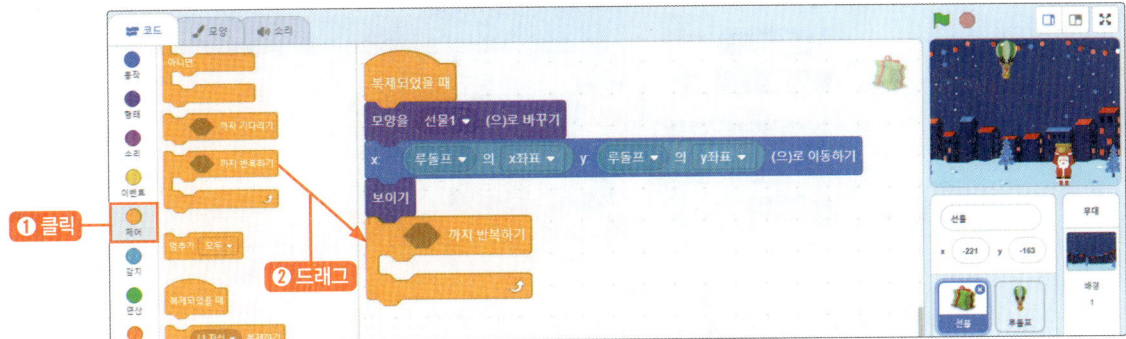

❷ [감지] 팔레트를 클릭한 후 마우스 포인터에 닿았는가? 를 에 끼워 넣습니다. 이어서, '마우스 포인터 ▼'를 '**벽**'으로 변경합니다.

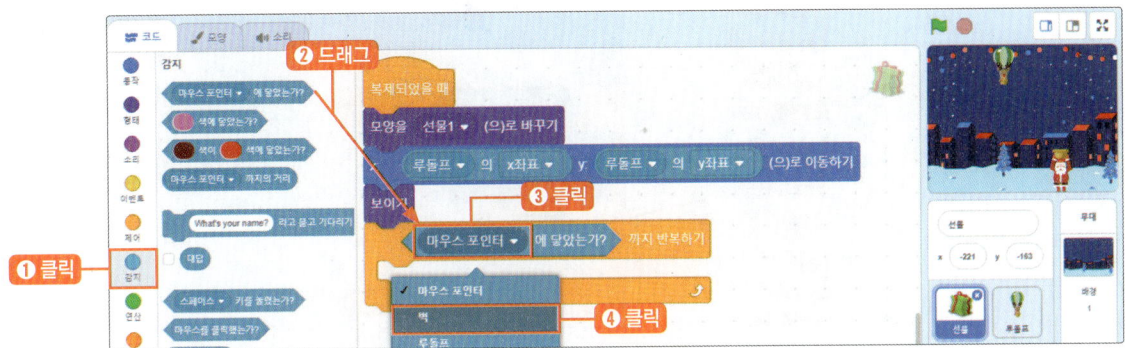

❸ [동작] 팔레트를 클릭한 후 y좌표를 10 만큼 바꾸기 를 안쪽에 연결합니다. 이어서, '10'을 '**-3**'으로 수정합니다.

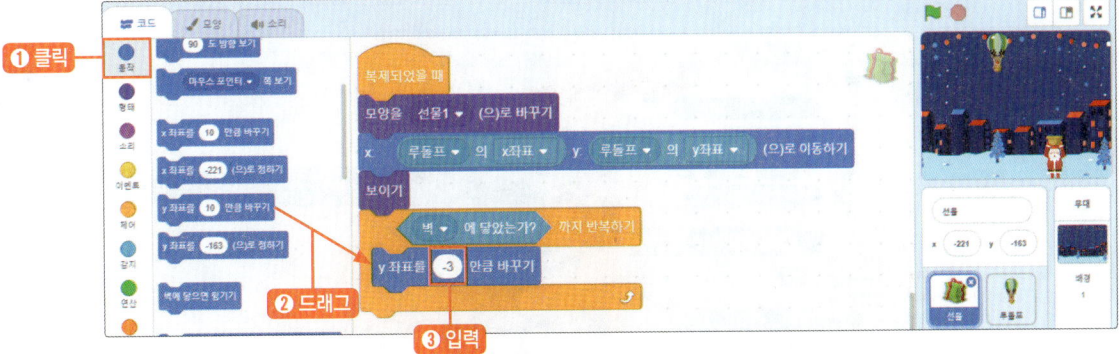

복제된 [선물] 스프라이트는 [루돌프] 스프라이트의 x-y 좌푯값(중심점 기준)으로 이동을 한 후 아래쪽 벽에 닿을 때까지 아래쪽(-3)으로 계속 이동을 합니다.

Chapter 20 메리크리스마스-2 **133**

④ [형태] 팔레트를 클릭한 후 크기를 10 만큼 바꾸기 를 안쪽에 연결합니다. 이어서, '10'을 '0.3'으로 수정합니다.

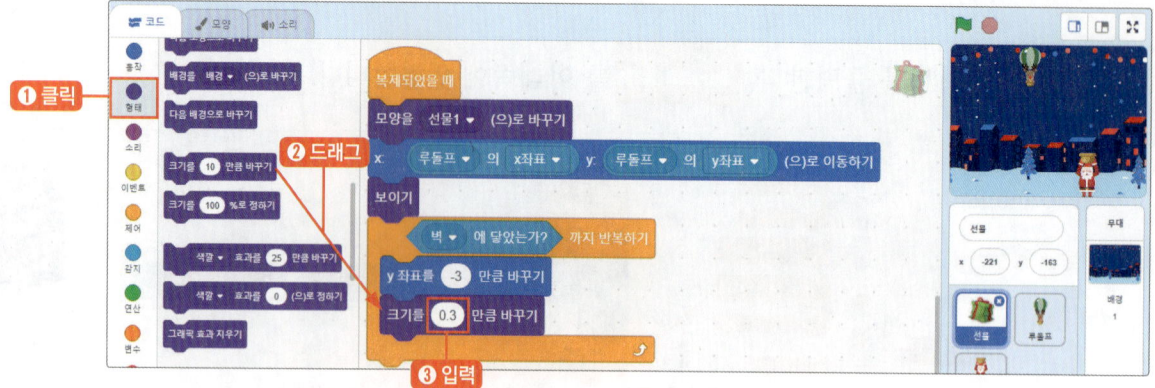

⑤ [제어] 팔레트를 클릭한 후 만약 (이)라면 을 안쪽에 연결합니다.

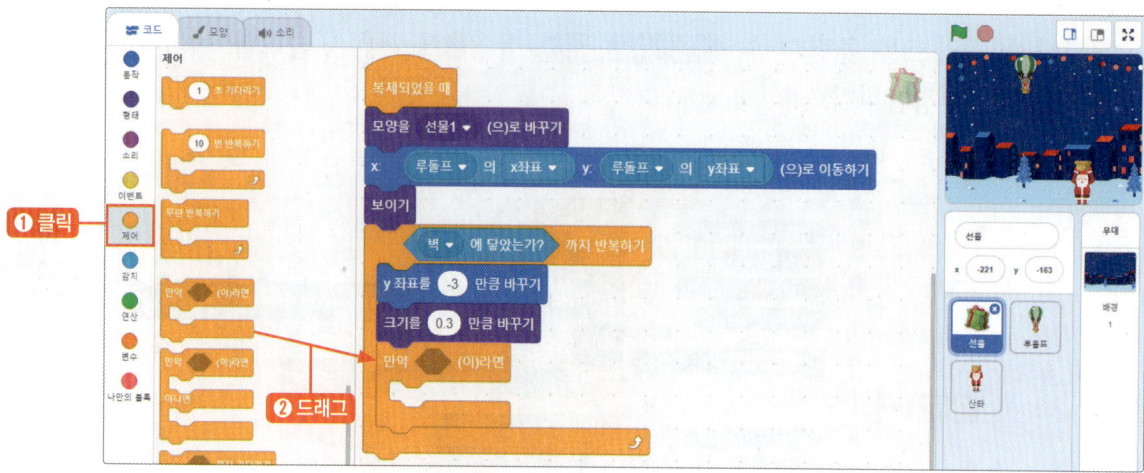

⑥ [감지] 팔레트를 클릭한 후 마우스 포인터 에 닿았는가? 를 에 끼워 넣습니다. 이어서, '마우스 포인터'를 '산타'로 변경합니다.

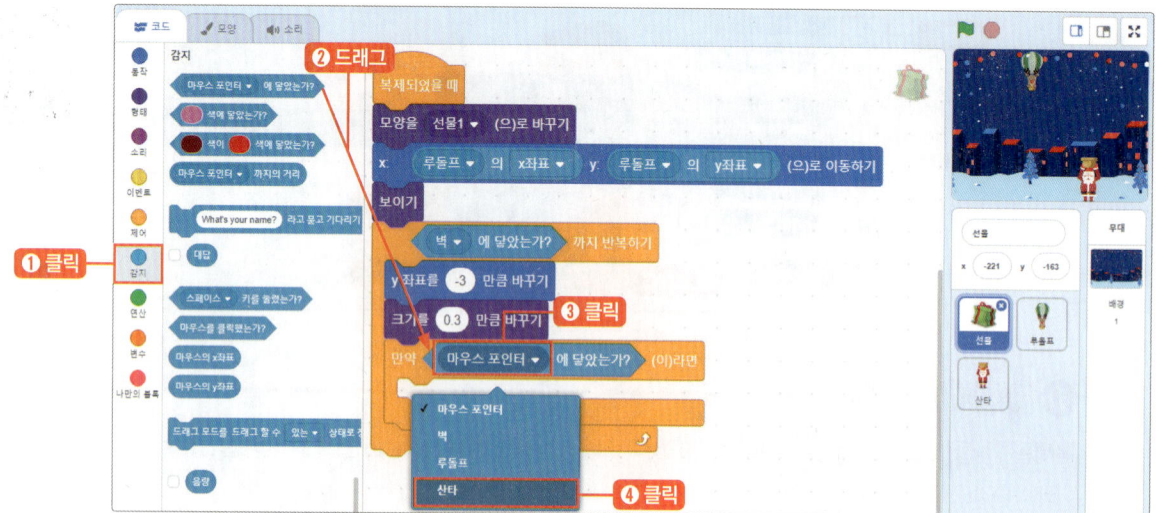

⑦ [형태] 팔레트를 클릭한 후 숨기기 를 '만약~(이)라면' 안쪽에 연결합니다.

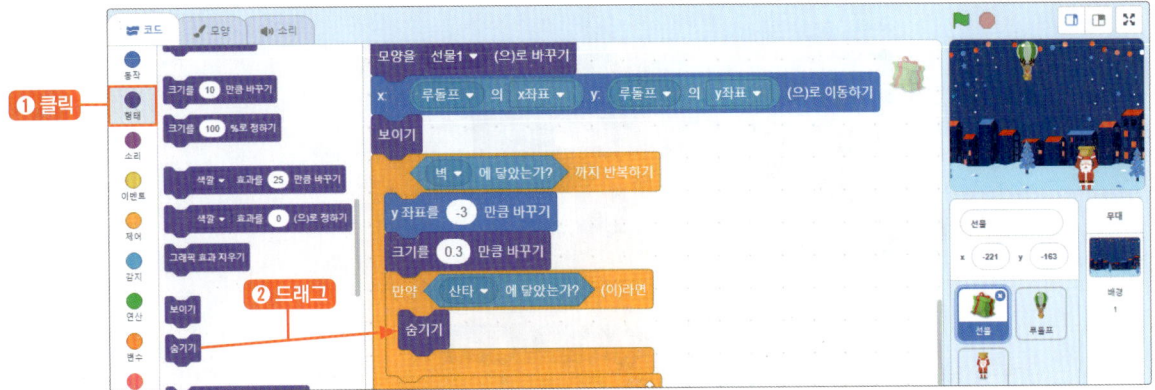

⑧ [제어] 팔레트를 클릭한 후 이 복제본 삭제하기 를 '만약~(이)라면' 안쪽에 연결합니다.

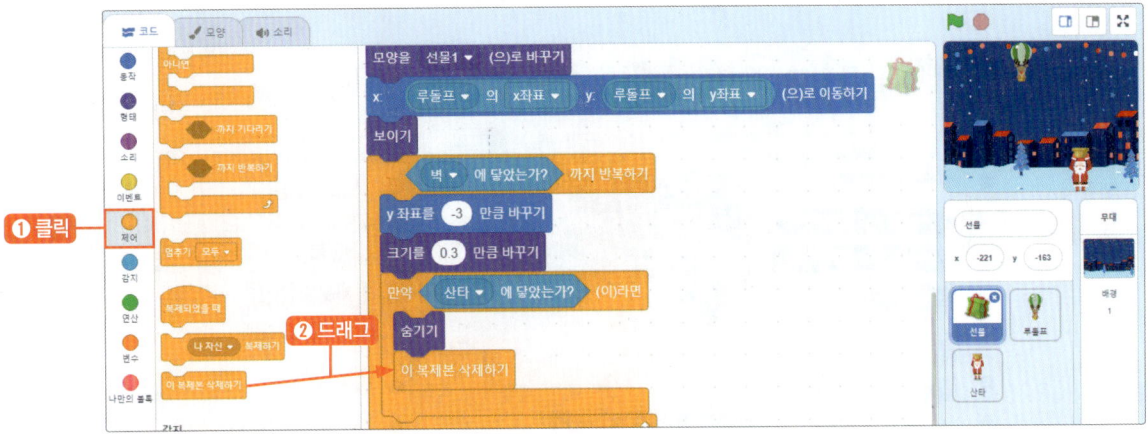

복제된 [선물] 스프라이트가 아래쪽 벽에 닿을 때까지 크기(0.3만큼 확대)를 바꾸며 이동하다가 [산타] 스프라이트에 닿으면 무대에서 숨긴 후 복제된 [선물] 스프라이트를 삭제합니다.

⑨ [형태] 팔레트를 클릭한 후 모양을 선물1▼ (으)로 바꾸기 를 아래쪽에 연결합니다. 이어서, '선물1'을 **선물2**로 변경합니다.

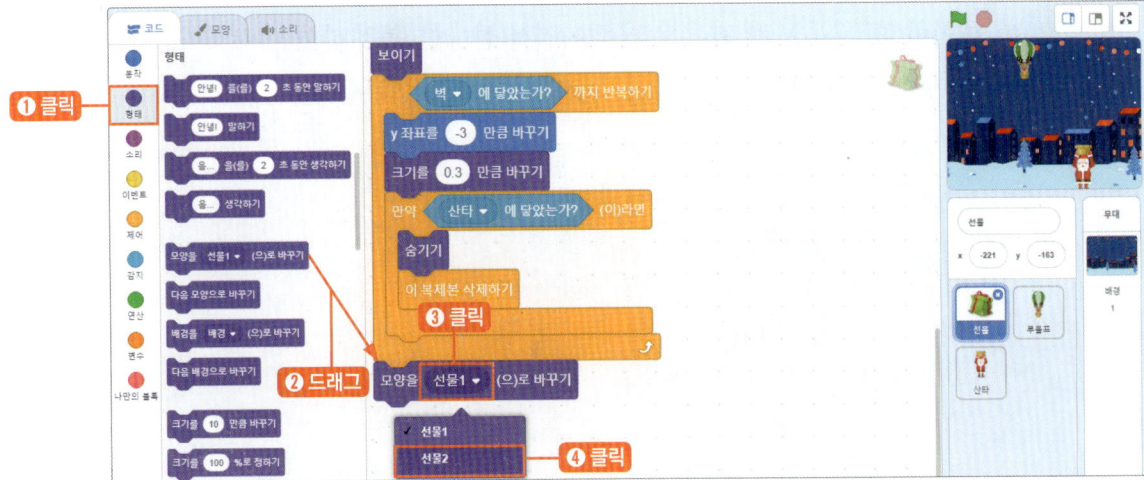

Chapter 20 메리크리스마스-2 **135**

⑩ [제어] 팔레트를 클릭한 후 [1 초 기다리기]를 아래쪽에 연결합니다. 이어서, '1'을 '0.3'으로 수정합니다.

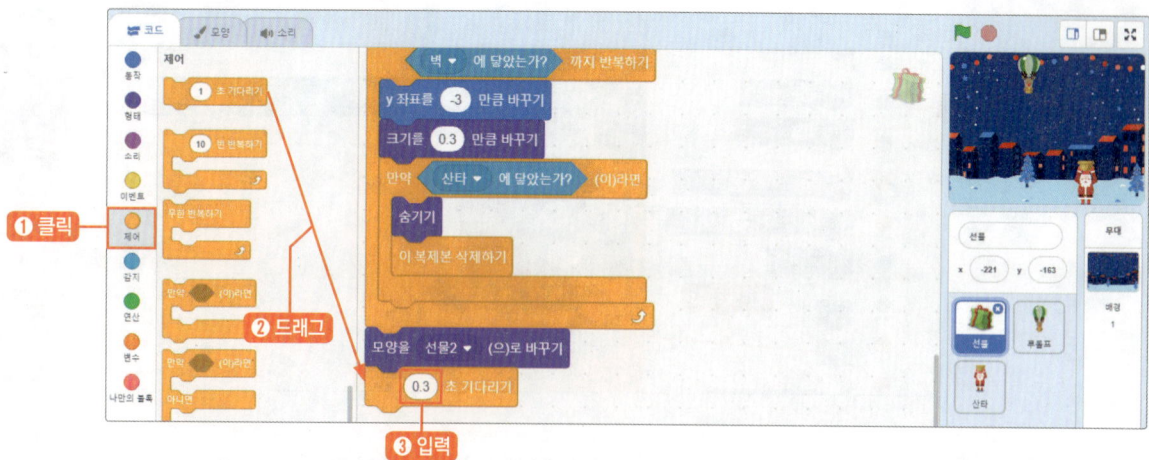

⑪ [형태] 팔레트를 클릭한 후 [숨기기]를 아래쪽에 연결합니다.

⑫ [제어] 팔레트를 클릭한 후 [이 복제본 삭제하기]를 아래쪽에 연결합니다.

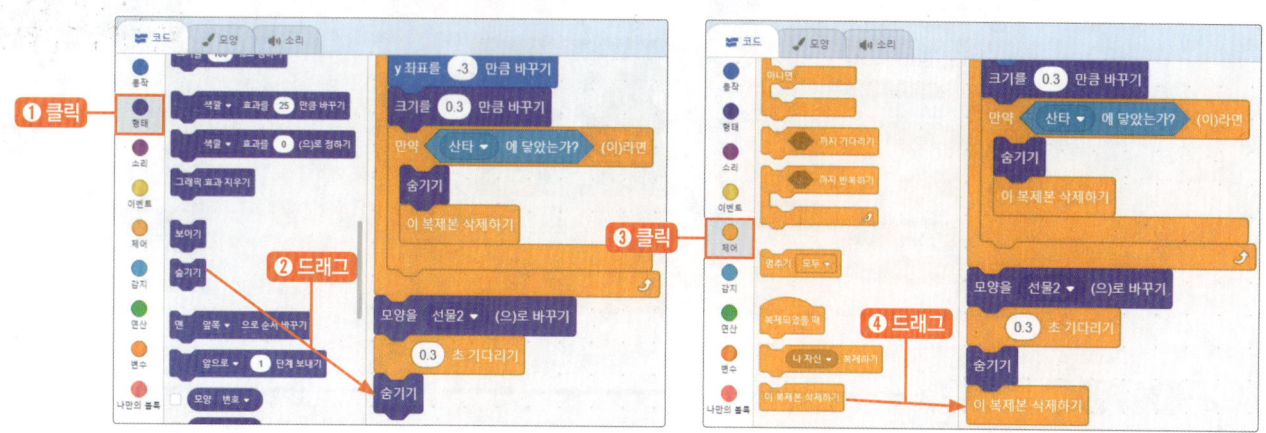

복제된 [선물] 스프라이트가 아래쪽 벽에 닿을 때까지 이동하다가 [산타] 스프라이트에 닿지 않고 벽에 닿으면 모양을 '선물2'로 바꾼 후 0.3초 뒤에 무대에서 숨긴 후 삭제합니다.

⑬ 🚩를 클릭한 후 루돌프가 좌우로 움직이면서 선물을 복제하여 아래쪽으로 던지면 키보드의 좌우 방향키를 눌러 선물이 바닥에 떨어지기 전에 산타로 받습니다.

혼자서 해결하기

01 [선물] 스프라이트를 선택한 후 아래 조건에 맞추어 코딩해 보세요.

📁 **불러올 파일** : 메리크리스마스2-2   📗 **완성된 파일** : 메리크리스마스2-2(완성)

① [선물] 스프라이트가 복제되었을 때 '1~10초 사이의 무작위 시간'을 기다린 후 아래쪽에 연결된 명령 블록들을 실행하도록 코딩을 수정해 보세요.

  ※ **힌트** : 복제되었을때 바로 아래쪽에 [제어], [연산] 팔레트의 명령 블록을 추가

02 [배경1]을 선택하여 아래 조건에 맞추어 코딩해 보세요.

📁 **불러올 파일** : 메리크리스마스2-3   📗 **완성된 파일** : 메리크리스마스2-3(완성)

① 🏁를 클릭하면 배경 색깔이 1만큼 계속 바뀌도록 코딩해 보세요.

  ※ **힌트** : [이벤트], [형태], [제어] 팔레트를 이용

CHAPTER 21

구구단-1

◆학습목표◆
▶ [학생] 스프라이트를 지정된 x-y 좌표로 이동시킨 후 크기가 고정되도록 코딩해 보세요.
▶ [학생] 스프라이트가 계속 모양을 바꾸다가 학교에 닿으면 특정 작업을 하도록 코딩해 보세요.

📁 **불러올 파일** : 구구단1-1   📄 **완성된 파일** : 구구단1-1(완성)

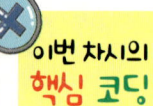

① 스크립트를 참고하여 ▶를 클릭한 후 Space Bar 키를 눌렀을 때 질문에 대한 답변을 입력하여 결과를 확인해 보세요.
② 질문에 대한 답변은 어디에 저장되는지 확인해 보세요.

📁 **불러올 파일** : 21차시 핵심 코딩

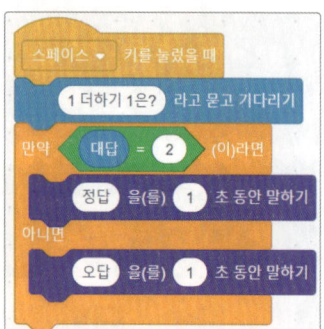
▲ 스크립트

▲ 스크립트 실행 확인

01 [학생] 스프라이트를 지정된 x-y 좌표로 이동시킨 후 크기가 고정되도록 코딩하기

❶ 스크래치를 실행한 후 [파일]-[컴퓨터에서 가져오기]를 클릭합니다. [열기] 대화상자가 나오면 [21차시] 폴더에서 **'구구단1-1'**을 불러와 **[학생]** 스프라이트를 선택합니다.

❷ [이벤트] 팔레트에서 클릭했을때 를 스크립트 영역으로 드래그합니다.

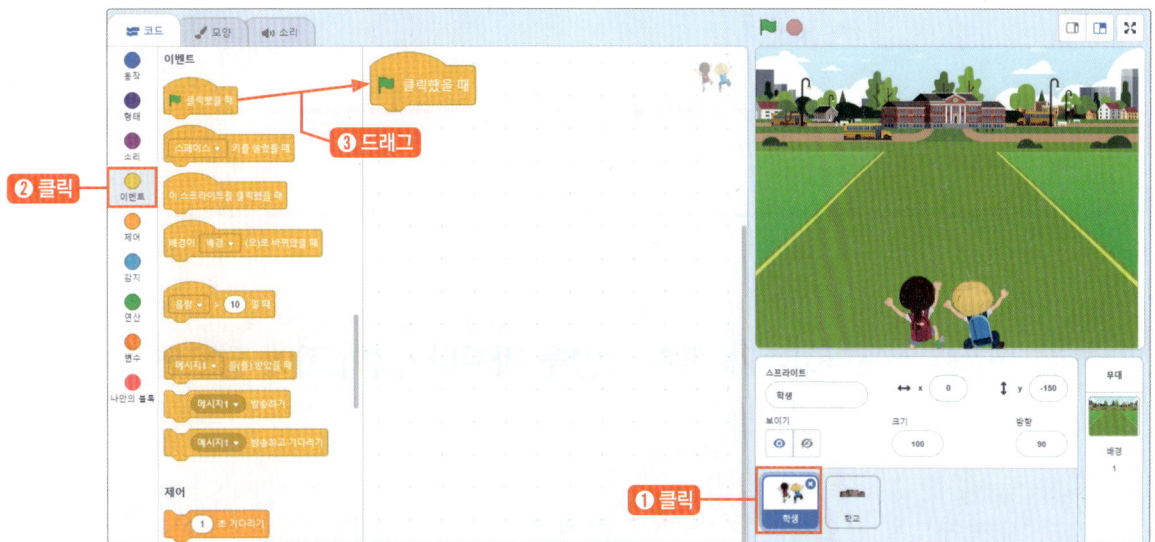

❸ [형태] 팔레트를 클릭한 후 보이기 를 아래쪽에 연결합니다.

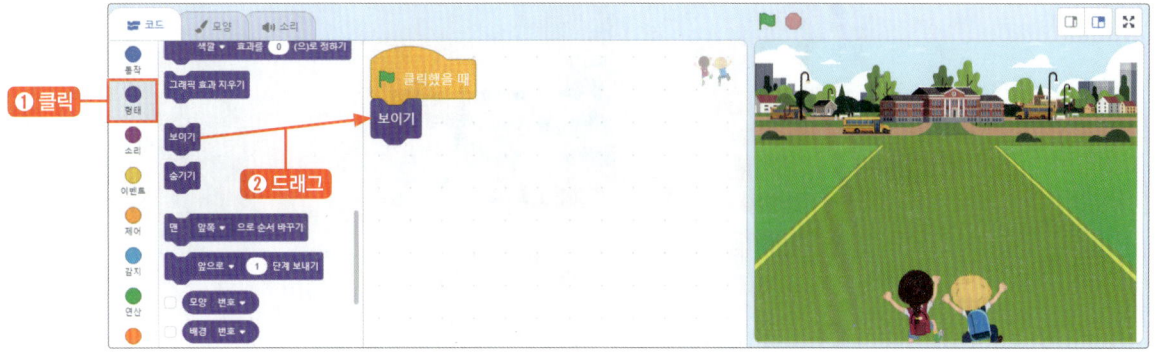

❹ [동작] 팔레트를 클릭한 후 x: 0 y: -150 (으)로 이동하기 를 아래쪽에 연결합니다.
   ※ x-y 좌푯값이 교재와 다를 경우 직접 값(x : 0, y : -150)을 입력합니다.

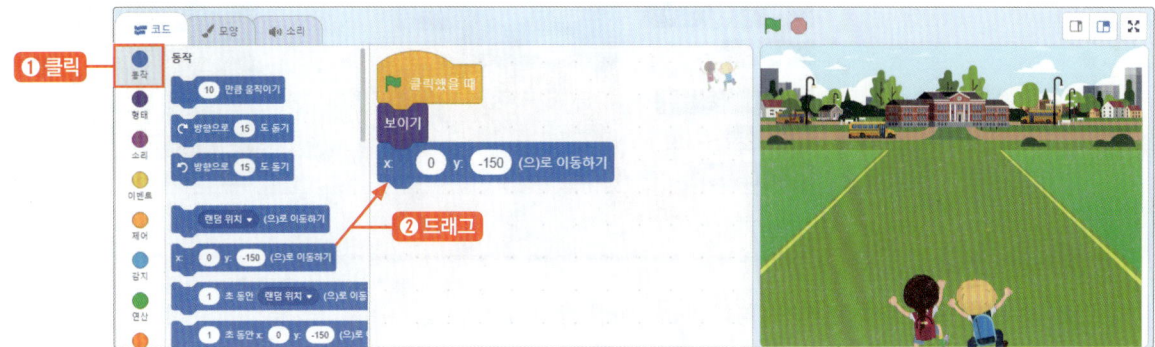

Chapter 21 구구단-1 **139**

❺ [형태] 팔레트를 클릭한 후 `크기를 100 %로 정하기`를 아래쪽에 연결합니다.

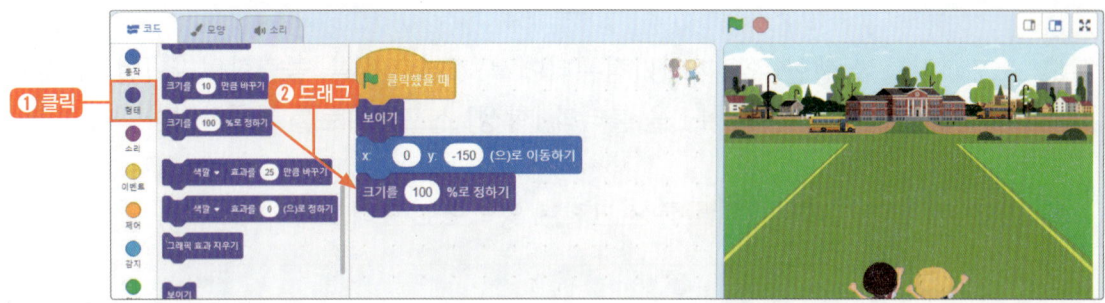

코딩풀이

🚩를 클릭하면 [학생] 스프라이트가 무대에서 보이고 지정된 x-y 좌표(x : 0, y : -150)로 이동한 후 크기를 100%로 정합니다.

02 [학생] 스프라이트가 계속 모양을 바꾸다가 [학교]에 닿으면 특정 작업을 하도록 코딩하기

❶ [제어] 팔레트를 클릭하여 `무한 반복하기`를 아래쪽에 연결한 후 `1 초 기다리기`를 안쪽에 연결합니다. 이어서, '1'을 '0.3'으로 수정합니다.

❷ [형태] 팔레트를 클릭한 후 `다음 모양으로 바꾸기`를 안쪽에 연결합니다.

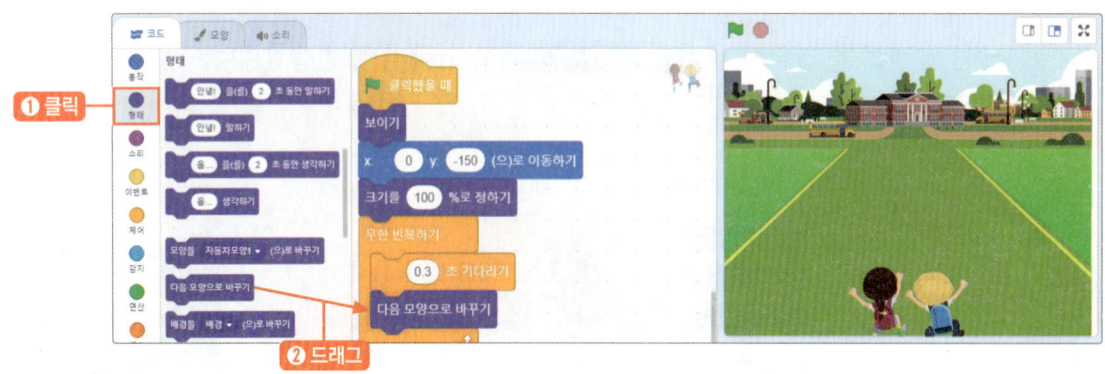

코딩풀이

🚩를 클릭하면 [학생] 스프라이트가 0.3초 간격으로 계속 모양을 바꿔 좌우로 움직이는 것처럼 보이게 합니다.

❸ [제어] 팔레트를 클릭한 후 ![만약 라면] 을 안쪽에 연결합니다.

❹ [감지] 팔레트를 클릭한 후 ![마우스 포인터에 닿았는가?] 를 ![] 에 끼워 넣습니다. 이어서, '마우스 포인터 ▼'를 **'학교'**로 변경합니다.

❺ [형태] 팔레트를 클릭한 후 ![안녕! 을(를) 2 초 동안 말하기] 를 안쪽에 연결합니다. 이어서, '안녕!'을 **'학교 도착'**으로 수정합니다.

❻ [형태] 팔레트를 클릭한 후 숨기기를 '만약~(이)라면' 안쪽에 연결합니다.

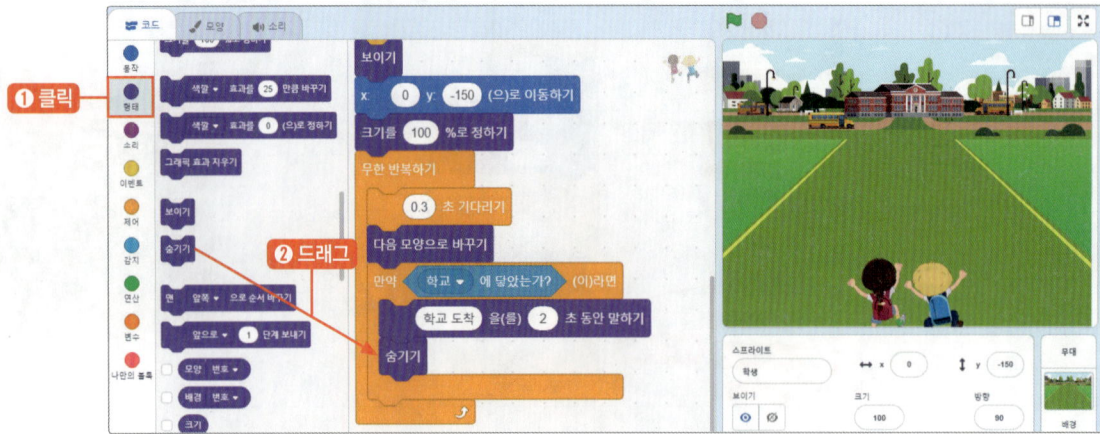

❼ [제어] 팔레트를 클릭한 후 멈추기 모두를 '만약~(이)라면' 안쪽에 연결합니다.

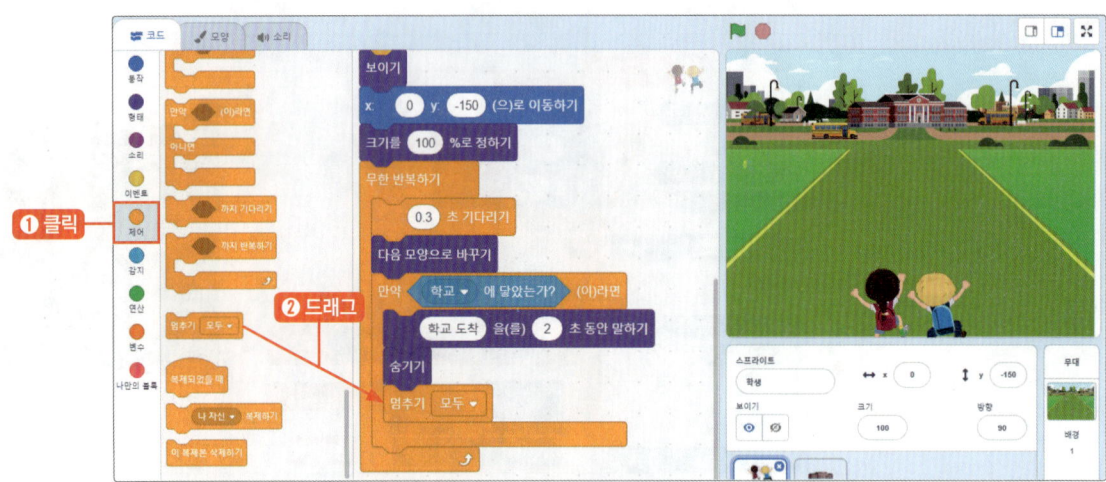

[학생] 스프라이트가 [학교] 스프라이트에 닿으면 '학교 도착'을 2초 동안 말을 한 후 무대에서 보이지 않도록 숨기고 모든 스크립트를 멈춥니다.

❽ 🏁를 클릭하여 [학생] 스프라이트가 모양을 바꿔가며 좌우로 움직이는 동작을 확인합니다. 구구단은 두 개의 차시(21~22차시)로 구성되어 있기 때문에 22차시가 끝나야 전체 내용을 확인할 수 있습니다.

혼자서 해결하기

01 [Tree1] 스프라이트를 추가한 후 복사하여 무대를 꾸며보세요.

📂 **불러올 파일** : 구구단1-2　　📄 **완성된 파일** : 구구단1-2(완성)

① 나무1 : 스프라이트 이름(나무1), 위치(x : -230, y : -10), 크기(70)
② 나무2 : [나무1] 스프라이트를 복사, 스프라이트 이름(나무2), 위치(x : 160, y : 23), 크기(50)
③ 나무3 : [나무1] 스프라이트를 복사, 스프라이트 이름(나무3), 위치(x : -120, y : 60), 크기(30)

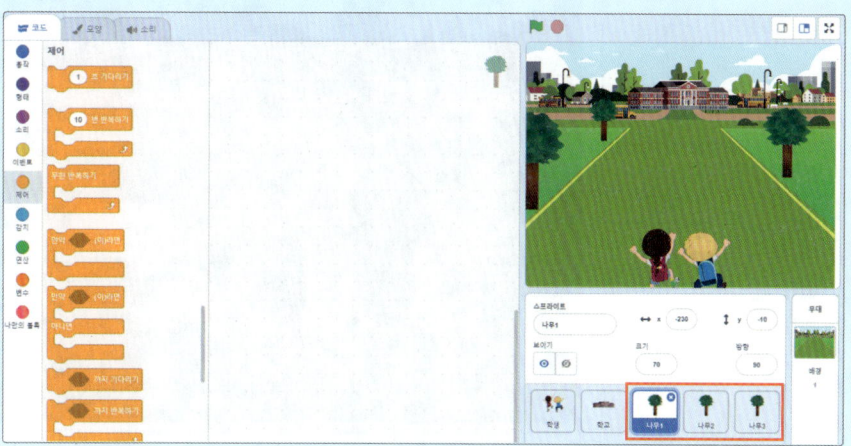

02 [학교] 스프라이트를 선택한 후 아래 조건에 맞추어 코딩해 보세요.

📂 **불러올 파일** : 구구단1-3　　📄 **완성된 파일** : 구구단1-3(완성)

① 🚩를 클릭하면 지정된 x-y좌표(x : 10, y : 82)로 이동한 후 [학생] 스프라이트에 닿으면 1초 후에 '어서와~ 친구들아!'를 2초 동안 말하도록 코딩해 보세요.

Chapter 21 구구단-1 **143**

CHAPTER 22 구구단-2

◆학습목표◆
▶ 구구단에 사용할 변수를 만들어 보세요.
▶ 변수와 묻고 기다리기를 이용하여 구구단을 코딩해 보세요.

📂 **불러올 파일** : 구구단2-1   🖼 **완성된 파일** : 구구단2-1(완성)

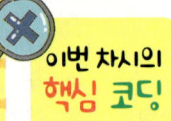

① 스크립트를 참고하여 🏁 를 클릭한 후 `Space Bar` 키를 눌렀을 때 질문에 대한 답변을 입력하여 결과를 확인해 보세요.
② 대답의 결과에 따라 '합계' 변수에 어떤 값이 저장될지 생각해 보세요.
※ 변수는 특정 값 1개를 저장할 수 있는 공간으로 항상 마지막에 넣은 값이 최종적으로 남아있습니다.

📂 **불러올 파일** : 22차시 핵심 코딩

   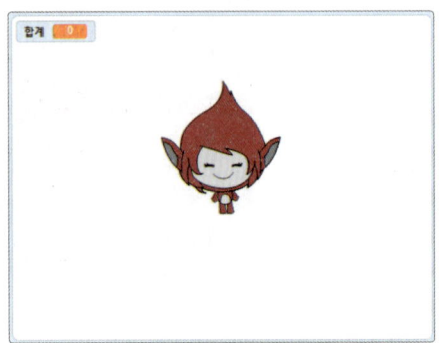

▲ 스크립트   ▲ 스크립트 실행 확인

144 처음으로 배우는 스크래치 3.0

01 변수를 만들어 구구단(5단) 코딩하기

❶ 스크래치를 실행한 후 [파일]-[컴퓨터에서 가져오기]를 클릭합니다. [열기] 대화상자가 나오면 [22차시] 폴더에서 '구구단2-1'을 불러와 [학생] 스프라이트를 선택합니다.

❷ [변수] 팔레트를 선택한 후 [변수 만들기]를 클릭합니다. [새로운 변수] 대화상자가 나오면 변수 이름을 '정답'으로 입력한 후 <확인> 버튼을 클릭합니다.

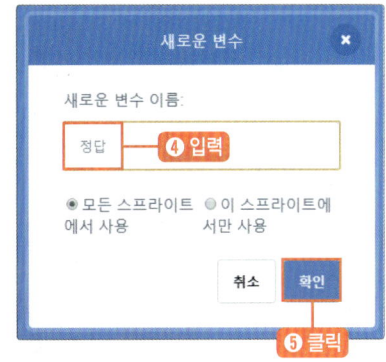

❸ '정답' 변수가 만들어지면 똑같은 방법으로 'a'와 'b' 변수를 만들어서 추가합니다.

❹ [이벤트] 팔레트에서 ![깃발 클릭했을 때]를 스크립트 영역으로 드래그 합니다. 이어서, [제어] 팔레트를 클릭한 후 ![까지 반복하기]를 아래쪽에 연결합니다.

※ 21차시에서 [학생] 스프라이트에 작성한 스크립트는 아래 이미지에서만 보이지 않을 뿐 실제로는 코드가 있습니다.

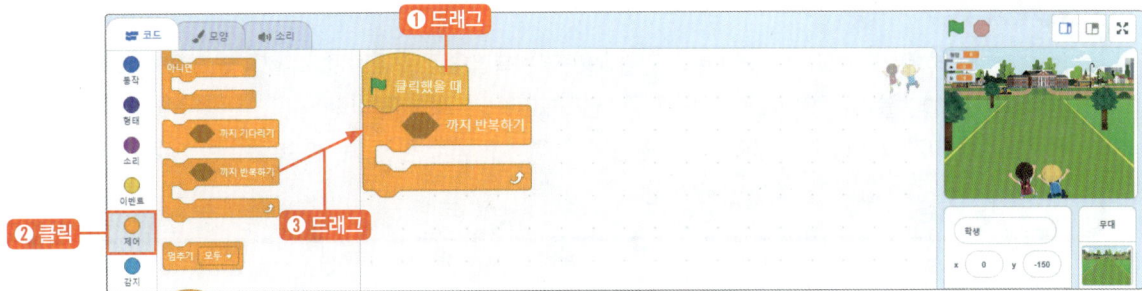

❺ [감지] 팔레트를 클릭한 후 `마우스 포인터 에 닿았는가?` 를 에 끼워 넣습니다. 이어서, '마우스 포인터 ▼'를 '학교'로 변경합니다.

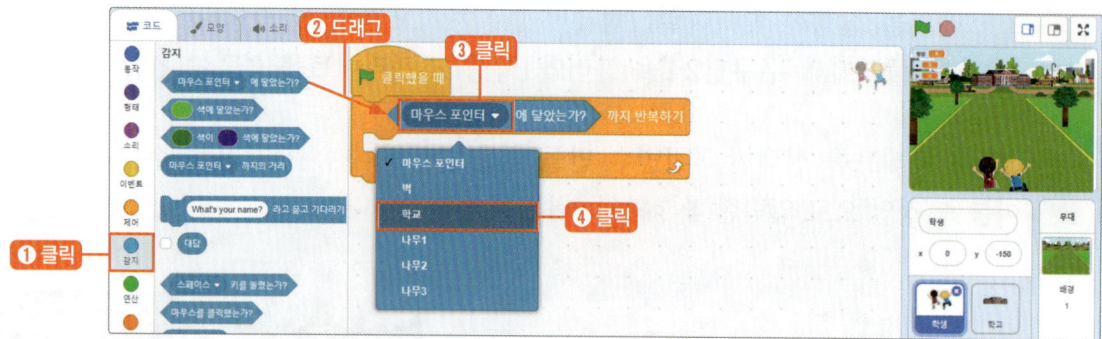

❻ [형태] 팔레트를 클릭한 후 `안녕! 을(를) 2 초 동안 말하기` 를 안쪽에 연결합니다. 이어서, '안녕!'을 '구구단을 외우자!'로, '2'를 '1'로 각각 수정합니다.

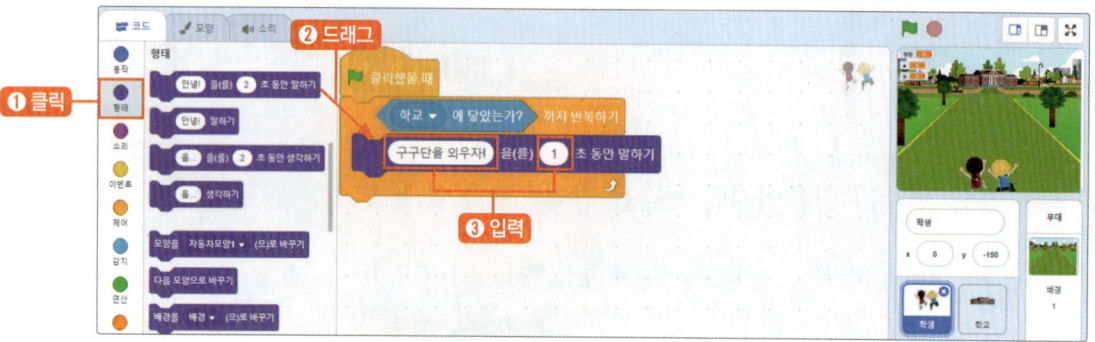

❼ [변수] 팔레트를 클릭한 후 `정답 을(를) 0 로 정하기` 를 안쪽에 연결합니다. 이어서, '정답'을 'a'로 변경한 후 '0'을 '5'로 수정합니다.

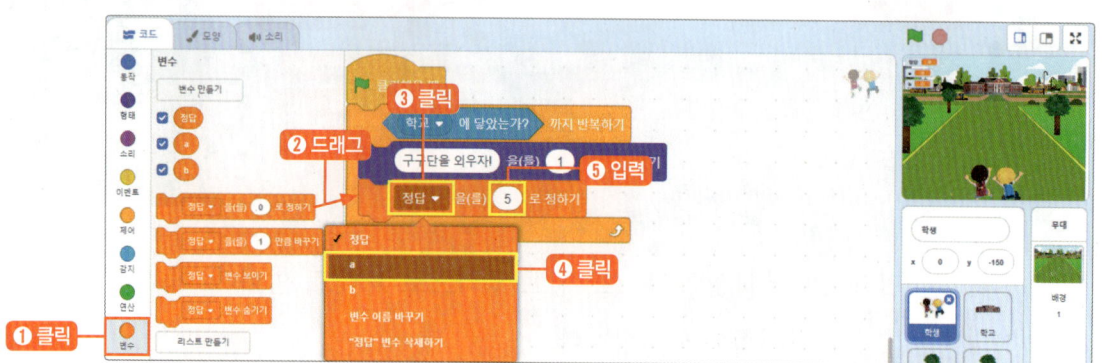

코딩풀이

[학생] 스프라이트가 [학교] 스프라이트에 닿을 때까지 반복적으로 '구구단을 외우자!'를 말을 한 후 'a' 변수의 값을 5로 정합니다. 'a' 변수를 5로 정한 이유는 구구단 중 5단을 코딩하기 위해서입니다.
변수에서 '정하기'와 '바꾸기'의 차이점을 구분할 수 있어야 합니다. 정하기는 변수 값이 한 개로 지정된 값이며, 바꾸기는 입력한 값만큼 변수 값이 '증가' 또는 '감소' 합니다.

❽ 똑같은 방법으로 [정답▼ 을(를) 0 로 정하기] 2개를 아래 그림처럼 안쪽에 연결합니다. 단, 2번째 변수 정하기 명령 블록의 '정답'은 'b'로 변경합니다.

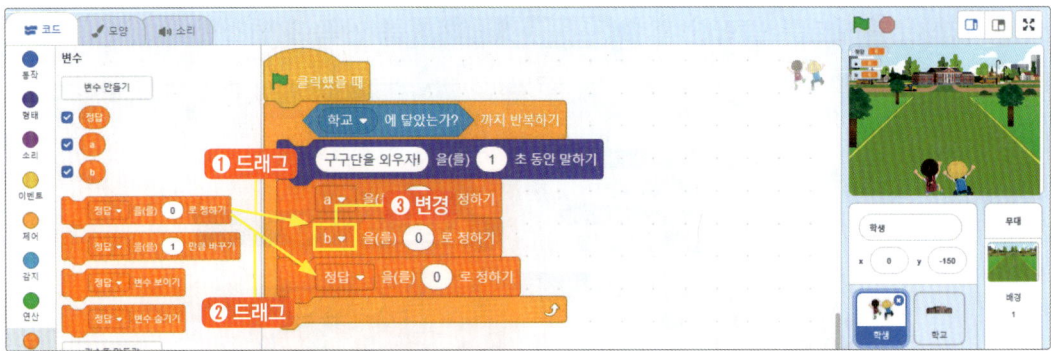

❾ [연산] 팔레트를 클릭한 후 [1 부터 10 사이의 난수]를 'b' 변수의 '0' 위치에 끼워 넣은 후 난수의 '10'을 '9'로 수정합니다. 이어서, [○×○]를 '정답' 변수의 '0' 위치에 끼워 넣습니다.

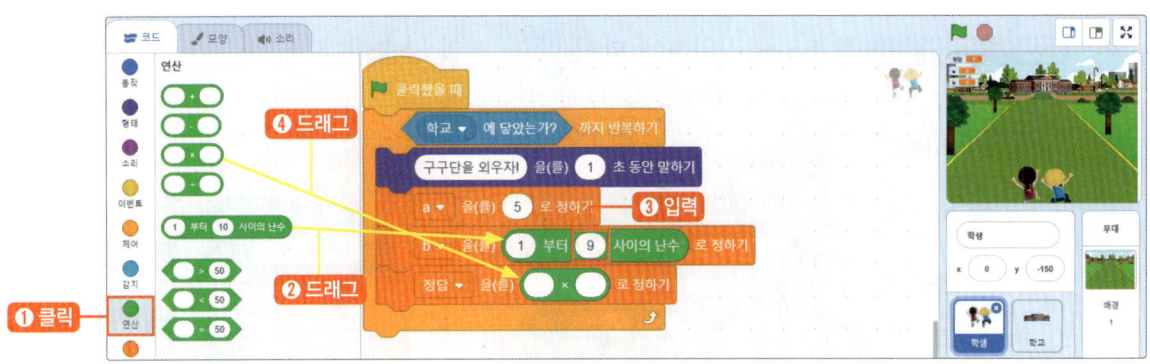

❿ [변수] 팔레트를 클릭한 후 [a]와 [b] 변수를 [○×○] 명령 블록의 **앞쪽**과 **뒤쪽**에 각각 끼워 넣습니다.

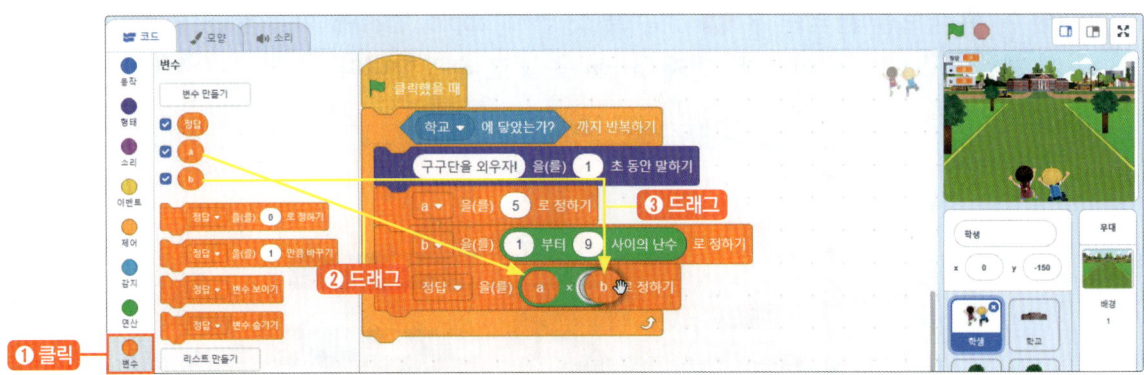

① 'a' 변수는 구구단의 단을 저장하는 변수로 5단을 지정한 상태입니다.
② 'b' 변수는 구구단의 곱할 수를 저장하는 변수로 난수를 이용하여 1~9 중 무작위 값으로 정해집니다.
③ '정답' 변수는 'a' 변수의 값(5)과 'b' 변수의 값(1~9 중 무작위 값)을 곱했을 때 결과값을 저장하는 변수입니다.

02 구구단을 물어보면 답변하도록 코딩하기

❶ [감지] 팔레트를 클릭한 후 `What's your name? 라고 묻고 기다리기` 를 안쪽에 연결합니다.

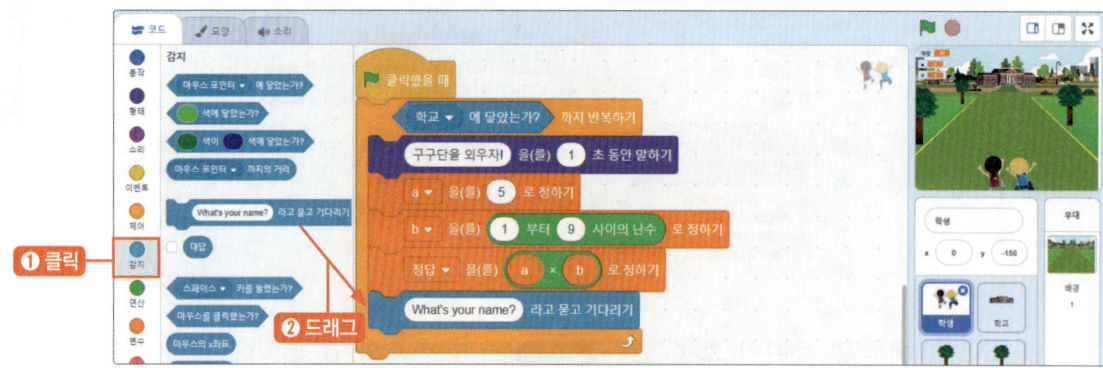

❷ [연산] 팔레트를 클릭한 후 `apple 와(과) banana 결합하기` 를 'What's your name?' 위치에 끼워 넣습니다. 이어서, `apple 와(과) banana 결합하기` 를 'banana' 위치에 다시 한 번 끼워 넣습니다.

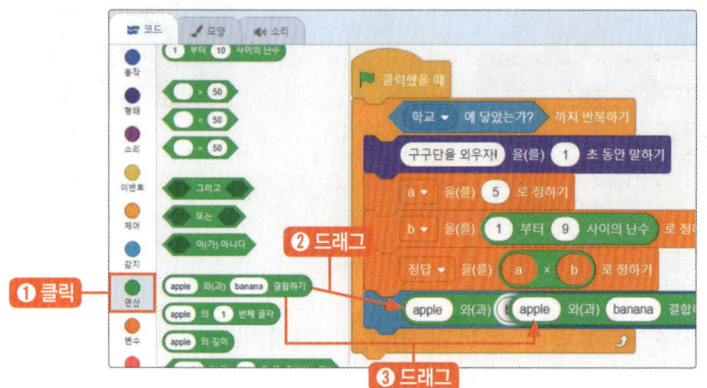
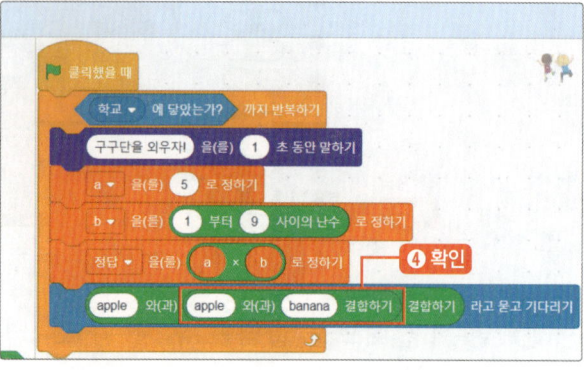

❸ [변수] 팔레트를 클릭한 후 `a` 변수를 첫 번째 'apple' 위치에 끼워 넣은 후 `b` 변수를 'banana' 위치에 끼워 넣습니다. 이어서, 두 번째 'apple'을 'x'로 수정합니다.

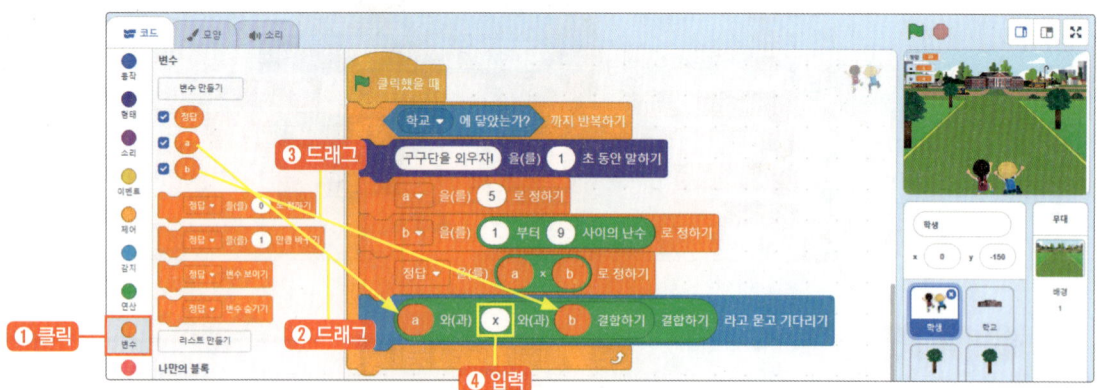

코딩풀이

'a' 변수의 값(5)과 영문자 'x' 그리고 'b' 변수의 값(1~9 사이의 무작위 값)을 결합하여 질문을 하고 답변을 기다립니다. (예 : 5x2)

④ [제어] 팔레트에서 ![만약~(이)라면] 을 안쪽에 연결합니다. 이어서, [연산] 팔레트를 클릭한 후 ![=50] 을 ![　] 에 끼워 넣습니다.

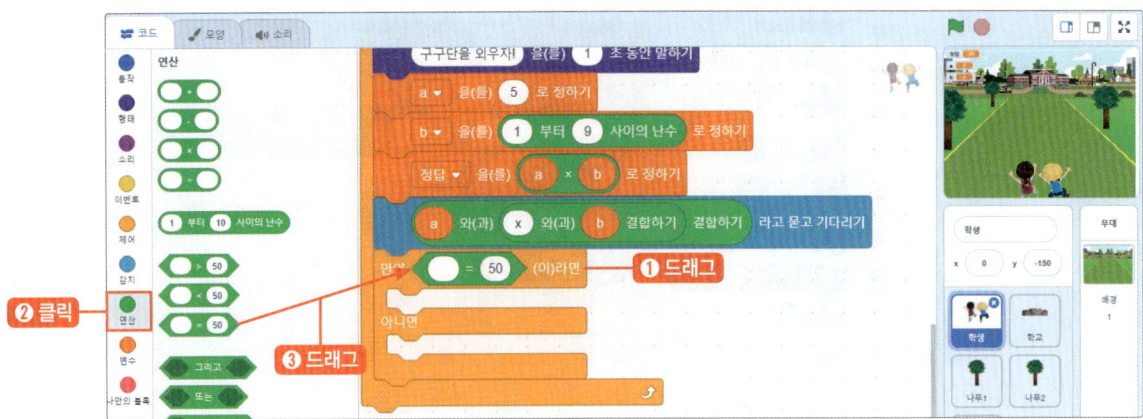

⑤ [감지] 팔레트를 클릭한 후 ![대답] 을 왼쪽에 끼워 넣습니다. 이어서, [변수] 팔레트를 클릭한 후 ![정답] 변수를 오른쪽 '50'에 끼워 넣습니다.

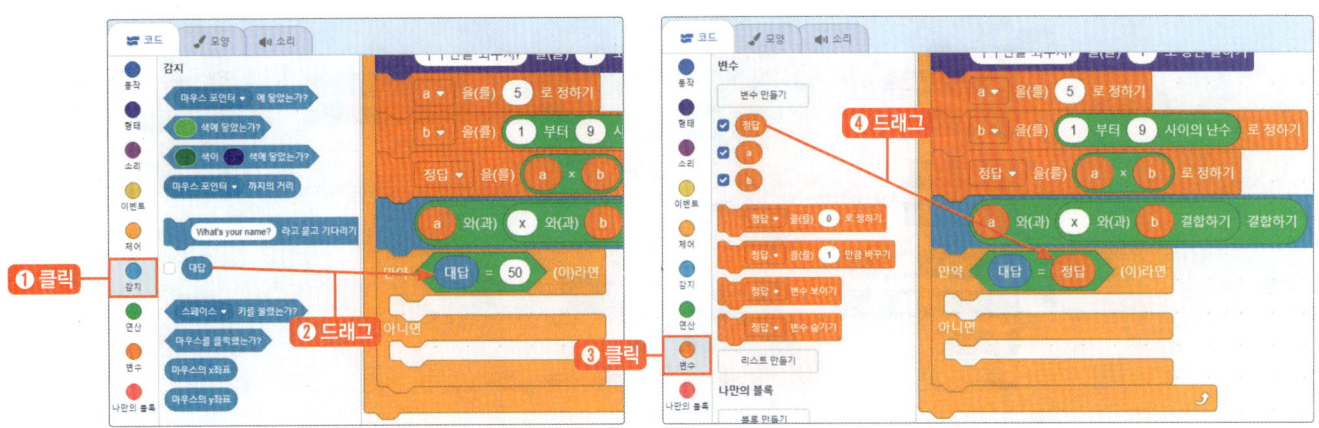

⑥ [동작] 팔레트를 클릭한 후 ![y좌표를 10 만큼 바꾸기] 를 '만약~(이)라면' 안쪽에 연결합니다. 이어서, '10'을 '20'으로 수정합니다.

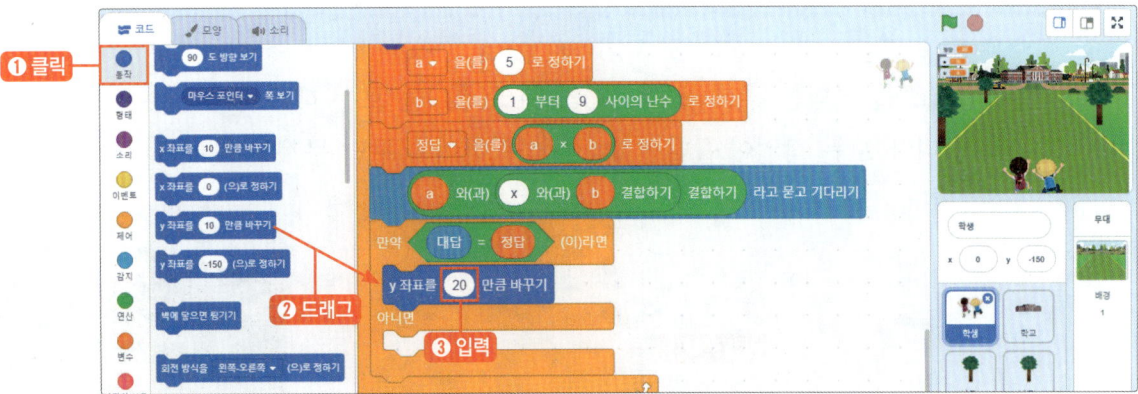

Chapter 22 구구단-2 **149**

❼ [형태] 팔레트를 클릭한 후 `크기를 10 만큼 바꾸기`를 '만약~(이)라면' 안쪽에 연결합니다. 이어서, '10'을 '-6'으로 수정합니다.

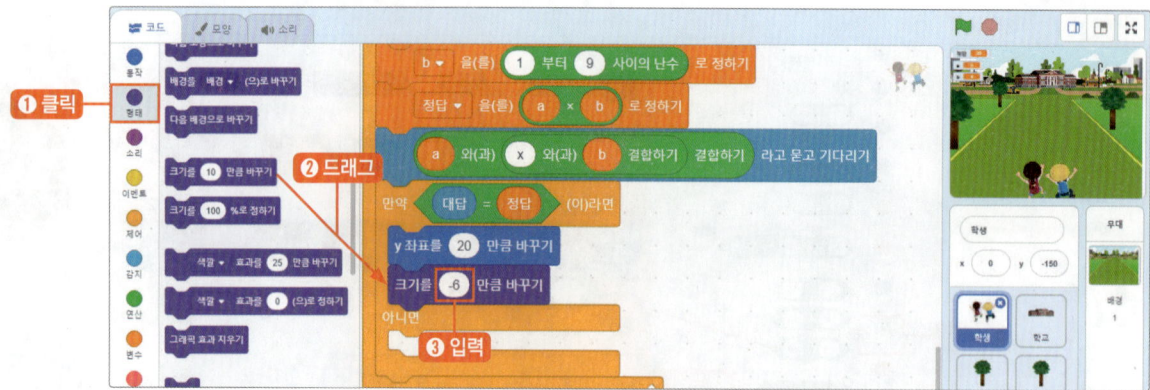

❽ [동작] 팔레트에서 `x: 0 y: -150 (으)로 이동하기`를 '아니면' 안쪽에 연결합니다. 이어서, [형태] 팔레트를 클릭한 후 `크기를 100 %로 정하기`를 '아니면' 안쪽에 연결합니다.

※ x-y 좌푯값이 교재와 다를 경우 직접 값(x : 0, y : -150)을 입력합니다.

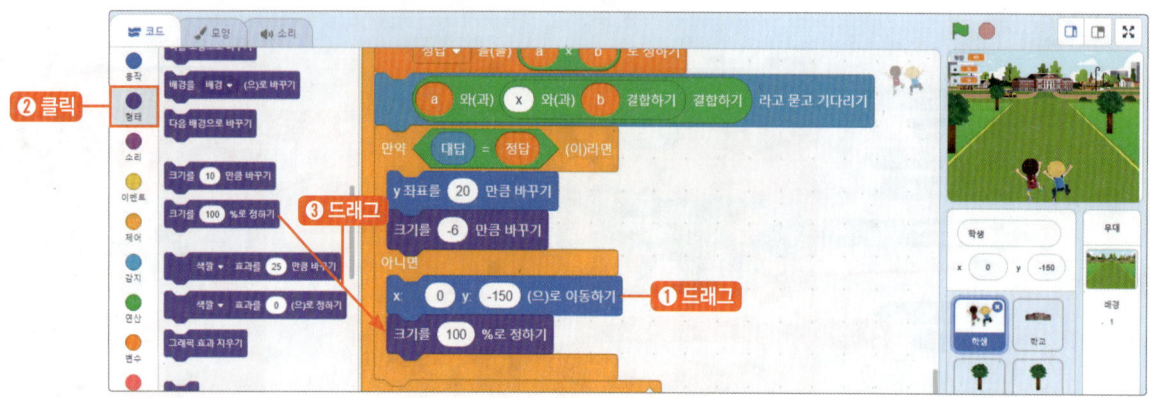

구구단 질문에 대한 답변이 '정답' 변수와 일치하면 [학생] 스프라이트의 위치를 위쪽으로 20만큼 이동시킨 후 크기를 -6만큼 축소합니다. 하지만 정답과 일치하지 않으면 처음 위치(x : 0, y : -150)로 이동시킨 후 크기를 100으로 정합니다.

❾ [변수] 팔레트를 클릭한 후 `정답`, `a`, `b`의 체크(☑)를 모두 해제하여 변수 값이 무대에서 보이지 않도록 합니다. 모든 작업이 끝나면 🏁를 클릭하여 구구단 문제를 풀어봅니다.

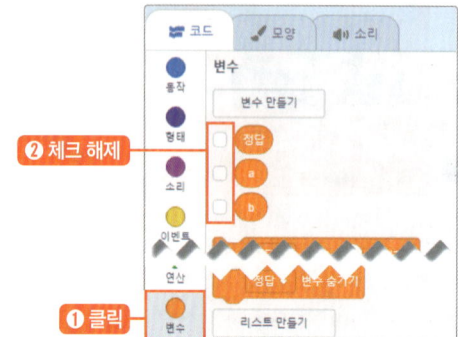

150 처음으로 배우는 스크래치 3.0

혼자서 해결하기

01 5단만 나오는 구구단을 2단부터 9단까지 중 무작위로 단이 나오도록 [학생] 스프라이트의 코딩을 수정해 보세요.

📁 불러올 파일 : 구구단2-2   💾 완성된 파일 : 구구단2-2(완성)

02 명령 블록을 이용하여 아래 조건에 맞추어 코딩해 보세요.

📁 불러올 파일 : 구구단2-3   💾 완성된 파일 : 구구단2-3(완성)

❶ 로 구구단을 물어볼 때 음성으로 구구단을 먼저 물어보도록 코딩을 수정해 보세요.

사용 블록 :

❷ 구구단에 대한 답변이 정답이면 'yes'를 말한 후 y좌표와 크기를 바꾸도록 코딩을 수정해 보세요.

❸ 구구단에 대한 답변이 오답이면 'no'를 말한 후 x-y좌표와 크기를 바꾸도록 코딩을 수정해 보세요.

※ **힌트** : 확장 기능 추가하기( )를 클릭 → 확장 기능 고르기가 활성화되면 '텍스트 음성 변환( )'을 클릭하여 추가 → [Text to Speech] 팔레트를 클릭한 후 명령 블록을 이용하여 코딩

CHAPTER 23

영어 단어 외우기

◆학습목표◆
▶ 영어 단어의 문제와 정답을 작성할 리스트를 만들어 보세요.
▶ 변수와 리스트를 이용하여 영어 단어 외우기를 코딩해 보세요.

📁 **불러올 파일** : 영어 단어 외우기   📄 **완성된 파일** : 영어 단어 외우기(완성)

이번 차시의 핵심 코딩

① 스크립트를 참고하여 🏁를 클릭하면 '음식' 변수에 어떤 값이 들어갈지 생각해 보세요.
② Space Bar 키를 눌러 '내가 좋아하는 음식' 목록을 차례대로 말하는지 확인합니다.

※ 리스트(배열)는 여러 개의 자료를 저장할 수 있는 공간으로 필요에 따라서 자료를 추가하거나 삭제할 수도 있습니다.

📁 **불러올 파일** : 23차시 핵심 코딩

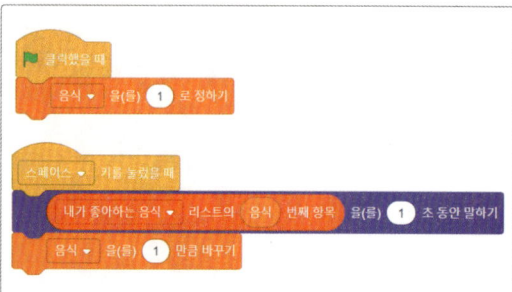

▲ 스크립트

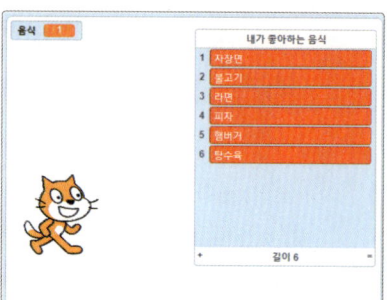

▲ 스크립트 실행 확인

01 영어 단어 맞추기에 사용할 변수와 리스트 작성하기

❶ 스크래치를 실행한 후 [파일]-[컴퓨터에서 가져오기]를 클릭합니다. [열기] 대화상자가 나오면 [23차시] 폴더에서 '**영어 단어 외우기**'를 불러와 [**눈사람**] 스프라이트를 선택합니다.

❷ [변수] 팔레트를 선택한 후 [**변수 만들기**]를 클릭합니다. [새로운 변수] 대화상자가 나오면 변수 이름을 '**답**'으로 입력한 후 <확인> 버튼을 클릭합니다.

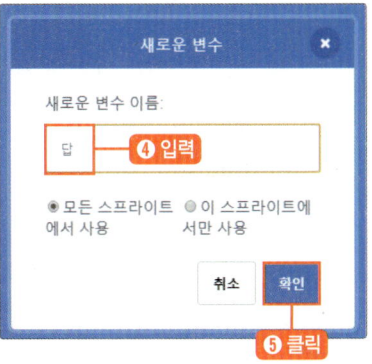

❸ '답' 변수가 만들어지면 똑같은 방법으로 '**문제**' 변수를 만들어서 추가합니다.

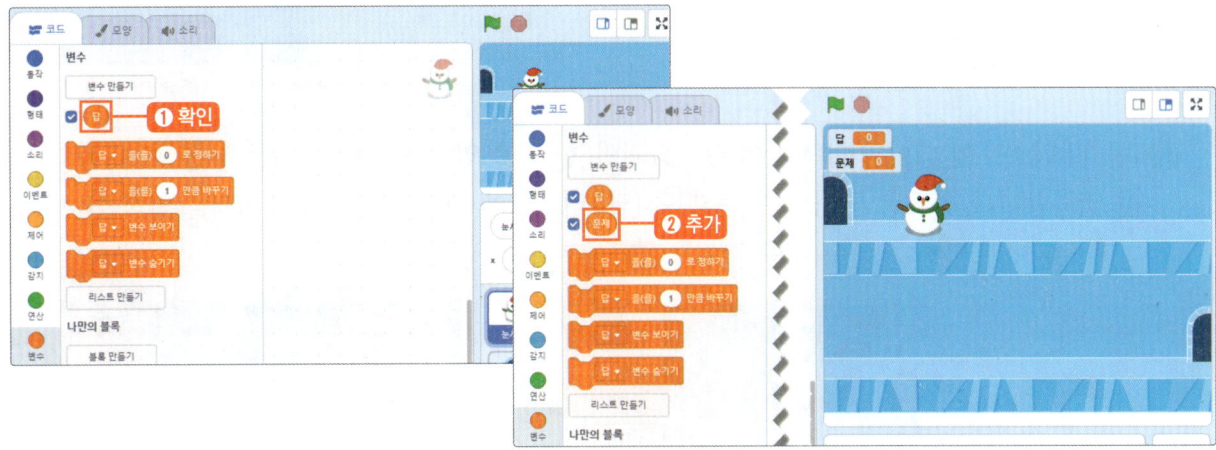

❹ 2개의 변수가 만들어지면 [**리스트 만들기**]를 클릭합니다. [새로운 리스트] 대화상자가 나오면 리스트 이름을 '**답**'으로 입력한 후 <확인> 버튼을 클릭합니다.

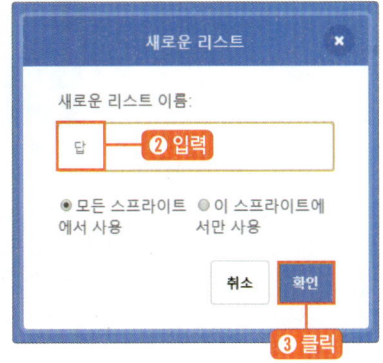

Chapter 23 영어 단어 외우기 **153**

❺ '답' 리스트가 만들어지면 똑같은 방법으로 '**문제**' 리스트를 만들어서 추가합니다.

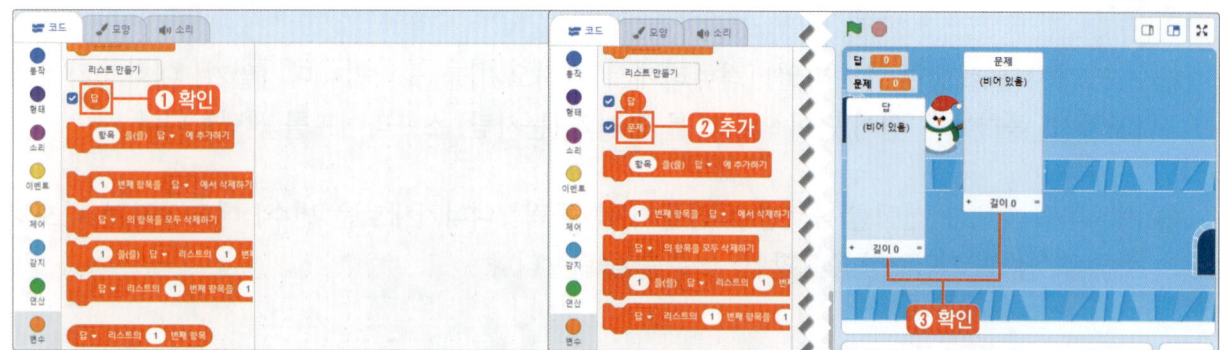

❻ 무대에 2개의 리스트가 나오면 마우스로 드래그하여 위치를 아래 그림처럼 변경한 후 [문제] 리스트의 '+'를 클릭합니다.

※ [문제] 리스트 창의 '+'를 클릭하면 [문제] 리스트에 데이터를 추가할 수 있습니다.

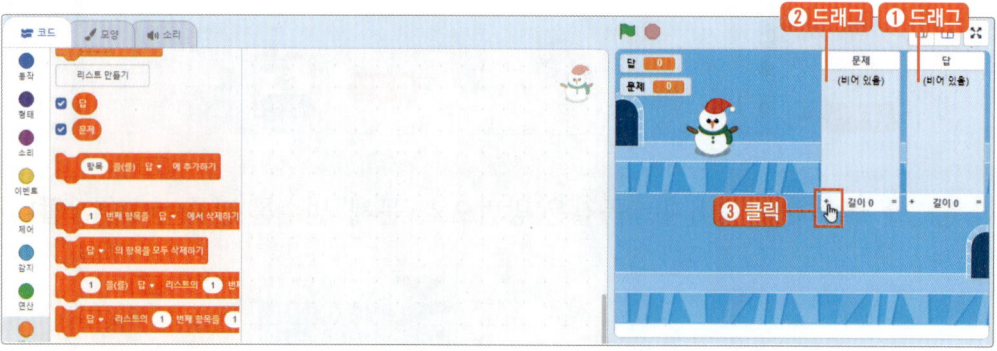

❼ [문제] 리스트에 데이터 입력 칸이 활성화되면 '**한국**'을 입력하고 Enter 키를 누른 후 다음 내용(학교)을 입력합니다. 똑같은 방법으로 [문제]와 [답] 리스트에 아래 그림처럼 데이터를 입력합니다.

※ 리스트에 입력된 데이터를 삭제하기 위해서는 ✖를 클릭합니다.

문제	답
1 한국	korea
2 학교	school
3 선생님	teacher
4 학생	student
5 책	book

TiP

영어 단어 퀴즈에 필요한 여러 개의 문제와 답을 리스트로 만들어서 저장해 놓고 필요할 때마다 불러와 사용할 수 있습니다. 리스트에 저장된 여러 개의 문제와 답은 '답'과 '문제' 변수를 이용하여 변수 값을 1씩 증가시켜 리스트의 항목을 순서대로 불러옵니다.

02 변수와 리스트를 이용하여 영어 단어 퀴즈 코딩하기

❶ [이벤트] 팔레트에서 를 스크립트 영역으로 드래그합니다.

❷ [변수] 팔레트를 클릭한 후 2개를 아래쪽에 연결합니다. 이어서, '0'을 '1'로 수정한 후 두 번째 '답'을 **문제**로 변경합니다.

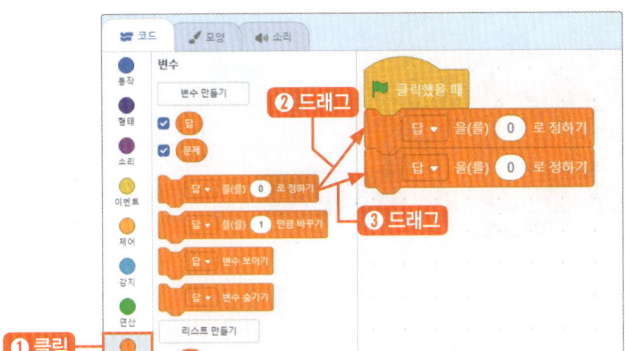
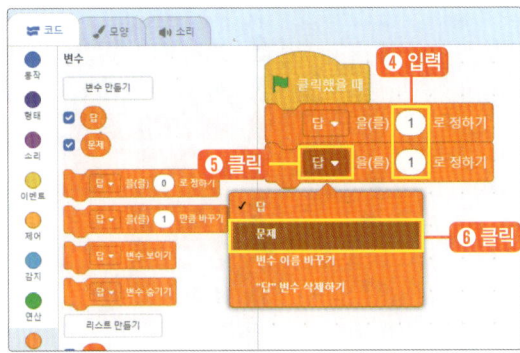

를 클릭하면 '문제'와 '답' 변수의 값을 '1'로 정합니다. 변수값을 '1'로 정하는 이유는 변수값으로 리스트 항목을 찾을 때 [문제]와 [답] 리스트의 시작 값이 '0'이 아닌 '1'이기 때문입니다.

❸ [제어] 팔레트를 클릭한 후 를 아래쪽에 연결합니다. 이어서, [변수] 팔레트를 클릭하여 를 '10' 위치에 끼워 넣은 후 '답'을 **문제**로 변경합니다.

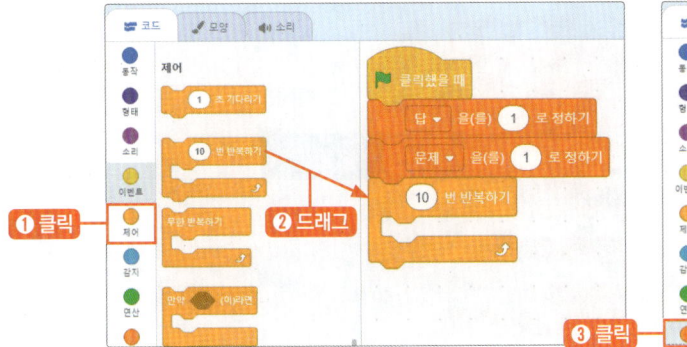
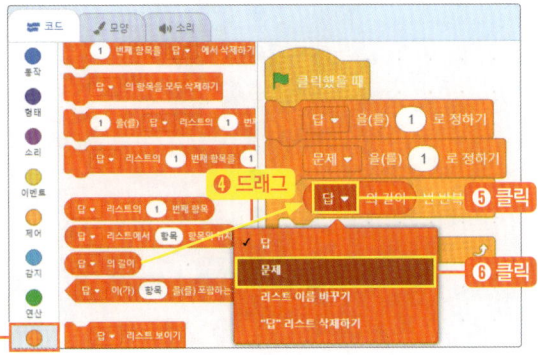

④ [감지] 팔레트에서 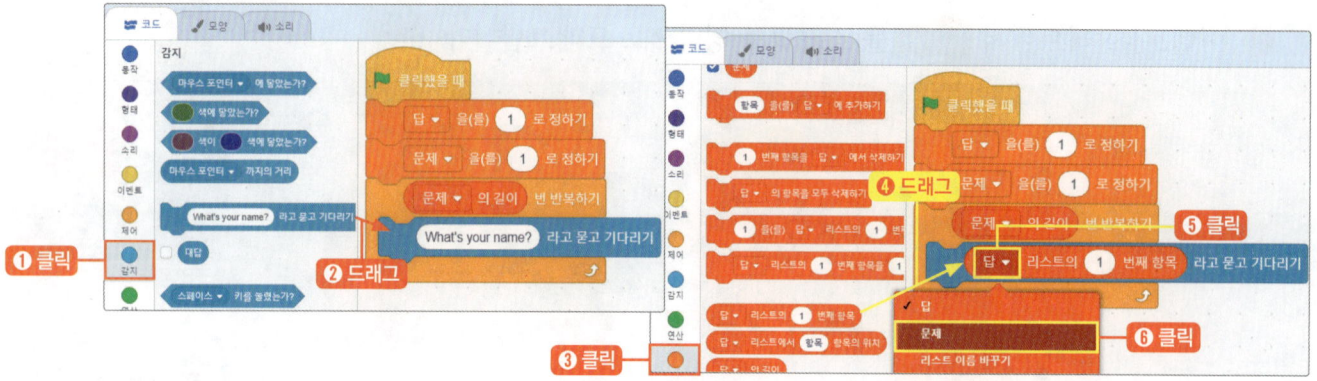 를 안쪽에 연결합니다. 이어서, [변수] 팔레트를 클릭하여 을 끼워 넣은 후 '답'을 '문제'로 변경합니다.

⑤ [변수] 팔레트에서 를 '1' 위치에 끼워 넣습니다.

　※ 반드시 <변수 만들기> 아래쪽에 있는 명령 블록을 끼워 넣습니다.

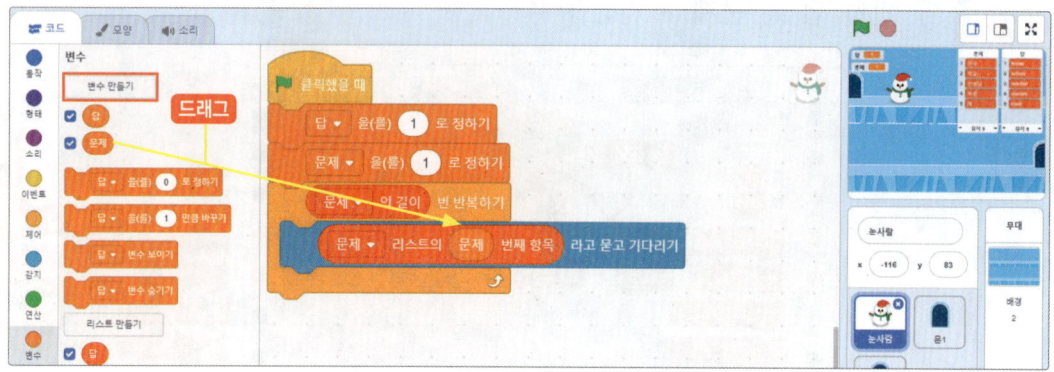

코딩풀이

🚩를 클릭하면 [문제] 리스트의 5개 항목 중에서 '문제' 변수의 값(현재 1)에 위치한 첫 번째 리스트 항목(한국)을 묻고 기다립니다. 문제를 묻고 기다리는 과정은 [문제] 리스트의 길이(5)만큼 총 5번을 반복합니다.

⑥ [제어] 팔레트를 클릭한 후 을 안쪽에 연결합니다.

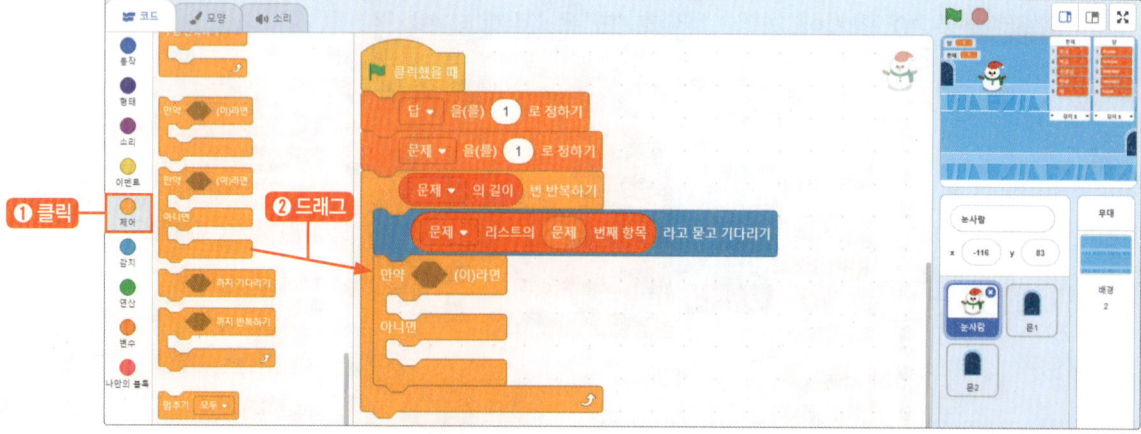

❼ [연산] 팔레트에서 ◯=50 을 🟧 에 끼워 넣습니다. 이어서, [감지] 팔레트를 클릭한 후 대답 을 왼쪽에 끼워 넣습니다.

❽ [변수] 팔레트를 클릭한 후 답▼ 리스트의 1 번째 항목 을 '50' 위치에 끼워 넣습니다. 이어서, 답 을 '1' 위치에 끼워 넣습니다.

※ 반드시 <변수 만들기> 아래쪽에 있는 답 명령 블록을 끼워 넣습니다.

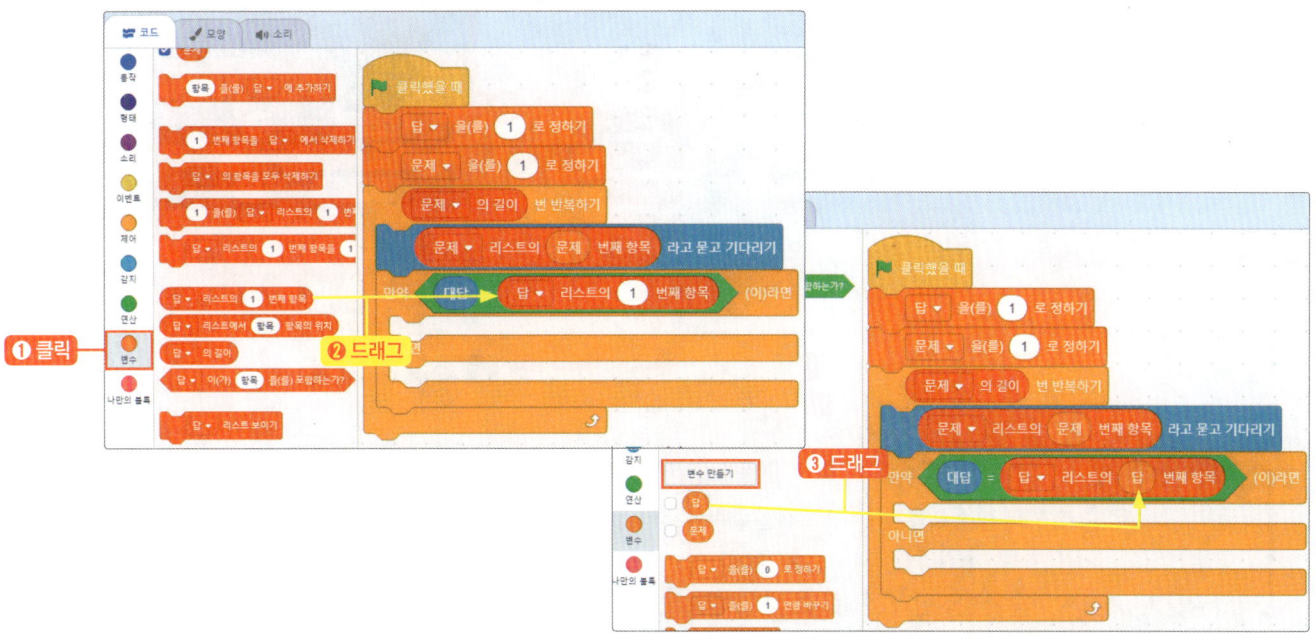

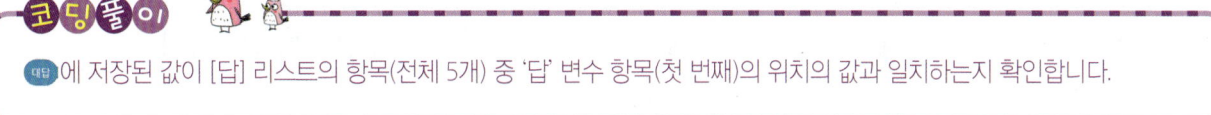

대답 에 저장된 값이 [답] 리스트의 항목(전체 5개) 중 '답' 변수 항목(첫 번째)의 위치의 값과 일치하는지 확인합니다.

⑨ [형태] 팔레트를 클릭한 후 ![안녕! 을(를) 2 초동안 말하기] 를 '만약 ~(이)라면'과 '아니면' 안쪽에 각각 연결합니다. 이어서, '안녕!'을 '딩동댕! 정답!'과 '땡! 노력하세요.'로 각각 수정합니다.

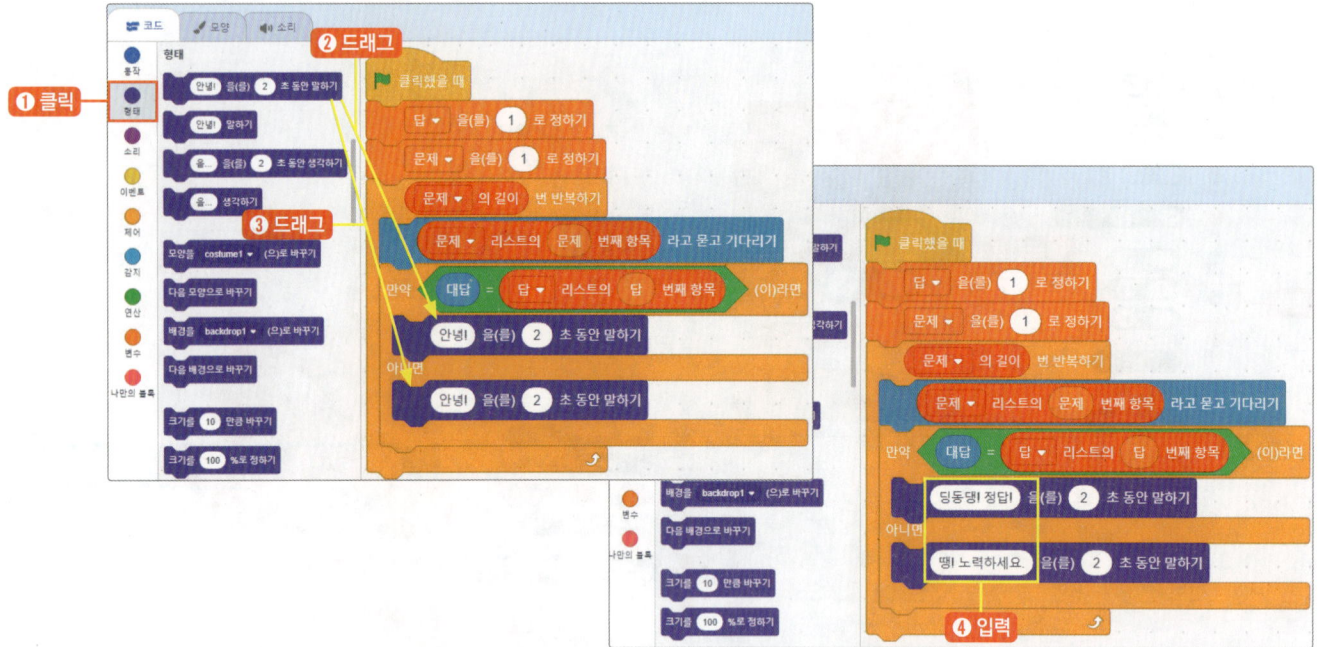

⑩ [변수] 팔레트를 클릭한 후 ![답 을(를) 1 만큼 바꾸기] 를 '아니면' 아래쪽에 2개를 연결합니다. 이어서, 두 번째 명령 블록의 '답'을 '문제'로 변경합니다.

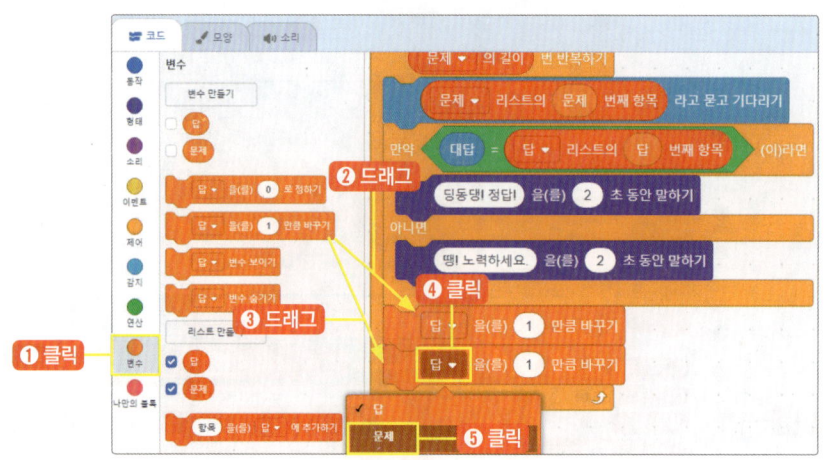

코딩풀이

[문제] 리스트 중 첫 번째 항목의 문제(한국)에 대한 답(korea)이 맞으면 '딩동댕! 정답!'을 말하고, 아니면 '땡! 노력하세요.'를 말합니다. 항목이 5개인 [답]과 [문제] 리스트 중에서 첫 번째 항목의 문제와 답을 처리하였기 때문에 '답'과 '문제' 변수의 값을 1증가시켜 다음 차례의 답과 문제로 리스트 항목이 변경되도록 합니다.

⑪ 🚩를 클릭한 후 [문제] 리스트 순서대로 질문을 하면 해당 영어 단어를 입력합니다.

혼자서 해결하기

01 '맞은 개수' 변수를 만들어 아래 조건에 맞추어 코딩을 수정해 보세요.

📁 **불러올 파일** : 영어 단어 외우기-1   📄 **완성된 파일** : 영어 단어 외우기-1(완성)

❶ [변수] 팔레트에서 '답'과 '문제' 변수의 값이 무대에서 보이지 않도록 설정합니다.

❷ 🏳 를 클릭하면 '맞은 개수' 변수 값이 '0'으로 정해지며, 문제에 대한 대답이 정답일 경우 변수 값을 1증가 시켜보세요.

※ **힌트** : '답'과 '문제'의 변수 값을 1로 정할 때 '맞은 개수'의 변수 값은 0으로 정하며, 대답이 정답일 경우 '딩동댕! 정답!'을 말한 후 '맞은 개수'의 변수 값을 1증가시킴

02 퀴즈 시작 전에 [문제]와 [답] 리스트가 무대에서 숨겨지거나 보이도록 아래 조건에 맞추어 코딩해 보세요.

📁 **불러올 파일** : 영어 단어 외우기-2   📄 **완성된 파일** : 영어 단어 외우기-2(완성)

❶ 왼쪽 방향키를 누르면 [문제]와 [답] 리스트가 무대에서 숨겨집니다.

❷ 오른쪽 방향키를 누르면 숨겨진 [문제]와 [답] 리스트가 무대에 나타납니다.

※ **힌트** : [변수] 팔레트를 클릭한 후 '리스트 보이기'와 '리스트 숨기기' 명령 블록을 이용

Chapter 23 영어 단어 외우기

CHAPTER 24 단원종합 평가문제

01 명령 블록에 대한 올바른 설명을 선으로 연결하세요.

① `답 의 길이` • • 첫 번째 값과 두 번째 값 사이에서 무작위 값(난수)을 추출합니다.

② `스프라이트1 의 x좌표` • • 선택된 스프라이트의 x좌푯값을 이용하여 코딩할 수 있습니다.

③ `복제되었을 때` • • 특정 스프라이트를 복제할 때 복제와 동시에 아래쪽에 연결된 명령 블록들을 실행합니다.

④ `What's your name? 라고 묻고 기다리기` • • 현재 선택되어 있는 스프라이트 자신을 복제하거나, 특정 스프라이트를 선택하여 복제할 수 있습니다.

⑤ `스페이스 키를 눌렀는가?` • • 키보드의 특정키를 눌렀는지 확인합니다.

⑥ `○ x ○` • • 무대 화면에 입력한 내용으로 질문을 한 후 키보드로 입력할 답변을 기다립니다.

⑦ `정답 을(를) 0 로 정하기` • • 첫 번째 값과 두 번째 값을 곱한 값입니다.

⑧ `1 부터 10 사이의 난수` • • 변수 값을 입력한 값으로 정합니다.

⑨ `답 리스트의 1 번째 항목` • • 리스트에서 항목의 개수(길이)가 몇 개인지 알 수 있습니다.

⑩ `나 자신 복제하기` • • 리스트에서 입력한 숫자 번째(기본 1)의 항목을 찾을 수 있습니다.

---

① `apple 와(과) banana 결합하기` • • 특정 스프라이트에 지정된 작업을 할 수 있도록 방송 신호를 보낸 후 해당 작업이 모두 끝나면 아래쪽에 연결된 명령 블록을 실행합니다.

② `○ = 50` • • 첫 번째 값이나 두 번째 값 중 하나라도 '참'이면 '참'이 되고, 둘 다 거짓이면 '거짓'이 됩니다.

③ `대답` • • 복제된 스프라이트를 삭제합니다.

④ `이 복제본 삭제하기` • • 스프라이트가 지정된 색상에 닿았는지 확인합니다.

⑤ `색에 닿았는가?` • • 묻고 기다리기에 대한 답변 내용이 저장됩니다.

⑥ `a` • • 첫 번째 값과 두 번째 값이 같으면 '참'이 되고, 그렇지 않으면 '거짓'이 됩니다.

⑦ `또는` • • 첫 번째 값(문자, 특정 값 등)과 두 번째 값(문자, 특정 값 등)을 결합합니다

⑧ `메시지1 방송하고 기다리기` • • 혼자서는 사용할 수 없는 변수로 다른 명령 블록에 끼워 넣어서 사용합니다.

⑨ `답 을(를) 1 만큼 바꾸기` • • 변수의 값을 현재 입력한 값(증가 양수, 감소 음수)만큼 바꿉니다.

02 소스 파일을 불러와 아래 조건에 맞추어 코딩을 한 후 실행해 보세요.

불러올 파일 : 24차시 종합평가   **완성된 파일** : 24차시 종합평가(완성)

① 시작하기를 클릭했을 때 리스트에 추가된 모든 값(항목)들을 삭제한 후 덧셈 계산을 계속 반복적으로 할 수 있도록 코딩합니다.

② '덧셈할 첫 번째 숫자를 입력하세요.'를 묻고 해당 답변을 덧셈 계산에 필요한 첫 번째 변수 값으로 바꿉니다.

③ '덧셈할 두 번째 숫자를 입력하세요.'를 묻고 해당 답변을 덧셈 계산에 필요한 두 번째 변수 값으로 바꿉니다.

④ 첫 번째 변수 값과 두 번째 변수 값을 더한 합계를 마지막 남은 세 번째 변수의 값으로 정합니다.

⑤ 합계 결과가 저장된 세 번째 변수 값을 이용하여 합계 결과를 2초 동안 말을 한 후 리스트 항목에 세 번째 변수 값을 추가합니다.

⑥ 리스트에 합계 결과 값이 추가되면 덧셈 계산을 다시 할 수 있도록 3개의 변수 값을 모두 '0'으로 초기화(정하기) 합니다.

※ 힌트

① 덧셈 계산에 3개의 변수가 필요한 이유를 파악한 후 각각의 변수에 어떤 값을 넣을 것인지 생각해 보세요.
(예 : 50+50=100)

② 리스트 항목에 합계 결과 값을 추가할 때는 결과 값이 저장된 변수를 지정해야 합니다.